歴史文化ライブラリー

239

# 江戸城が消えていく

## 『江戸名所図会』の到達点

千葉正樹

# 目　次


江戸イメージの交錯―プロローグ……1
極端に変化した江戸の絵姿／案内図にならない日本橋図／リアルな日本橋図へ／「図」へ進化した初期江戸絵図／「絵」にもどった江戸絵図／変化の交錯に何を読むか

## 上方の視線　『江戸名所記』の「平和」

新都市見物……16
大火からの新生／『江戸名所記』の位置／上方から見る／寺と神社の江戸

画像の工夫と混乱……28
定型化された画像／窓だけを下から見る／文字情報への従属／見ずに描く

武装する人びと……43
少ない女性像／都市空間と人物像／武装する人びと／武士たちは遊ぶ

「平和」の啓蒙……56
空虚な二条城／武芸者の都見物／なぜ天守は描かれたのか／「大名の容器」／『江戸名所記』の江戸／「平和」を啓蒙する／戦争を知らない世代

## ゆがむ江戸絵図

「絵」と「図」のあいだ……76
近代図法との違い／天守閣のある江戸絵図／「正保江戸図」／遠近道印／もう一つの「城」―小石川御殿／分間図の系譜

測量図からの離脱……99
歪む小石川／蓄積された矛盾／絵図のなかの情報量1―大塚富士見坂上周辺／絵図のなかの情報量2―小石川養生所周辺

江戸絵図の論理……125
技術の限界と選択／選ばれた情報／消える江戸城／江戸絵図はどのようなメディアだったのか／江戸絵図の論理／金丸影直／江戸絵図における伊能図

## 『江戸名所図会』の虚実

名所図会の時代……150
名所図会の時代／記号化による表現／人物表現の工夫／遊ぶ武士の激減／

表に出ない女性と子供

仮想としてのリアリティ……171
画面の違和感／両国橋図の逸脱／名所を取り込むための無理／擬似的な幾何学的遠近法／近世図像の限界

国土の中心……185
始まりの場＝日本橋／北斗七星に守られる江戸古町／境界としての隅田川

地誌に忍ばせたメッセージ……197
地域を編集する／上方中心国土観への対抗／江戸認識の逆転／名所図会メディアの完成／幾何学的遠近法の都市

江戸の自画像……211
表現されなかったものたち／江戸の自画像／江戸城の脱落／茅葺の都市／秩序に寄り添い、ずらす／斎藤月岑の〈思想〉

みんなの江戸とそれぞれの江戸―エピローグ……229
都市を切り開くメディア／メディアが選択した情報／開かれる場末／秘められゆく江戸城／「みんなの江戸」／「それぞれの江戸」／近代を考える

あとがき

参考文献

# 江戸イメージの交錯――プロローグ

**極端に変化した江戸の絵姿**

江戸の都市メディアには、書物や刷り物（いわゆる瓦版《かわらばん》）、浮世絵《うきよえ》、絵図などの木版印刷物があった。二七〇年ほどの歴史でこれらに現われた江戸の姿はさまざまに変化した。とくに、土地の歴史、名産などの情報をまとめる地誌の挿絵と、地図と同じような地理情報を描いた江戸絵図と、この二種類の都市メディアに現れる絵姿は極端に変化した。

今日もまたメディアにおそろしいような変化が起きている。一九八〇年代からのわずか二〇年で、趣味的に始まったパソコン通信はインターネットの爆発的な普及となり、ポケットベルからはじまる持ち歩き型通信機器は、携帯電話とPHS（簡易携帯電話）の角逐《かくちく》を経て、第二世代携帯電話へと進化した。ただ、このところの変化はメディアのハードウェア（機械部分）に主として依存している。江戸の都市メディアは基本技術としてはたったひとつ、木版印刷という枠組みのなかで、その技術的な極限をきわめつつ、表現と中身を徹底的に変えたのであった。

なぜこれほどまでに江戸の都市メディアは変化したのか。それは都市に生きる人びととどのように関わっていたのか。モデルとなった江戸そのものの拡大や変質も大きかった。だが、それだけではこの極端な変化は説明できそうにない。

**案内図にならない日本橋図**

まず、江戸初期の地誌、寛文《かんぶん》二（一六六二）年の『江戸名所記《えどめいしょき》』日本橋《にほんばし》図《ず》（図1）を見てみよう。この図に描かれている要素は、①橋そのもの、②行き交う舟、③対岸の市場、④さまざまな人物、⑤その持ち物、⑥日本橋川の水面と川岸、⑦武士が乗っている馬、⑧橋の手前にある高札場《こうさつば》、の八種類に区分できる。解説文は次のように対応する。

①橋＝「橋の長さ百余間、北みなみにわたされし」
②舟＝「橋の下には、魚舟槙(薪)舟数百艘、こぎつどひて」
③市場＝「日毎に市をたつる」

図1　『江戸名所記』「日本橋」

④人物＝「橋のうへは、貴賤上下のぼる人くだる人、ゆく人帰る人」
⑤持ち物＝「帯をきられて刀わきざしをうしなひ、あるひは又きんちやくをきられ、又は手にもちたる物をもきりとられ」（雑踏における問題として）

つまり図の要素①から⑤は、解説文をそのまま画像化している。舟が「こぎつどひて」とあるので、⑥の水面は当然イメージされるし、また、⑦の馬は人物の「高のり物」が対応する。したがって、⑧高札場以外の七種類は、解説文を読んでいけば、誰でもが思い浮かべる景色である。その一方、文章に表現される量が画面に現されていない。「うかうかとかまへたるものは、ふみたをされ、蹴たをされ」と大変な雑踏ぶりを紹介しているにもかかわらず、描かれている人数はわずか三〇人である。「魚舟槙舟数百艘」が集まっているはずなのだが、画面上では六艘にすぎない。

また、この図で橋の上にいる人物を寝せたとすると橋をほぼ横断する。日本橋の大きさは、長さ二八間（約五一メートル）、幅四間二尺（約七・八メートル）と記録されているので（「橋の長さ百余間」は単なる誤りか誇張表現と考えられる）、この人物は六、七メートルの身長があったということになってしまう。近世考古学による当時の成人男性は平均身長一六〇センチ足らずである。

このように『江戸名所記』の日本橋図は、解説文に描写された要素の不完全な画像化、

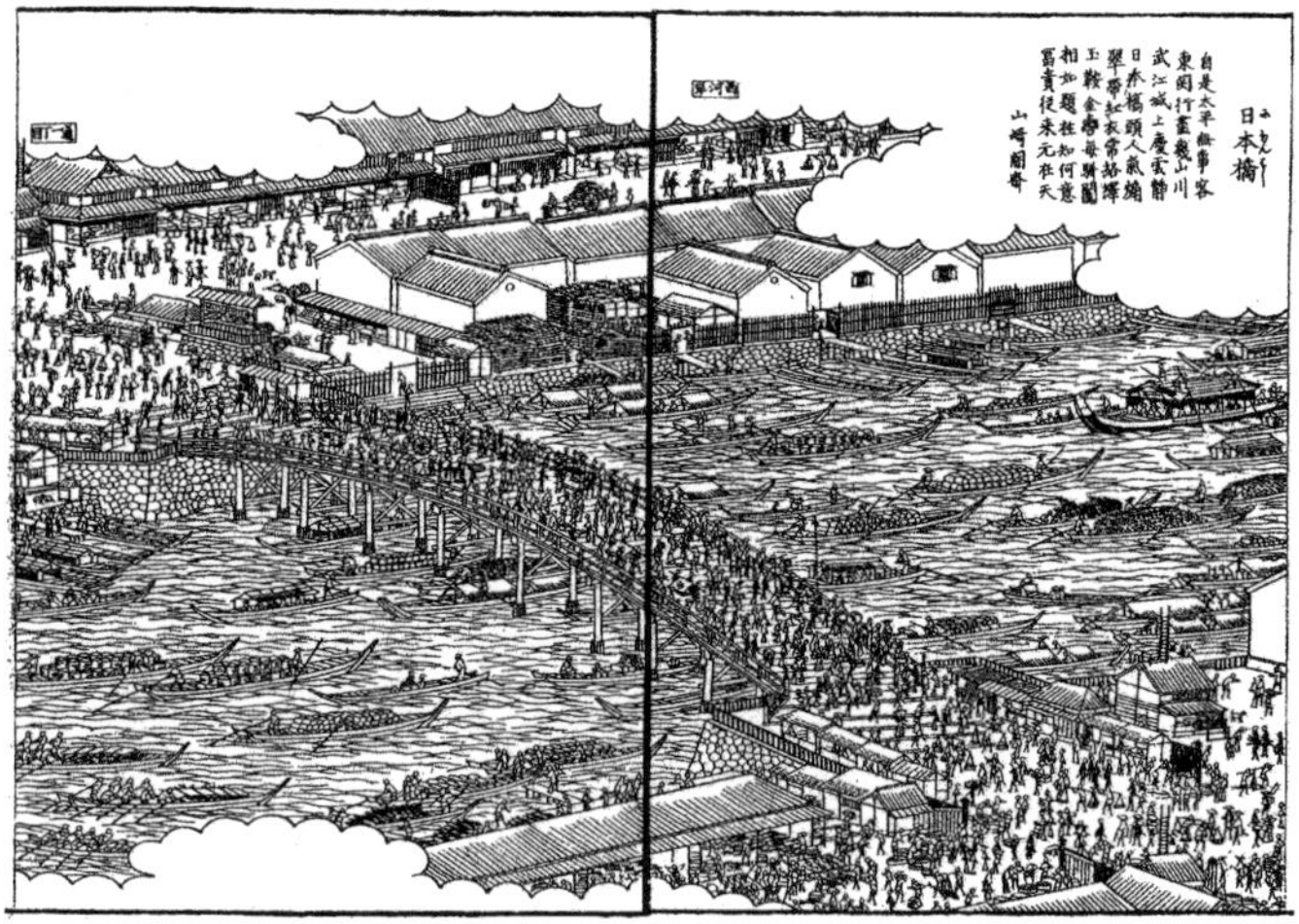


図2　『江戸名所図会』「日本橋」
（東北大学附属図書館狩野文庫所蔵）

概念的な再構成というレベルにとどまり、絵画表現としても実景との隔たりが大きい。この図に日本橋界隈《かいわい》を案内してもらうのは難しそうである。

### リアルな日本橋図へ

約一七〇年を隔てた天保《てんぽう》五（一八三四）年の『江《え》戸名所図会《どめいしょずえ》』に現された日本橋の絵姿はまったく異質である（図2）。まず要素が圧倒的に多い。たとえば川面を埋める総数五九艘の舟を描き分けている。左下で八挺《はっちょう》櫓《ろ》を立てて魚市に急ぐのは、鮮魚を運ぶために工夫された早舟《はやぶね》だろう。初鰹の入荷を競う様子は初夏の風物詩であった。画面右端には屋根の上に船頭《せんどう》を乗せた屋形船が川を下ってくる。その舳先《へさき》を快速の水上タクシー、猪牙《ちょき》が追い抜いていく。屋形船より一回り小さい屋根船の姿も多い。荷船《にぶね》には酒樽や薪《まき》、米俵といった商品が見える。

約五三〇人にのぼる人物はまさに雑踏をなしている。原本の人体は四ミリ弱ときわめて小さいが、よく見ると服装のアウトラインや刀の有無、髪型の表現によって、できる限り性別や年齢、身分を表現しようとしているのがわかる。

また、『江戸名所記』とは大きく違って、日本橋周辺の家屋・道路・石垣・木戸などの建造物が多数描かれている。手前の魚市と対岸の高札場、西河岸町土蔵群という特徴ある建造物を描写しているので、江戸の住人であれば、日本橋の北詰、安針町《あんじんちょう》付近の上空から見下ろしている構図であることがすぐにわかるだろう。

絵画としても『江戸名所記』とはだいぶ異なる。まず幅四間二尺の日本橋に対して人物は五分の一以下の身長だから、比例関係はほぼ正しい。また橋の手前側の人体に比べて向こう側の人体は七割程度に縮小しており、よく見ると橋や建築物も遠くに行くにつれて小さくなっている。全体に目に見ているかのような現実感がある。

一方、解説文は日本橋の規模や名称の由来といった、画像では表現しづらい情報に集中していて、目に見える要素の紹介は、『江戸名所記』よりも少ない。つまり『江戸名所図会』の日本橋関連情報は、画像と文字とが自立しており、情報を補い合っているのである。この日本橋図は、案内図として独立して機能できる段階にあるといえよう。

現実にあまりとらわれることなく主観的に描いた画像を「絵」的、客観的に事実に即して描いた画像を「図」的というならば、『江戸名所記』の日本橋図は「絵」的であり、『江戸名所図会』の方は「図」的であるといえよう。江戸の版本地誌の挿絵は絵から図へと大きく展開したのである。

## 「図」へ進化した初期江戸絵図

江戸絵図と総称される地図型メディアはどのように展開したのだろうか。

『武州豊島郡江戸庄図《ぶしゅうとしまごおりえどしょうず》』（図3）は現存する版行《はんこう》江戸図ではもっとも古い寛永《かんえい》期（一六二四〜四四）の作とされている。この図を一八七八（明治一一）年に地理局測量課が作成した『実測東京全図』（図4）と比較してみたい。江戸絵図の慣例に従って、両図ともに上を西としている。

まず、『武州豊島郡江戸庄図』は、天守閣をはじめとする城郭、主要な寺院や神社を絵画的に描写しており、全体として「絵」的な印象が強い。また江戸城の区画を上下（東西方向）に押しつぶしていることが目につく。

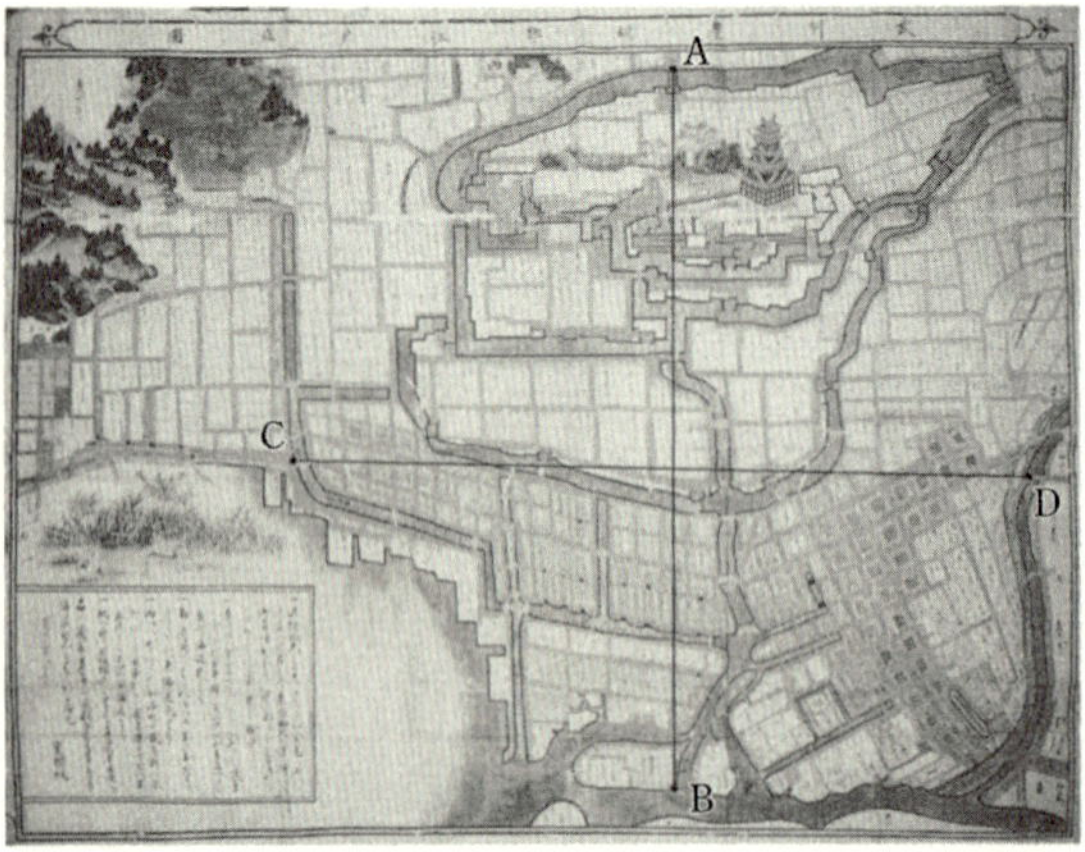


図３　『武州豊島郡江戸庄図』
寛永期・符号を書き加える（東京都立中央図書館所蔵）

図４　1877(明治11)年『実測東京全図』
地理局地誌課作製．中心部・符号を書き加える（東京都立中央図書館所蔵）

詳しく見るために、上端に描かれている半蔵門橋《はんぞうもんばし》西詰をA点、下端の隅田川河口部にある霊巌島《れいがんじま》北東端をB点、左手の新橋北詰をC点、右端の神田筋違橋《すじかいばし》南詰をD点とする。『武州豊島郡江戸庄図』の上では、AB対CDの比率は一対一・〇三と、おおむね等しい。

一方、『実測東京全図』におけるA点とB点を結ぶ線は、C点とD点を結ぶ線よりもだいぶ長い。図上のスケールによるAB間、すなわち半蔵門前と霊巌島北東端を結ぶ距離はほぼ一里なので約三・九三キロ、CD間、すなわち新橋・筋違橋間は約三一・七町＝三・四六キロである。比率で一対〇・八八となる。つまり『武州豊島郡江戸庄図』は『実測東京全図』と比較して図上のCDの方向、すなわち南北方向に引き延ばされている。見方を変えると東西方向に圧縮されているということであり、江戸城の区画が上下に押しつぶされているという印象を裏づけている。

それに対して、寛文一〇（一六七〇）年の『新板《しんぱん》江戸《えど》大絵図《おおえず》』には絵画的な描写が一切ない。図上の情報は道路と水路の形態と地名に限定され、全体として現代の地図に近い感覚で見ることができる（図5）。この図は後に「図翁《ずおう》」と評される遠近道印《おちこちどういん》の作である。幕府の実測図を基にして、さらに測量を重ねて作られたといわれ、近代の地図に匹敵する精度が高く評価されている。さきほどの位置関係を見ると、ABを一として、CDは〇・

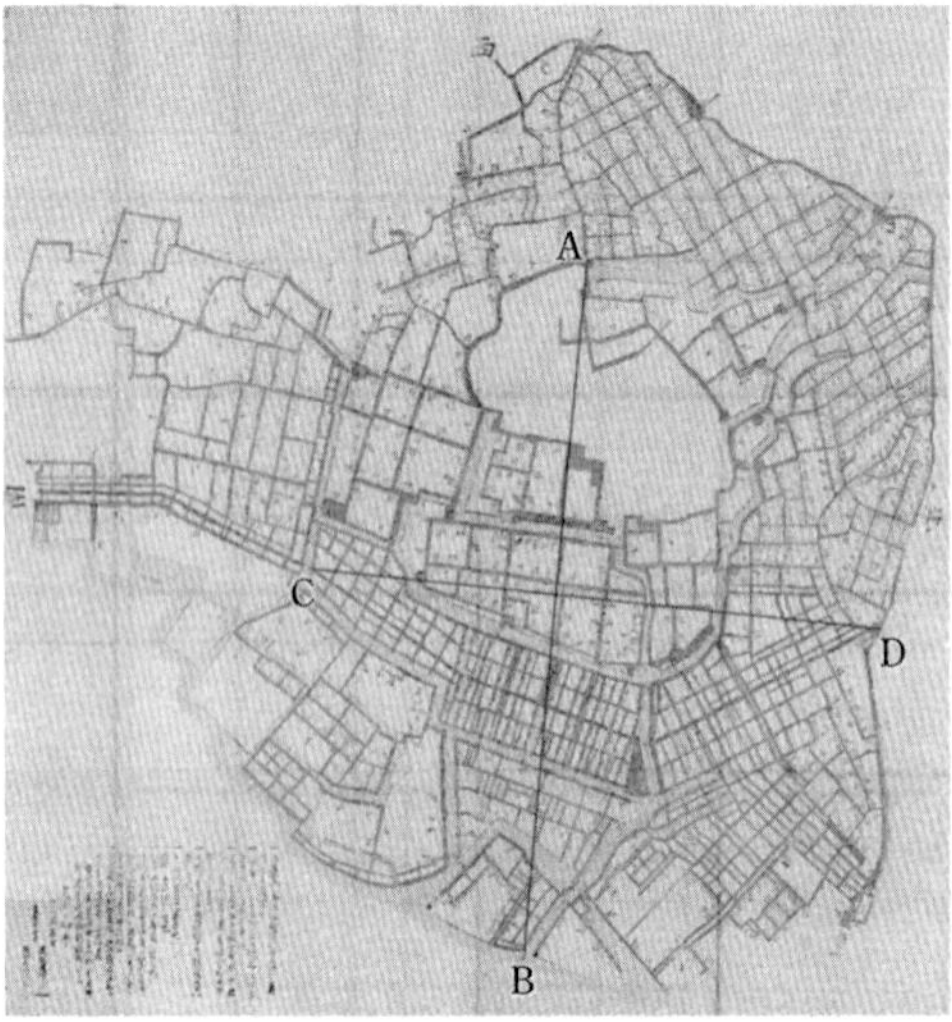


図5
寛文10(1670)年『新板江戸大絵図』
符号を書き加える
(東北大学附属図書館狩野文庫所蔵)

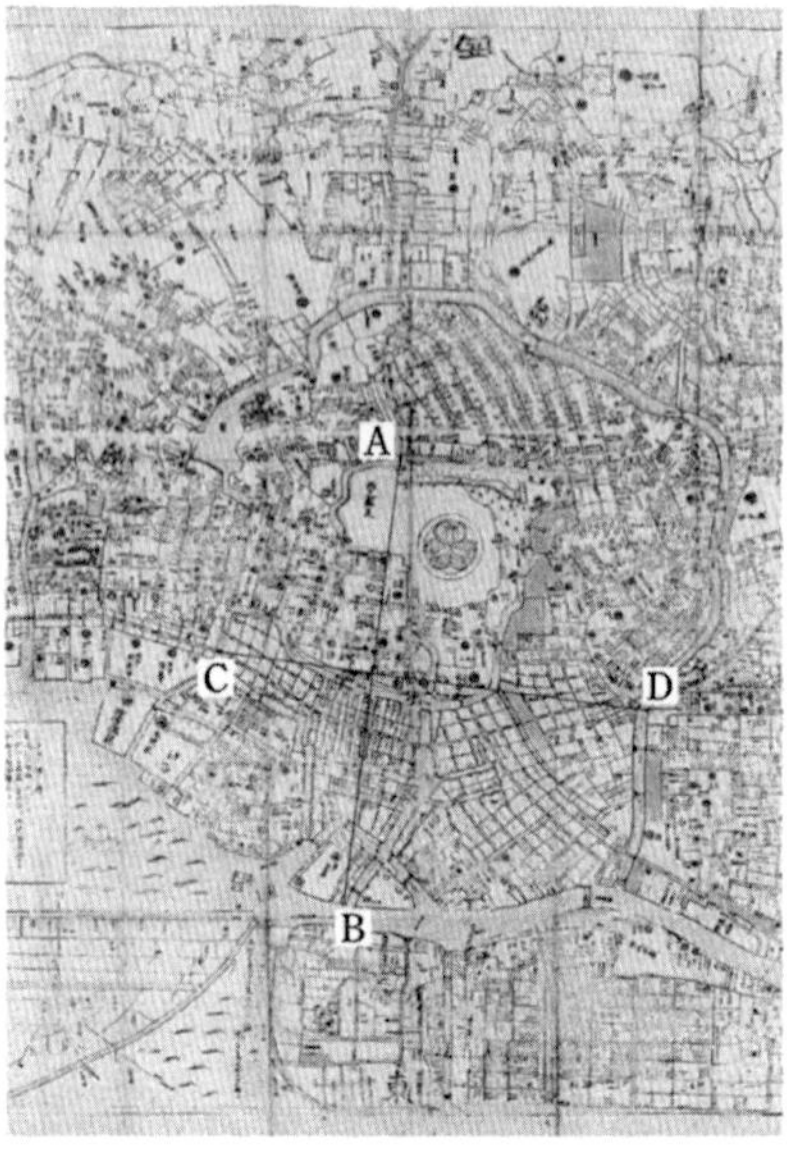


図6
享保15(1730)年『分間江戸大絵図』
中心部．符号を書き加える
(東北大学附属図書館狩野文庫所蔵)

八七に表現されている。つまり『実測東京全図』にきわめて近似している。「絵」から「図」へ。これが江戸絵図における第一段階の変化であった。

### 「絵」にもどった江戸絵図

次に享保《きょうほう》一五（一七三〇）年の『分間江戸大絵図《ぶけんえどおおえず》』を見てみよう（図6）。凡例には遠近動印の図を引き継ぎ、さまざまな変化に応じて改正したとしている。同じように、A半蔵門橋、B霊巌島北東端、C新橋、D神田筋違橋の四点を打ってみた。

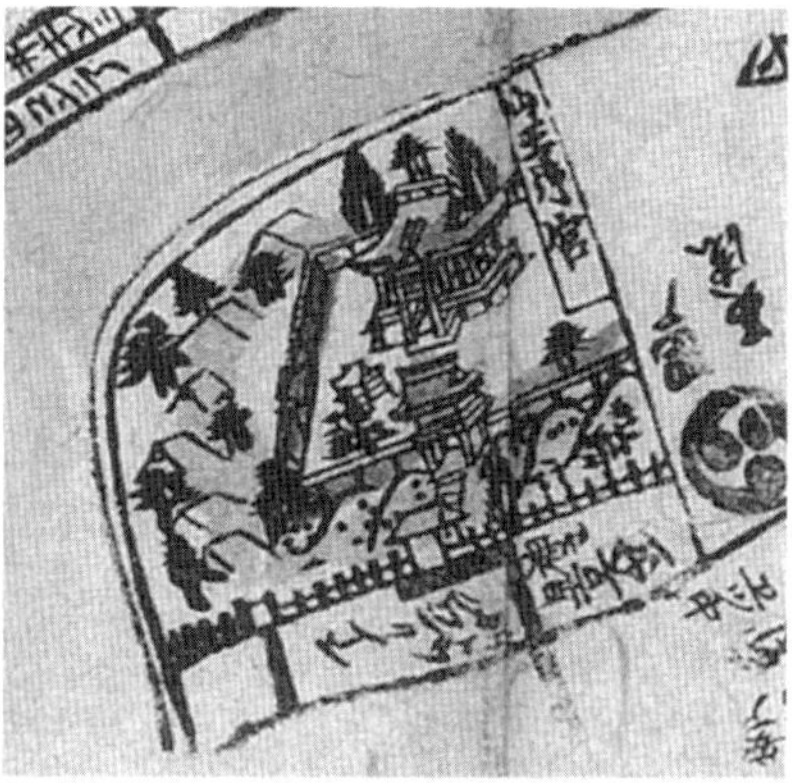

図7　享保15(1730)年『分間江戸大絵図』の日枝山王社

まずABに対するCDの割合は『実測東京全図』では〇・八八なのに、この絵図では〇・九八とかなり長い。つまりかつての『武州豊島郡江戸庄図』に見られた南北方向の拡張、東西方向への圧縮がふたたび顕著になっている。「改正」した結果、六〇年前の『新板江戸大絵図』よりも精度を落としたということになる。

さらに主な場所の表現が変化している。『武州豊島郡江戸庄図』のような高々とそびえる天守閣は描かれていないが、城の周囲に目をやると城門はすべて立体的な絵になっている。ほかにも、たとえば日枝《ひえ》山王《さんのう》社（図7）は、外側の柵と内陣《ないじん》の塀、二つの門、木々を生やした丘陵、石段、手水場《ちょうずば》らしい小さい建物、複雑な屋根構造を持つ社殿が立体的な姿をみせている。『武州豊島郡江戸庄図』に比べると一つひとつは小さいが、城門や主要な寺院・神社は「絵」なのである。先祖返りしたかのように、「図」の世界を「絵」が蚕食《さんしょく》している印象がある。

地図と同様の役割を担う都市メディア江戸絵図は、いったんは絵画的な表現を追い出して、測量を基にした「図」として精度を高めたのだが、ふたたび「絵」的な様相を強めたのであった。

### 変化の交錯に何を読むか

『江戸名所記』や『江戸名所図会』のような版本江戸地誌の挿絵と、地図型メディアである江戸絵図とでは、同じ木版印刷による都市メディアであっても、展開過程にかなりの違いがあった。江戸地誌の挿絵は、誰が見ても実像とは思えない概念的な画像表現から、実景に比すべきリアリティのある表現へ、すなわち「絵」から「図」へと一貫して変化していった。一方、江戸絵図は、絵的＝主観的な表現に始まり、図的＝測量を基にした客観表現に進んだものの、再び絵的な傾向を強める。絵→図という動きと、絵→図→絵という動きが並行したのだから、前半では同じ方向に進んでいた地誌の挿絵と江戸絵図とは、後半では逆の方向を向いて歩んだということになる。それはなぜだったのだろうか。

地誌の挿絵と江戸絵図、二つの変化の流れは一見交錯《こうさく》して見える。しかし、その背後には、都市と人との関係から生じた、一貫した動因があったのではないかと考えている。江戸という都市社会に生じた質的な、あるいは量的な変化が都市メディアを育てた。江戸の都市メディアは、成熟していく都市社会と対話して、自らを変えていったのである。この二つの都市メディアにおいて、江戸に生活する人びとは自らをどのような絵姿として描き、知らしめようとしていたのだろうか。この疑問をメディアに現れた江戸の絵姿に問いかけてみよう。とくに注目すべき変化が場末と江戸城の描写におきていた。リアリティ、近世的な「平和」、公共性といった言葉がその疑問を解く鍵になるのではないかと考えている。

# 上方の視線

『江戸名所記』の「平和」

# 新都市見物

『江戸名所記《えどめいしょき》』は寛文《かんぶん》二（一六六二）年五月に出版された。時の将軍は四代徳川家綱《いえつな》である。当時、江戸では、開府のころに戻ったように、盛んな建設工事が行われていた。五年前の明暦《めいれき》三（一六五七）年正月、「振り袖火事」として名高い明暦の大火が発生、天下普請《てんかぶしん》を終えたばかりの江戸は、ほぼ全域を焼失した。被災者となった幕府と江戸の人びとは、生まれ直そうとするかのような都市建設に取り組んだのである。

## 大火からの新生

まず、大名屋敷の再築にあたって、多くは郭外、つまり外堀の外側に新たに土地を与えられ、移転していった。上屋敷が郭外の中・下屋敷に移転し、中・下屋敷をさらに郊外に移設した場合もみられる。尾張《おわり》・紀州《きしゅう》・水戸《みと》の御三家もこの時に移転させられ、当時は町はずれといっていい場所に広大な屋敷を構えた。

中心部には延焼防止の空間、「火除地《ひよけち》」が設置された。広小路や明地《あきち》として絵図に現れる空間である。江戸橋・両国橋《りょうごく》西詰・筋違門《すじかいもん》外などその数は二〇ヵ所に及び、それぞれ小学校の敷地を上回るような規模であった。大火以前、そこでは多くの人びとが生活を営んでいたが、幕府は代わりの土地を郭外に与え、まちぐるみで移転させた。同じ理由から寺院や神社、武家屋敷の移転も行われ、郊外の農地や山林は急速に街並みに変貌する。そこには、生業の機会を求める人びとがさらに来住して、都市化はいっそう進んでいった。

また、隅田川対岸の本所《ほんじょ》・深川《ふかがわ》が開発された。火事の翌年、万治《まんじ》元（一六五八）年には両国橋が架けられ、江戸のある武蔵《むさし》国と対岸の下総《しもうさ》国の「両国」を結ぶ陸路が誕生した。猛火に追われた群衆が川を渡れずに死亡するという悲惨な事態を繰り返さないための対応であったといわれる。かつて江戸の外と見なされていた本所・深川は、新しい府内として、郭内＝江戸城外堀の内側に匹敵するような規模の都市域となる。

こうして大火は結果的に、外へ外へと向かう江戸の拡張を大きく促したのであった。万治四（一六六一）年二月、幕府は江戸近郊に展開している無許可の新築について調査を行い、翌年の一一月一四日には町奉行《まちぶぎょう》の支配領域を大きく広げた。当初の計画を超える都市化に直面した幕府は、後追いで対応せざるをえなかったのである。都市周縁部に、後に「場末《ばすえ》」と呼ばれるようになる空間が蠢動《しゅんどう》する。元禄《げんろく》時代に出現する一〇〇万都市の入れ物が姿を見せつつあった。

**『江戸名所記』の位置**

『江戸名所記』は最初の実用的江戸案内記として評価されている。案内記とは土地の地理や歴史、神社仏閣の由緒《ゆいしょ》、美しい景色などを紹介するガイドブックのような地誌である。江戸時代に印刷された地誌は大部分、案内記であり、なかでも名所・名物にポイントを置いた名所記はその主流をなした。

案内記は中世の僧侶や歌人の紀行文に淵源《えんげん》があり、その後、読み物的な段階を経て、やがて具体的な情報を満載した実用書へと展開したとされる。水江漣子氏、加藤貴氏、鈴木章生氏の研究から、『江戸名所記』にいたるまでにふたつの段階があったことがわかる。

一つめの段階が三浦浄心《みうらじょうしん》の『見聞集《けんもんしゅう》』である。『慶長見聞集《けいちょうけんもんしゅう》』と表記される場合が多いように、慶長期（一五九六〜一六一五）、徳川家康が拠点を置いたばかりの江戸を伝える地誌として知られている。この本は作者である浄心が自分の言葉として叙述しており、その点では紀行文の流れを引いているが、内容は主観を退け、没個性的な知識を主としていて、そこに案内記としての性格を認められている。ただし、伝えられた『見聞集』はすべて写本であり、出版はされなかったらしい。挿絵もなく、都市メディアとしての機能は限定されていたといえよう。

二つ目の段階としては、元和《げんな》期（一六一五〜二四）の『竹斎《ちくさい》』と寛永《かんえい》二〇（一六四三）年の『色音論《しきおんろん》』（別名『あづまめぐり』）がある。両書ともに仮名草子《かなぞうし》、つまり啓蒙を目的にした平易な仮名書きの物語に分類されている。架空の主人公を設定し、その主人公が江戸市中を見物して、文章にまとめたという形式である。その虚構の文学世界に当時の江戸に関する具体的情報を数多く収めている。地点を特定しがたいようなレベルであるものの挿絵があり（図8）、出版も行われるなど、都市メディアとしては『見聞集』より一歩進んだ段階にある。主人公の立ち寄り地点が『竹斎』の一二ヵ所から、『色音論』の四七ヵ所と大幅に増えている点はとくに注目され、

図8　『竹斎』の挿絵
江戸城と推定（東北大学附属図書館狩野文庫所蔵）

二〇年足らずの間に進んだ江戸の成長が、案内記としての成長を促したといわれている。このころ幕府は二代秀忠《ひでただ》から三代家光《いえみつ》によって覇権を確立し、江戸では全国の大名を動員する天下普請が続いていた。

『色音論』から二八年を経て現れた『江戸名所記』も仮名草子の形態を引いていて、作者ではない話し手が読み手に語るという記述方法をとっている。だが、話し手である主人公がいかなる人物なのか、具体的な像はほとんど与えられない。物語的な叙述はわずかとなり、内容は具体的な事実に集中している。七巻七冊全八〇項目に収められた情報量は『竹斎』と『色音論』の段階を大きく凌駕しており、全項目に対応する八一景の挿絵がある。研究者が指摘してきたように、読み物から実用書へと脱皮しつつある、橋渡し的な位置にある案内記なのである。

## 上方から見る

『江戸名所記』は当時の出版文化の中心である京都で作成された。上方《かみがた》から見るという視点は、その性格に深く影を落としたと考えられる。

『竹斎』と『色音論』も京都で出版された。『竹斎』は京都に住む医者、磯田道治が書いたとされ、山城《やましろ》国に住む藪医者「竹斎」が名古屋で三年を過ごし、さらに東海道を下って、江戸に来たという話になっている。一方の『色音論』の作者ははっきりしないが、京都在住者であることは確実視されている。この物語は奥州《おうしゅう》信夫《しのぶ》の里《さと》（福島県中部）に独り住んでいた男が、寂しさから江戸に出府《しゅっぷ》し、市中を見物するという筋立てである。どちらも、遠くからやってきた者がはじめて江戸を見るという趣向は共通している。

『江戸名所記』の語り手は「しばの戸ぼそ」に住む人物である。春の日のうららかさに誘われて外出したところ、同じような気持ちから「あれたる宿」を浮かれ出た友達に出会い、ともに「名所《などころ》」の多い江戸巡りを試みることになった。それなりの年月をここに暮らしているのに、誰かに江戸のことを尋ねられても答えられないのではまずいと思ったからだ。ふたりは茶屋に立ち寄って、酒を飲みながら回る道筋を相談する。

「しばの戸ぼそ」とは「芝の戸ぼそ」であり、芝口《しばぐち》か、あるいはその南の高輪《たかなわ》の大木戸《おおきど》周辺を指していると考えられる。つまり語り手は江戸の南の境界領域において粗末な宿に寝泊まりする長期滞在者である。住民ではない。京都や奥州という遠隔地に比べるとはるかに近接した、しかし上方寄りの地点から出発し、江戸をまったく知らないわけでもないが、江戸住人ではない、という〈最も近くに住まう上方の人〉という微妙な立場が設定されている。『江戸名所記』の作者、浅井了意《あさいりょうい》は京都の人間だが、まず寛文元（一六六一）年ころに『東海道名所記《とうかいどうめいしょき》』で江戸を描写しており、さらに『むさしあぶみ』に明暦大火の

図9　『江戸名所記』「しばの戸ぼそ」付近の挿絵

状況をつぶさに記述した経験を持っている。鈴木氏の指摘するように、江戸住民ではないが長期にわたる江戸滞在経験を持つという点で、『江戸名所記』の語り手と了意とは等しい立場にあった。

『江戸名所記』の構成は、思うがままに移動した結果を記述していき、最後に名所の落ち穂拾いをやっているといった感が強い。最初の挿絵（図9）は出発地「しばの戸ぼそ」近い茶店の様子を描いている。右手奥の縁台にいる二人が話し手と友人ということになろうか。二人はこのあと、最初に江戸城に行く（図10）。加藤貴氏の分析を参考に追っていくと、日本橋を経由して、第一巻は上野周辺を描写する。その後、第二巻が浅草を含む隅田川西岸、第三巻が隅田川両岸の北寄り、第四巻が隅田川南部を収録し、第五巻で中心部を経由して、いったん出発地の芝付近に戻っている。このあたりまでは地域区分を考えた構成といえるが、経路の交差や飛躍は多く、『江戸名所記』をガイドブックとして移動することは困難だろう。さらに第

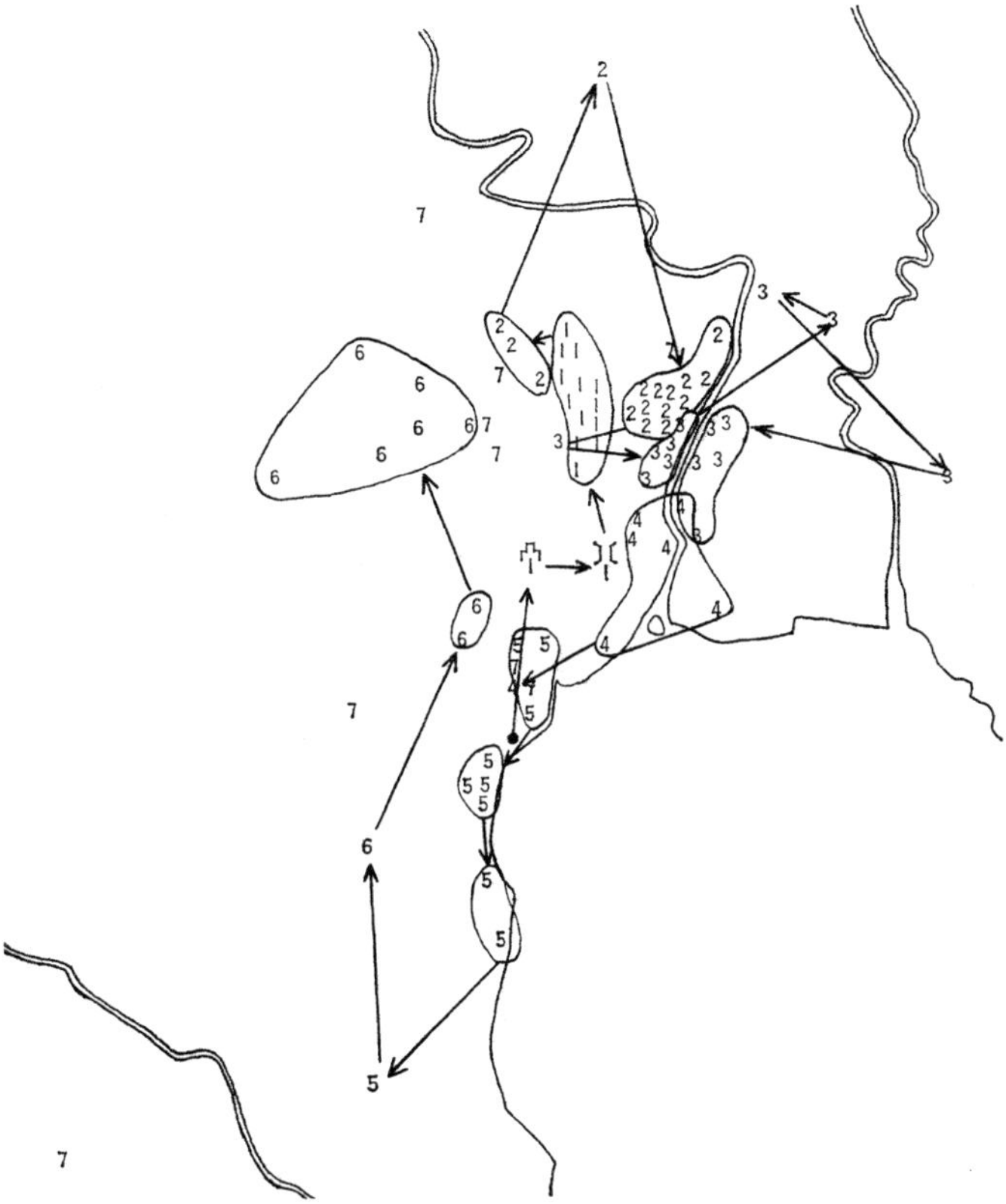

図10　『江戸名所記』の順路
加藤貴「江戸名所案内の成立」(『論集中近世の史料と方法』東京堂出版，1991年）所収図に手を加える．

六巻では、大きくは江戸の西郊を北上するが、立ち寄り地は散在し、第七巻になると江戸の周囲を飛び回っているような展開である。

つまり、ある程度江戸を知っている旅人が江戸の街を気ままにうろつき、それをそのまま文章にしていく、さらに一部は思い出して書き加える。そのようなやり方で書くとすると『江戸名所記』の構成が現れてくるだろう。江戸をどう表現するかという総合的、作為的な演出が行われたとは言い難い。江戸を構成する各地域の地域性は表現されておらず、地域間の上下関係もあらわれない。作者の興味は総体としての江戸におかれており、内部に深く立ち入ろうとはしない。この案内記は、当時、上方を中心とする日本列島に住む人びとは新都市江戸を全体としてどう見ていたのか、という点を中心に見ていく必要があるといえよう。

## 寺と神社の江戸

それでは『江戸名所記』はどのような場所を名所としたのだろうか。

これには明快な特徴があって、要するにお寺と神社ばかりなのである。挿絵全八一図中、第一位となるのが寺社で、その数六七景、率にして八三%を占める。次いで日本橋や茶店、芝居町《しばいちょう》といった市街地が七景で九%、第三位が隅田川などの自然景観が五景で六%となる。試みに第二巻の挿絵をすべて並べてみると、江戸は寺院と神社から成り立っているような感覚になる（図11）。ただ、現在でも歴史があり、かつ日本的な情緒に溢れている観光地、たとえば京都や奈良といった場所の名所はお寺と神社が圧倒的に多い。では、名所はそもそも寺社を中心としていたのだろうか。

名所とは本来、歌枕《うたまくら》として知られる景勝の地であった。『江戸名所記』の中でふりがなを振っているように、「などころ」と発音されていたようである。平安時代以来、屏風《びょうぶ》や障子《しょうじ》、縁起絵《えんぎえ》や高僧伝絵《こうそうでんえ》などに各地の名所を描くことは盛んに行われてきた。とはいえ、それらは実際に現地に赴いて制作されることは稀であった。見たことのない名所を歌に詠み、絵に描く時代は長く続く。その後、名所という概念の拡張と、観光という行動の成立が影響し合いつつ進行した。高橋康夫氏は首都としての位置を保ちつづけた京の都は、多くの人びとに見られることを通じて、都市自体が名所となったという。また、庶民の寺社参詣が盛んに行われ、やがて物見遊山《ものみゆさん》に重点が移るにつれて、寺社とその周辺の自然を合わせて名所としていったらしい。和歌を骨格とする文化サークルに閉じこめられていた名所＝「などころ」は、幅広い人びとによるイメージの共有にささえられた名所＝名のある所へとその意味を変化させたのである。

『江戸名所記』の時代、江戸の名所もまた、「などころ」から名のある所へという変化を

図11 『江戸名所記』第二巻の挿絵

きたしていた。江戸でもっとも知られていた「などころ」は隅田川であった。鈴木氏によると、『江戸名所記』の取り上げた名所は隅田川沿いに色濃く、いまだに「などころ」としての名所が影響を残している。しかし、八割を占めた寺社と、数は少ないが、新吉原《しんよしわら》・芝居町・日本橋という近世都市らしい世俗性の強い場所は、「などころ」から脱却しつつある江戸名所の状況を物語っている。とくに、明暦大火で焼亡した寺社の再築は作者の興味の中心にあったらしく、加藤氏はそれに関する解説が多いことを指摘している。お寺と神社ばかりの挿絵だが、当時の人びとはそこに新しい時代の訪れと、大火から再生しつつある都市の息吹とを感じていたのであろう。

# 画像の工夫と混乱

## 定型化された画像

『江戸名所記《えどめいしょき》』の挿絵は、取り上げる地点に即した実際性を評価されている一方で、表現として平板である、硬い、というネガティヴな評価も下されている。たしかに第一巻では、はじめは城に橋、寺院、池といったバリエーションがあり、表現にも多様性を感じるのだが、後半の神田《かんだ》から谷中《やなか》一帯の七景を並べると、平板さ、硬さという印象を否めない（図12）。名所を寺社が占めていることが全体の表情を乏しくしているという面はもちろんあるが、それだけではない。

『江戸名所記』の挿絵は、構図がパターン化され、それがセット化されて何度も繰り返されるのである。

図12　『江戸名所記』第一巻の挿絵（神田・谷中方面）

第一に、画面の手前側に街路を持ってきて、そこから反対の端へ向かって、まず門を置き、ついで境内《けいだい》などの広い空間があり、最後に本堂や本殿などの主要建築物を配置するというパターンが目立つ（図13）。①画面のなかで空間を内外に切り分ける、②その内側の空間で最も奥まったところに主要な対象を置く、という原則による構図である。この原則に完全に従っている挿絵は四九景、原則を活かしつつ門が二重になっていたり、主要な建築を複数描いていたりするようなバリエーションが一六景ある。合計すると六五景になり、これは全体の八〇％を占める。寺社の空間は外界と明快に隔てられ、そのもっとも奥に、もっとも聖性の高い場を配置する。そのような宗教空間のありかたにこの構図が適合しているのは確かだが、たとえば新吉原《しんよしわら》や歌舞伎《かぶき》の描写でも同様の構図をとっていて（図14）、対象の性質にかかわらずに採用した気配が濃厚である。

第二に、主題に対して、その正面左寄り上空に視点を置いている構図が多い。湯島天神《ゆしまてんじん》社《しゃ》に例をとると、鳥居の手前の街路を少し左に行き、その十数メートル上空にのぼって描いたかたちになる（図15）。このような左手上空に視点を置いた挿絵は五七景、率で七〇％を占めている。これは名所エリアの外側上空に視点を置くことによって、エリア内の主要な対象すべてを画面内に配置可能にしているということでもある。したがって第一のパターン

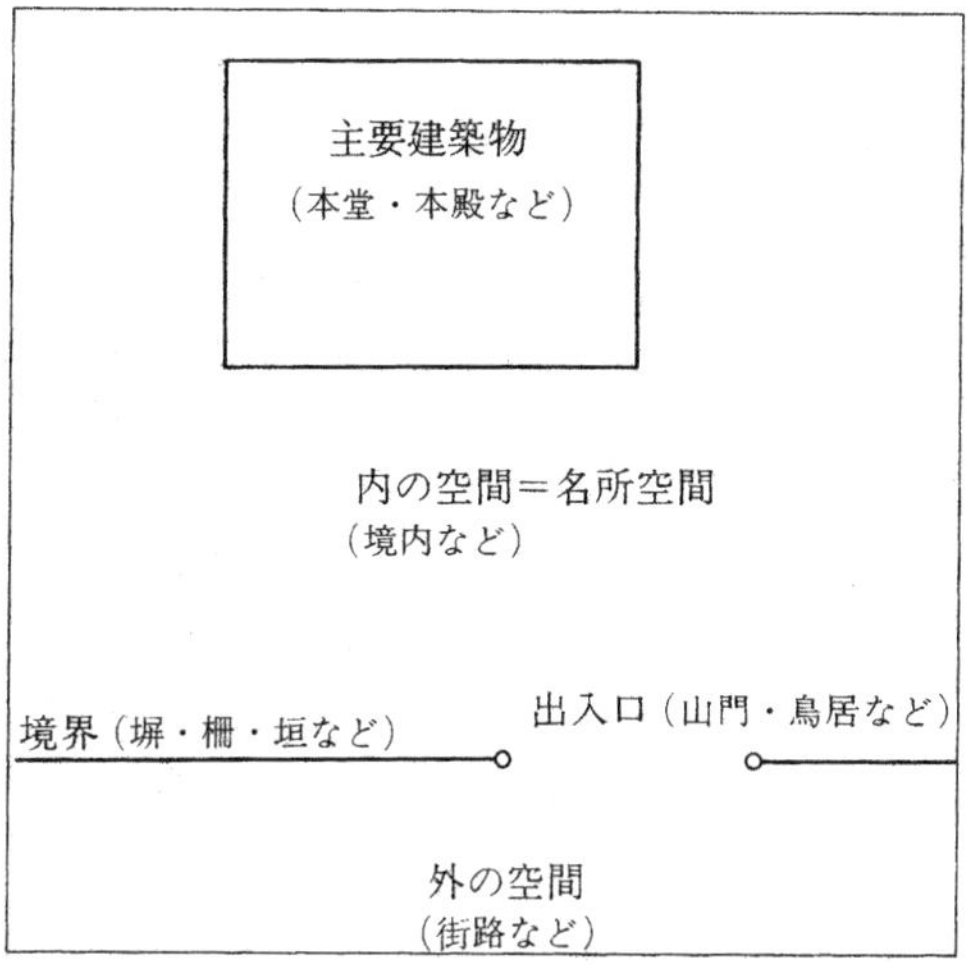


図13　『江戸名所記』挿絵の基本構図

図14　『江戸名所記』「新吉原」

図15　『江戸名所記』湯島天神図
符号・矢印を書き加える.

と第二のパターンを同時に用いる挿絵はとくに多く、五〇景、六二%にのぼる。この定型化された構図の繰り返しが平板さ、硬さという印象を与えているのは間違いない。

ただし、視点を左手上空ではなく右手上空に置いても、名所エリアを見渡せる点に注意しておく必要がある。第二のパターンを取らなくても、第一のパターンは成立するのである。つまり左手上空に視点を取るのは、一つの工夫であった可能性が高い。図15でいえば、読み手は門の外側にいて、これから境内に入ろうとしている人物Aと同じ立場に立たされていることになる。読み手の意識は、Aがこれからたどるであろう経路に沿って、まず門をくぐり、境内を通って奥の本殿へと向かう。左手上空に置かれた視点によって、人物の経路に合わせて視線は右下から左上に進み、したがって読者の視点は、右から左へと誘われていくのである。

この右から左へと進む展開は、日本の伝統的な時空間表現である。まず和綴じの書物は縦書きである。読者は上下に視線を振りつつ、右から左へと視点を移動させ、読み進む。書物だけではない。日本の絵巻物はすべて右から左へと物語が展開していく。絵画においても、四季図屛風で右から左へ春夏秋冬を描くように、右↓左と題材の変化を追う例は少なくない。歌舞伎などの舞台表現では舞台に向かって右手を上手《かみて》、左手を下手《しもて》と呼び、右から左へという視線の流れを意識して、空間を構成する。『江戸名所記』はこのような日本の伝統的時空間表現に縛られて、無意識のうちにパターン化したものかもしれない。少なくとも書物の時空間によく適応しており、平板ではあるが、違和感の少ない表現になっているといえよう。

## 窓だけを下から見る

絵画は、三次元の立体として存在している現実の空間を、二次元平面上にどのように表現するのかという課題を抱えている。風景画では奥行きの表現方法、つまり遠近法の問題がある。現在、写実的な絵画では幾何学的な遠近法（透視図法）を主要な手段としているが、歴史的にはさまざまな方法があった。『江戸名所記』の挿絵は上下遠近法（等角遠近法・平行遠近法）を基本としている。描く対象が遠くにあるほど画面の上の方に置く、という原則による方法である。街並みを思い浮かべるとわかるように、遠くにある家屋が視野の上部に見えるのは、高いところから見下ろしている場合に限られる。これは俯瞰《ふかん》図法（鳥瞰図法）も同じだが、上下遠近法と俯瞰図法は厳密には分けて考えなくてはならない。上下遠近法は遠くにある要素ほど画面の上部に置くという単純な原則による方法であり、要素のひとつひとつは真横から見たかたちに描写していても、上下遠近法は成立する。それに対して、俯瞰図法では描かれている要素ひとつひとつを上空から見下ろしているかたちに表現しなくてはならない。

『江戸名所記』の場合は、俯瞰図法に接近してはいるが、上下遠近法の枠組みを超えていないと評価できる。たとえば、屋根を描く際に棟《むね》や軒《のき》をあらわす直線を必ず手前の始点から画面上方にのばしている（図16）。これは屋根を見下ろしている場合に限ってあらわれる描写であり、どの挿絵においても上空から俯瞰しているという意識を持っていることは間違いない。だが、その視点や視線の方向は一定しない。

たとえば、一画面に複数の視点を持つ挿絵が八一景中一三景存在する。ある一つの場所を、一部は右から描き、残りは左からあらわしているような場合である。「浅草駒形堂」の挿絵では（図17）、左手の駒形堂は軒の線と濡《ぬ》れ縁《えん》の線が手前から左上方に延びているから、明らかに向かって左上方に視点を置いている。ところが堂宇《どうう》右側の敷物を見てみると、右手前の隅から右上に縁が延びているので、敷物に対してその手前、右上方に視点があることになる。もちろん堂宇に対して時計回りに回転させて敷けば、右手前の隅から右上に縁が延びるように見えるが、敷物の

図16　『江戸名所記』の屋根表現「白山町白山権現」の左部分.

図17　『江戸名所記』「浅草駒形堂」（部分）

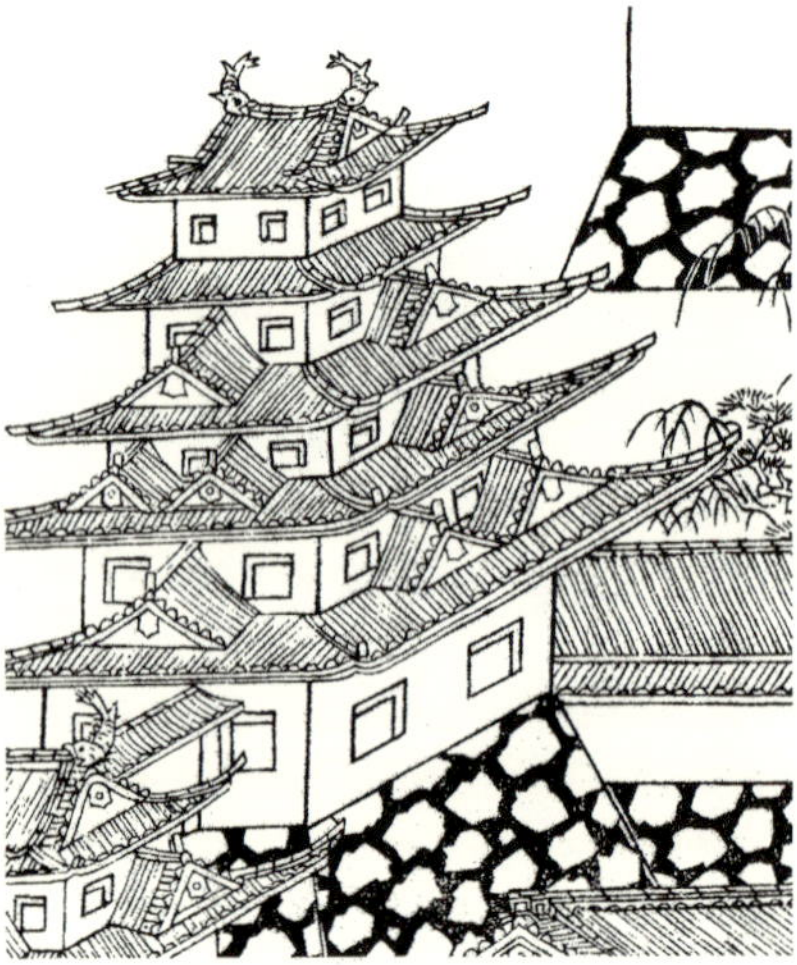

図18　『江戸名所記』の天守閣
「江戸城」の一部を拡大

手前の線は堂宇の濡れ縁手前側の線とほぼ平行しているので、敷き方による描写の変化とはいえない。どうも『江戸名所記』では敷物は右上方に視点を置いた形態で描くと決めていたようであり、画面全体の視点とは無関係に、どの絵でもまったく同じ姿で現れる。また、人物はすべて真横に近い位置から描写されていて、これも全体の構図とは無関係である。

気になるのは江戸城の表現である。天守の屋根に注目してみると（図18）、棟の線も軒の線も手前から右上方に延びていて、瓦の連なりが見えている。すなわちこの絵は高い天守をも上から見下ろしていることになる。一方、その窓の上部は二本の線で表現している。城郭の壁は分厚く、窓の縁には厚みのある壁の断面がよく見えるので、それを二本の線で表現する場合は多い。だが、上から見下ろしているのならば、窓に見える壁の断面、すなわち二本の線は窓の下側に現れなくてはならない。窓の上部が二本の線で表現されているということは、城全体としては上から見ているのに、窓だけは下から見上げているということになる。これも俯瞰図法になりきれていない『江戸名所記』の限界を示しているが、なぜ江戸城に限ってこのような混乱が現れたのかという点は、後で違った角度から考察を深めてみたい。

## 文字情報への従属

また、プロローグで検討したように、『江戸名所記』は解説文で与えている情報を挿絵で繰り返すという傾向がみられる。まず取り上げた名所の項目数（八〇）と挿絵の数（八一）はほぼ一致する。これはいうまでもなく各項目について一対一で挿絵を施しているからである。唯一、「忍岡稲荷《しのぶがおかいなり》」の項目に対応して、稲荷本体と泉水《せんすい》と二枚の挿絵があるため、挿絵の総数が項目数を一つ上回っているが、泉水の絵の内容は「忍岡稲荷」の解説文に含まれている。つまり解説文から独立した画像が存在しない。

文字情報に絵が従属した結果生まれたと考えられる奇妙な表現もある。図19は第五巻「芝焔摩堂《しばえんまどう》」図である。閻魔堂は東海道沿いにあって、堂宇の前、武士たちが行きすぎている場所は街道を表している。その手前の海上で漁を行っている人物像を、東海道の武士よりも小さく描いている点が注意を要する。手前から海→街道→閻魔堂と画面を構成して

図19　『江戸名所記』「芝焔摩堂」

図20　『江戸名所記』「深川泉養寺付神明」

いる以上、絵師の視点に対して海が最も近くに存在し、街道はそれよりも遠くにある。したがって、海の上にいる漁師よりも街道を行く武士たちの方が小さく描かれなくてはならないのだが、現れた表現は逆になってしまった。これは、「門前は東海道なり、むかひは海つらははるかに見えわたり」とする解説文に引きずられ、「はるか」遠くにいる漁師を縮小して描いたためだと考えられる。

表題を優先させて無理に一画面に納めたと考えられる場合も見受けられる。第三巻の「深川泉養寺付神明」の挿絵は、画面の左手に泉養寺があり、その右側に隣接して、神明社が描かれている（図20）。ところが泉養寺は後代の深川猿江町《さるえちょう》（現・猿江二丁目）にあり、神明社はのちに新大橋が架橋される隅田川東岸部、現在の森下一丁目にあった。地図上で計測すると約一六〇〇メートル《メートル》隔たっており、泉養寺と神明社はその距離を無視し、無理に隣り合わせたとみて間違いない。解説文の「寺を去事《さること》四町ばかりにして」神明社があるとしている距離の把握は過小であるが（四町＝約四三〇メートル《メートル》）、解説文に従っていれば、挿絵の距離表現は現れまい。つまり「深川泉養寺付神明」の項目では、挿絵と解説文双方の情報に対して項目の表題が優位にある。

『江戸名所記』の挿絵は、まず名所項目に一対一で対応させることに主眼を置き、ついで解説文に従った内容にするという序列下に置かれていたと考えられる。挿絵は文字情報に二重に従属していたのである。

**見ずに描く**　定型化した構図が多く、一枚の画面に複数の視点があり、内容は文字情報に従属する――『江戸名所記』の挿絵に見られる特徴を考えていくと、はたして絵師は実際に江戸を見て描いたのかという疑問が湧いてくる。

絵師が誰であったのかはわかっていない。ただ、京都で出版されたということは、作者・絵師・彫り師・刷り師らの共同作業の現場が京都にあったということであり、仮に絵師が江戸で原画を起こしていたとしても、その仕上げの過程はすべて京都で行われたと考えられる。また当時、浅井了意《あさいりょうい》のような文人は、文章を書く一方、絵画の素養も高く、出版に当たっては自らデッサンを描いて、事細かに絵の内容を指示する場合が多かったといわれている。『江戸名所記』の場合も、浅井了意が江戸で取材してきた画題に沿って指示を出し、京都の絵師がそれを仕上げたと考えていいのではないだろうか。

たとえば、『江戸名所記』に描かれた屋根のほとんどは、写生では現れるはずのない姿である。江戸＝東京中心部はきわめて平坦な地形である。高所は川越方面から江戸湾方向に張り出した洪積《こうせき》台地に限定され、それが北～西～南西の外縁を形成している。最高地点は尾張《おわり》藩下屋敷のあった戸山地区の海抜《かいばつ》四四・六$\text{m}$であるが、これは庭園の築山《つきやま》に押し上げられた数値であり、台地面の多くは海抜二〇～三〇$\text{m}$である。そのため、屋根の上面を見る機会は、たとえば上野山から不忍池《しのばずのいけ》方面を見るときや、あるいは待乳山《まっちやま》から隅田川方面を見るときのように、台地の辺縁に立ち、その足下を見下ろしている場合に限られていた。まして江戸城や寛永寺《かんえいじ》は台地に乗っており、当時、その屋根を見下ろすことは不可能であった。

京都は違っている。市街地を取り巻く丘陵は東山で標高二〇〇～三〇〇$\text{m}$前後になる。

その裾野に位置する寺社境内は、たとえば清水《きよみず》の舞台で有名な音羽山清水寺は一〇〇～一二〇メートルに展開する。足下の東大路で五〇メートル前後、鴨川《かもがわ》を渡った東西の本願寺周辺で三〇メートル前後だから、市街地との標高差は四〇～九〇メートルに達する。したがって清水の舞台のような場所からは、重畳《ちょうじょう》する寺院群の屋根が視野に入ってくる。ちなみに清水寺は寛永《かんえい》六（一六二九）年に主要な堂宇を焼失したが、徳川家光《いえみつ》の発願《ほつがん》によって再建され、寛永一〇（一六三三）年には舞台を含む本堂が落成している。

　ここで問題なのは粉本《ふんぽん》＝絵画制作に用いられる手本の存在だろう。当時は粉本を繰り返し模写することが重要な絵画修練法とされ、また制作にあたっても、優れた粉本から必要な要素を描き写すという方法を一般にとっていた。円山応挙《まるやまおうきょ》はこのような粉本第一主義の画壇に異を唱え、写生重視の画風を広めたが、その活動期は『江戸名所記』の刊行から一世紀近く後の一八世紀半ばである。

　どうも『江戸名所記』の絵師は、江戸の景観を描いているのにもかかわらず、京都で成立した粉本を頼りに屋根を描いていったらしい。この方法は建築物以外にも適用された可能性が高い。絵師は浅井了意の指示や解説文に基づいて、樹木・建てもの・舟といった必要な要素を選び出し、それを上下遠近法を主とする構図原則に従って単純に配置していっ

図21　『江戸名所記』の類似画像例
左「芝瑠璃山遍照寺薬師」，右「田町八幡」

たのではないかと思われる。そのため、堂宇・鳥居・門などの共通する要素は画面のどの位置でも、異なった画面においてさえもほぼ同じ大きさで現れ、またきわめて似通った姿となってしまった。たとえば「田町《たまち》八幡《はちまん》」と「芝《しば》瑠璃《るり》山《さん》遍照寺《へんしょうじ》薬師《やくし》」において、手前側の門と左手の家屋はほとんど変わらない(図21)。実物を見ないで描くという方法がまた、絵としての平板さや硬さを招いてもいるのである。

# 武装する人びと

## 少ない女性像

一方、『江戸名所記《えどめいしよき》』の絵師は人物表現を特別に重視して、個々に描き分けようと努力したと考えられる。プロローグで指摘したように、人物像は周辺の建物や道路などに比してきわめて巨大で、要素間のバランスを大きく崩している。だが、そうすることによって、人物すべてに目鼻立ちを描き、衣類や持ち物を描写したかったのだろう。後代の名所案内に現われるような、記号化した人物表現はいっさい見られない。建物を俯瞰《ふかん》しているのに、人物を真横から見ているのも、人物の描き分けを優先したゆえであったと考えられる。この製作姿勢が幸いして、『江戸名所記』の挿絵からは、当時の都市住民に関するさまざまな情報を得ることができる。

| (男性数) | 法体の女性 | それ以外の女性 | (女性数) | 性別不明の人物 | 人数 | 挿絵あたりの平均人数 |
|---|---|---|---|---|---|---|
| (126) | 2 | 7 | (　9) | 2 | 137 | 9.1 |
| (　94) | 1 | 4 | (　5) | 0 | 99 | 6.6 |
| (　93) | 2 | 6 | (　8) | 1 | 102 | 7.3 |
| (116) | 4 | 17 | (　21) | 2 | 139 | 19.9 |
| (　89) | 5 | 15 | (　20) | 0 | 109 | 10.9 |
| (　78) | 2 | 17 | (　19) | 3 | 100 | 10.0 |
| (　71) | 1 | 28 | (　29) | 4 | 104 | 11.6 |
| (446) | 17 | 58 | (　75) | 7 | 528 | 8.1 |
| (152) | 0 | 30 | (　30) | 5 | 187 | 26.7 |
| (　49) | 0 | 6 | (　6) | 0 | 55 | 9.2 |
| (　20) | 0 | 0 | (　0) | 0 | 20 | 10.0 |
| (667) | 17 | 94 | (111) | 12 | 790 | 9.9 |
| (　84) | 2 | 12 | (　14) | 2 | 100 | |

表1　『江戸名所記』の人物と分布

| | | 挿絵数 | 武士 | 帯刀(1本)男性 | 無帯刀男性 | 僧侶 | 身分標識不明の男性 |
|---|---|---|---|---|---|---|---|
| 1巻 | 中心部・上野 | 15 | 71 | 25 | 19 | 7 | 4 |
| 2巻 | 浅草・隅田川西岸 | 15 | 47 | 27 | 6 | 10 | 4 |
| 3巻 | 隅田川両岸北部 | 14 | 45 | 19 | 23 | 6 | 0 |
| 4巻 | 隅田川両岸南部 | 7 | 31 | 28 | 33 | 10 | 14 |
| 5巻 | 中心部・芝 | 10 | 18 | 25 | 27 | 19 | 0 |
| 6巻 | 江戸の西郊 | 10 | 24 | 26 | 11 | 15 | 2 |
| 7巻 | 江戸周辺地域 | 9 | 33 | 14 | 13 | 5 | 6 |
| 寺社 | | 65 | 197 | 105 | 70 | 65 | 9 |
| 市街地 | | 7 | 43 | 43 | 52 | 7 | 7 |
| 自然 | | 6 | 16 | 13 | 6 | 0 | 14 |
| その他 | | 2 | 13 | 3 | 4 | 0 | 0 |
| 合計 | | 80 | 269 | 164 | 132 | 72 | 30 |
| 百分率 | | | 34 | 21 | 17 | 9 | 4 |

まず、着物の描写から、女性と男性を明確に区別できる（図22）。女性は笠や被布《ひふ》で頭髪と顔を隠している場合が多く、扇で顔を隠している例も見られた。神仏を拝礼するために笠を脱いだと考えられる姿もある。ただしそれは身分的な表現であるらしく、お供の者と考えられる女性は髪の毛と顔をあらわにしている。尼僧とは断定しきれない法体の女性も確認できる。現れた女性は多様である。

だが、その姿は少ない。『江戸名所記』に現れる人物は総数七九〇人である（表1）。そのうち女性は一一一人、これは全体の一四％にすぎない。初期の江戸は単身男性主体の都市であったといわれ、その状況を反映している可能性が高いが、実は江戸の画像史料に現れる女性の姿は一貫して少なくなっている。それは男女間人口のアンバランスが解消されつつあった一九世紀になっても変わらない。つまり都市空間におけるジェンダー認識——女性はイエ空間の内部に生きる存在であり、外に表れることは限定される、という認識が作用していた可能性が残される。この点は本書の後半でも触れる。

## 都市空間と人物像

一枚の挿絵あたりでは平均九・九人が描かれている。多い順にあげると、①「禰宜町《ねぎまち》浄瑠璃《じようるり》」五〇人、②「禰宜町歌舞伎」三五人、③「日本橋」三〇人、④「浅草駒形堂」二七人、⑤「吉原」二五人となる。駒形堂を除く

a・武士と武家奉公人

b・刀を一本差した男性

c・刀を持たない男性

d・僧侶

e・法体の女性

f・顔を隠す女性と露わにした女性

図22 『江戸名所記』の人物表現

と市街地であり、とくに遊楽に関係する場に大勢集まっている。駒形堂の挿絵も、隅田川で舟遊びを楽しんでいる人びとが描かれていることによる。

挿絵あたりに現われる平均人数を一巻ごとに出してみると、最も少ないのは浅草ほか隅田川西岸部を収める第二巻の六・六人、最も多いのは隅田川両岸南部を収める第四巻の一九・九人である。これは周縁部と中心部という疎密関係が現れているわけではない。中心部を記述している第一巻でも九・一人と少なくなっている。第四巻が多いのは「禰宜町浄瑠璃」と「禰宜町歌舞伎」を含むためである。つまり巻を単位に見ていった場合、人物数に伴う特徴は表れない。ここにも江戸内部の地域性に立ち入って編集していないという、『江戸名所記』全体の製作姿勢を確認できる。

特徴は絵の主題と登場人物との関わりに現れている。挿絵あたり人数の上位を独占しているように、市街地を主題とした挿絵七景の平均は二六・七人に達する。一方、寺社を主題とする挿絵六五景は平均八・一人であり、繁華な市街地と静寂の寺社地という対比が表現されている。自然景観を主題とした絵で九・二人とやや多くなるのは、グループを形成して行楽を楽しむ人びとが描かれているためである。また、主題ごとに描かれる人物像に偏りがあり、当然のことではあるが寺社では僧侶や法体の女性が現れる割合が高く、とくに法体の女性は寺社の空間にのみ存在する。市街地では僧侶はごく少なくなり、自然を主題とする絵には現れない。

『江戸名所記』の人数中、最大の割合を占めるのが武士で、二六九人、三四％に達する。諸藩における武士人口は全体の一〇、三％だから、それに比較すると圧倒的に多い。

## 武装する人びと

刀を二本差しているかどうかを武士を見分ける第一の基準としたが、異論はないだろう。たとえば最初の挿絵に現れる編み笠姿の人物は武士である。その後ろに付き従う男も長い一本の棒状のものを帯びている。この人物は武家奉公人《ぶけほうこうにん》と推定されるが、棒状のものは体の前部分が白、後ろ側が黒で表現されており、前の武士が帯びる刀と変わらない。これは柄《つか》＝白、鞘《さや》＝黒という表現と考えられる。歌舞伎に現れる武家奉公人は木刀を帯びているが、『江戸名所記』では一本の長刀を持っているのである。

武士と奉公人、両者の違いは刀の本数だけではなく、武士＝着物の上に羽織《はおり》を着用し、足を見せない、武家奉公人＝着物だけを着て、裾をまくり上げ、足を見せている、という点にも現れている。袴《はかま》・裃《かみしも》の着用は武士に限られており、また羽織の着用も武士が大部分である。一枚の敷物に膝をつき合わせているような密着した空間でほかの身分と入り交じらない点も特徴になっている。

武士以外の男性は、剃髪《ていはつ》の僧侶のほかは細かい区分をしづらい。髷《まげ》の描写は男性全員が同様である。無帯刀《たいとう》の男性は武士ではないとみなせるが、一本の長刀を帯びた男性はきわめて多い。武家奉公人を含めるとその数は一六四人、二一％になる。帯刀一本の男性のうち、姿勢によって脇差《わきざし》が隠れている可能性がある場合、羽織・裃・袴の着用や、あるいは明らかに武士とわかる人物との距離感から武士として取り扱った例もあるが、判断に迷うような描写は少なくない。

「禰宜町浄瑠璃」の挿絵では、「天下一大さつま」の看板前で、帯刀した男たちが入り乱れている（図23）。喧嘩《けんか》を止めている様子とはいえ、槍《やり》とも見える長い棒状のものを携えた者もいる。陽性だが危険に満ちた雰囲気である。帯刀者のうち黒羽織の人物は武士と判断したが、たとえば一番左で逃げ出している男は武士であろうか。演芸場入り口左手の台上にいる男は帯刀しているが半裸体である。一七世紀の江戸では、「町奴《まちやっこ》」や「男伊達《おとこだて》」と称する町人が、不良化した幕臣「旗本奴《はたもとやっこ》」と頻繁に暴力沙汰をおこしていた。明暦《めいれき》三（一六五七）年の旗本水野十郎左衛門成之《なりゆき》による万随長兵衛の殺害事件は脚色され、町奴・幡随院《ばんずいいん》長兵衛の物語として、浄瑠璃や歌舞伎の題材となっている。

「浅草《あさくさ》明王院《みょうおういん》付姥淵《うばがふち》」では、手前の街道に男が一人、ねじりはちまき、脚絆《きゃはん》姿で走り抜けようとしている（図24）。かついだ棒の両端に箱が括りつけられ、背中側の箱に宛先を記した木札らしい描写があるところからすると、前は書状、後ろが送り荷であろう。この男は飛脚《ひきゃく》ではないかと考えられる。少なくとも武士ではない。この飛脚が長い一本の刀を帯びている。近世中期の随筆『窓《まど》の須佐美《すさみ》』は、四人の夜盗に襲われた仙台の飛脚が二人を切り捨て、無事に通過したというエピソードを収録している。安藤広重《あんどうひろしげ》の絵に現れるような半裸・非武装の飛脚は後世の姿であり、まだ街道の治安が安定していない当時、飛

図23　『江戸名所記』「禰宜町浄瑠璃」（左半）

図24　『江戸名所記』の長刀を帯びた飛脚
「浅草明王院付姥淵」の一部を拡大

脚は速度よりも防犯を優先していたと考えられる。百姓や町人が一本の長刀を身につけている姿はほかの絵画史料にも確認でき、旅や夜間の外出、あるいは儀礼的な場などでは、武士以外の男性も武装していたと考えられている。

身分の区別やさまざまな個々の事情はさておき、ここでは『江戸名所記』の男性の六五%、登場人物全体の五五%が武装しているという事実を確認しておきたい。隣人の二人にひとりが殺人の道具を持ち歩いているという状況を想像してほしい。作者は、戦国時代から継承された荒々しい空気がいまだに漂う都市として江戸を描きたかったのだろうか。

## 武士たちは遊ぶ

しかし『江戸名所記』の世界では、かつては戦国の主役であった武士たちの周りに、また違った空気も流れている。作者浅井了意《あさいりようい》の眼には、江戸の武士は遊び、参詣《さんけい》し、名所をめぐる存在として映しだされているのである。

まず遊楽の現場に武士が突出して多い。たとえば「牛込右衛門桜《うしごめ》」の廻りは宴の最中である（図25）。手前では前髪を残した若衆髷《わかしゆまげ》の武士が、杯洗《はいせん》を前にすっかりくつろいでいる。奥の敷物で琵琶《びわ》を演奏する人物も武士らしい。桜を観賞している二人の女性は顔を隠し、打ち掛け姿で、供の女を連れており、武家の者かと思われる。名所「右衛門桜」は武家に占領されているという状況である。この桜だけではない。『江戸名所記』の花見や野宴、舟遊びは武家に独占されているといってよい。

また、寺社を主題とする挿絵に現れる武士も多い。その数一九七人は、寺社を主題とする挿絵の人数では三七%、『江戸名所記』の武士人口中では七三%を占めている。物珍しそうに境内を歩き回る彼ら武士たちには、外来者という雰囲気がつきまとう。その傍らには武家らしい女性や子供、奉公人も多数描かれている。

髭《ひげ》を蓄えた武士がいない点も目を引く。『見聞集《けんもんしゅう》』では、天正《てんしょう》年間の小田原で「髭なし」といわれた武士が即座に相手と差し違えて死んだという話を例として、かつて髭がな

図25　『江戸名所記』「牛込右衛門桜」

図26　『江戸名所記』「江戸城」の大手門付近

いと言われるのは臆病者といわれるのに等しい恥辱であったとしている。ところが、慶長《けいちょう》期（一五九六～一六一五）の少し前から、若い人は髭の生えた顔を「どんなるつら、えぞが島の人によく似たり」などといい、髭をすべて抜き取るようになったという。それから約七〇年、『江戸名所記』のころは、髭をはやさない文化を身につけた武士が主流になっていたことになる。『江戸名所記』の武士は戦国の記憶が薄れた、新時代の武士であったといえよう。

江戸城にはもう一つ注意すべき表現がある。挿絵の右下では長袴をはいた武士が馬から降りたところである（図26）。この武士に対して、馬の口取りを除いた武士・武家奉公人が平伏している。ここは大手門《おおてもん》前の下馬所であり、大名か、あるいは高禄《こうろく》の旗本の登城風景を描いていると考えられる。また大手門では二組の武士が、膝に両手を添えて、ていねいな挨拶を交わしている。解説文は次のように記す。「出入諸 侍《しよさむらひ》たち、大身《たいしん》も小身も礼法《れいはふ》みだりならず、威儀《ゐぎ》ただしく太刀かたなの下緒《さげを》の右往左往《ひらりしやらり》とするもいとをだやかにみゆ」。礼儀正しく、帯刀を装飾品と化して、武力を誇示しようとはしない武士たち。いわば彼らは秩序化された武士として描かれている。

暴力・武力の気配を可能性として漂わせながらも、平和な世相が覆い尽くす。それが

『江戸名所記』の江戸であった。「禰宜町浄瑠璃」の前で帯刀し喧嘩している者たちは、だれも抜刀《ばっとう》していない。この情景は『江戸名所記』全体を象徴しているといえよう。作者である浅井了意は武装した人びとと都市空間との関係を三つの相で見せたかったと考えられる。

①江戸の全域＝武士に限定されない、さまざまな身分の男性の多くが武装している。
②江戸城周辺＝礼儀正しく、暴力的ではない武士・武家奉公人が空間を独占する。
③寺社や郊外の自然景勝地＝遊楽と参詣に訪れる武士とその家族が主役になっている。

このような構造化された表現をどのように理解したらいいのだろうか。京都で製作されたという点に着目して、当時の京都における武士像を手掛かりに考えてみよう。

## 「平和」の啓蒙

### 空虚な二条城

『京童《きょうわらべ》』は明暦《めいれき》四（一六五八）年七月に京都で刊行された。『色音論《しきおんろん》』（『あづまめぐり』）の二四年後、『江戸名所記』の四年前になる。『江戸名所記』と類似する点が多く、先行作品として位置づけられている。八八景の挿絵中、寺社を主題とするものが五八景、六七％と最多で『江戸名所記』と似た傾向を示すが、北野や大原、清滝などの自然景観を主題とする項目も一四景、一六％と多い。変化に富んだ自然環境に結びついた、多様な寺社景観は京都の大きい特徴でもある。

『京童』の京都に対する認識を考えるうえで、第一巻から第二巻の構成が注目される。第一巻の最初の項目が「内裏《だいり》」である。凡例で第一巻は「たいりよりたつみの方の名所」、すなわち内裏を基準として南東方向の洛中地域を収めるとされ、以下、全巻を内裏を基準として配置する。京都という都市の起点・中心を内裏にするという視点が最初に示されるのである。一方、二巻最後の項目が「二條の城」になっている。一巻と二巻で洛中主要部をカバーしているので、京の街は内裏に始まって二条城に終わるというイメージを与える。また内裏を含む一巻は大きく左京に対応し、二条城のある二巻が右京に対応する。この内裏＝左京の中心、二条城＝右京の中心という構成は、当時の洛中洛外図屏風《らくちゅうらくがいずびょうぶ》が一般に採用しているもので、その影響が『京童』に及んでいると見られる。洛中洛外図屏風の研究で指摘されているように、この構成は内裏から二条城に向かう行幸《ぎょうこう》の経路に対応するものでもある（ただし項目は経路順に並んでいるわけではない）。このような構成によって、内裏と二条城には起点と終点、あるいはふたつの中心というイメージを付与しているわけだが、その二枚の挿絵は対照的である。

「内裏」の挿絵（図27）で目を引くのは、中央で平伏している武士の姿である。この武士は右手に立つ高位の公家《くげ》に敬意を表しているものと理解され、すなわち京の秩序の中心として朝廷が存在するという認識が浮上している。内裏の門は開け放たれ、京都の都市空間と連続している。八名という人数は『京童』の挿絵では平均よりもやや多い。解説文で

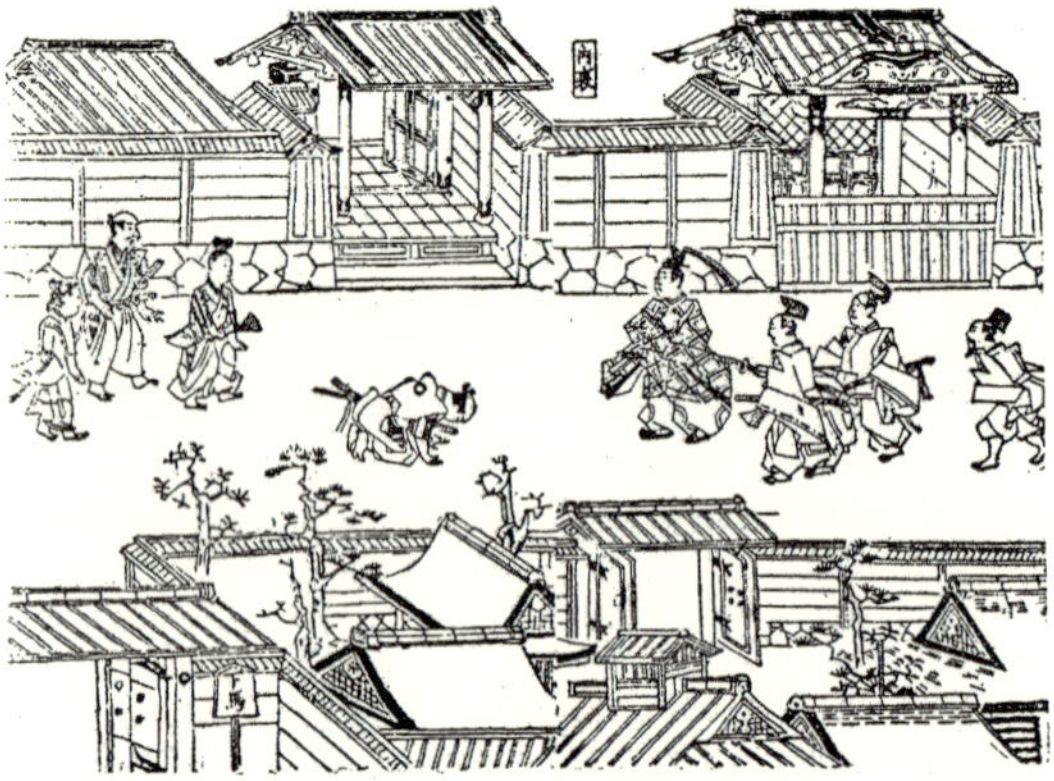


図27 『京童』「内裏」

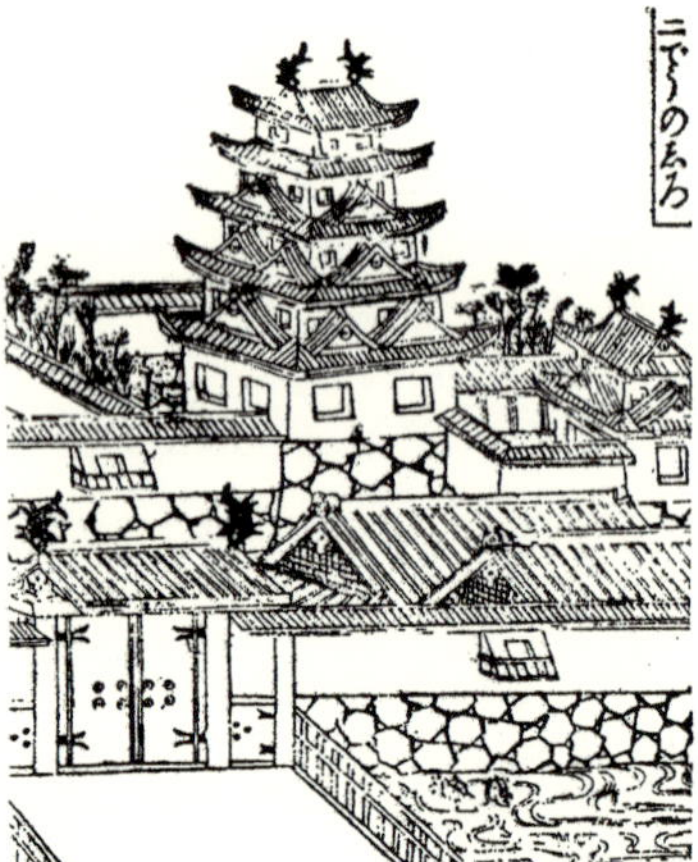

図28 『京童』「二條の城」

は内裏の生活を季節感豊かに追いかけ、全体として人間の息吹を豊かに感じさせる。

一方、対極に位置づけられた「二條の城」には空虚感が漂う（図28）。門は固く閉ざされ、一人の人物も描かれていない。一～二巻通して繁華な中心部を描いているだけに、その空白感は際だつ。解説では「弓は袋にいれ、剣は箱におさまる御代なれば」とし、「のどけさやかんこの苔も髭矢倉」「なれみてもめでたくなりぬ城郭のほりのどう亀いく代へぬらん」

という戯《ざ》れ歌で結んでいる。戦争という本来の目的は遠いものとなり、のどかに閑古鳥《かんこどり》が鳴き、苔が生えてしまった平和な城郭。そこには武士の姿も必要ないということだろうか。少なくともこの二条城の姿からは、『江戸名所記』の江戸城にみられる、武士による秩序の中心、政権の拠点という印象は得られない。

## 武芸者の都見物

『京童』においても武装した男の姿は目立っており、名所巡りをする人物の大半が大刀を帯びた男性である。だが彼らは、『江戸名所記』とはかなり様相を異にしている。

たとえば清水《きよみず》の舞台に立つ二人の男性はともに短い肩衣《かたぎぬ》をつけ、髭《ひげ》を生やし、槍状の長い棒を携えている（図29）。右側の太い大刀を帯びた人物は手をかざして、京の町を見晴るかす。両者の背中に括りつけられた筒状のものは巻き固めた薦《こも》であろう。足拵《あしごしら》えは厳重であり、この二人は野宿しつつ、旅をしているのではないかと推測できる。漂泊する武装した男性――彼らは武士というよりも武芸者というべき存在ではないだろうか。

六波羅《ろくはら》には三人連れの武装した男性が描かれている（図30）。先頭に立って案内しているらしい男は総髪で口髭を跳ね上げ、大柄の矢車《やぐるま》模様の着物を着用している。中央の剣菱紋《けんびしもん》をつけた羽織《はおり》姿の男性も総髪で口髭を蓄えており、二人が一般の武士であるとは考え

図29 『京童』「清水寺」

図30 『京童』「六波羅」

図31 『京童』「大仏」

づらい。右側の若衆髷《わかしゅまげ》の男性は二本の弓と矢を携えており、おそらくこの三人は弓を得意とする武芸者の一行として描かれたのだろう。

方広寺《ほうこうじ》の大仏殿前を行き過ぎる三人連れは、荷物と足拵えから旅人であると類推される（図31）。長刀を帯びているが、脇差はみられない。口髭があるところからすると武家奉公人に位置づけられる者かもしれない。右の人物が小手をかざして五輪塔《ごりんとう》をみている。挿絵には「ミ、つか」とある。解説では「是なる塚の五輪は秀吉公こまいくさの時、きりとりたまひし、かの国の人の耳を塚につきこめられしゆへ耳塚といふ也」とある。朝鮮侵略の際に持ち帰った朝鮮人の耳を納めた塚が見物の対象となっていたのである。

このように『京童』の描きだした京都の街には、『江戸名所記』の江戸以上に荒々しく、暴力的なにおいが漂っている。大坂の陣が終わって約四〇年が過ぎていたが、慶安《けいあん》四（一六五一）年に慶安事件（由井正雪《ゆいしょうせつ》の乱）が起きているように、大名改易《かいえき》に伴う浪人《ろうにん》の増加は社会問題化していた。京都にはかつての宮本武蔵《みやもとむさし》のように、武芸を活路として仕官を願う男たちが集まっていたと考えられる。「武家の都」というよりも「武芸者の都」としての姿が、『京童』の描き出した京都の一面であった。

江戸城の問題にもどってみたい。『江戸名所記』の天守は、屋根を上空から見下ろしているのにもかかわらず、その窓を見上げるかたちに描いてしまった。この矛盾は単なる技術上の問題として見過すわけにはいかない。

## なぜ天守は描かれたのか

なぜならば『江戸名所記』が出版されたとき、江戸城の天守は存在しなかったのである。本丸にあった五層の大天守は明暦の大火で焼失した。その後、いったんは再建する方向で準備が進められていたが、万治《まんじ》二（一六五九）年九月にいたって、老中《ろうじゆう》らは廃止を決定した。財政上の負担が主な理由であったが、徳川の天下が安定し、もはや天守によって武威を示す必要がなくなっているという認識もあったといわれる。『江戸名所記』の出版から二年八ヵ月前である。江戸・京都の距離や身分の違いによる情報格差はあったにしても、廃止は周知の事実であったろう。それなのに、なぜ浅井了意《あさいりようい》は存在しない天守を挿絵に取り上げたのだろうか。

宮本雅明氏は公権力の確立に伴い、基軸をなす道路から天守を正面に見通すように城下町が設計されるようになっていったという歴史を明らかにしている。都市住民に天守を見せつけるというありかた――地方城下町では必ずしもそうではない場合もあったようだが、確かに安土城《あづちじょう》に始まる天下人《てんかびと》の城は高々と天守をそびえさせていた。明暦大火以前の江戸城もまた、天守に意識が集中するように設計されたといわれている。

浅井了意は江戸を表現するのにあたって、机上で構成した仮想の天守をそびえさせた。その仮想の天守は上から見下ろした姿となっていたのにもかかわらず、下から見上げた窓をはめ込んだ。宮本氏の説から敷衍《ふえん》すると、そこに天守を仰ぎ見るべきものという意識が表明されていたとみることができる。それは、もはや天守によって武威を示す必要はないという幕閣の認識とは大きくずれている。上方の住人の心に、かつて存在していた江戸の天守像がいまだに生きていたゆえだったのだろうか。

## 「大名の容器」

一方、『京童』の二条城は上から見下ろした屋根を組み合わせて描いている。窓は下側に二重の線が表れているので、これも見下ろしている。視点は左手上空に一定しており、どの部分をみても矛盾はない。当時、洛中洛外図屏風の二条城においても、上から見た屋根に下から見た窓を組み合わせるという奇妙な描写は見られない。『江戸名所記』における江戸城は京都で描かれたのであり、その描写は、当時の京都という場の文化的水準からすると明らかにおかしいのである。浅井了意と絵師は下から見上げたかたちに江戸城の窓を描くことに固執したとしかいいようがない。

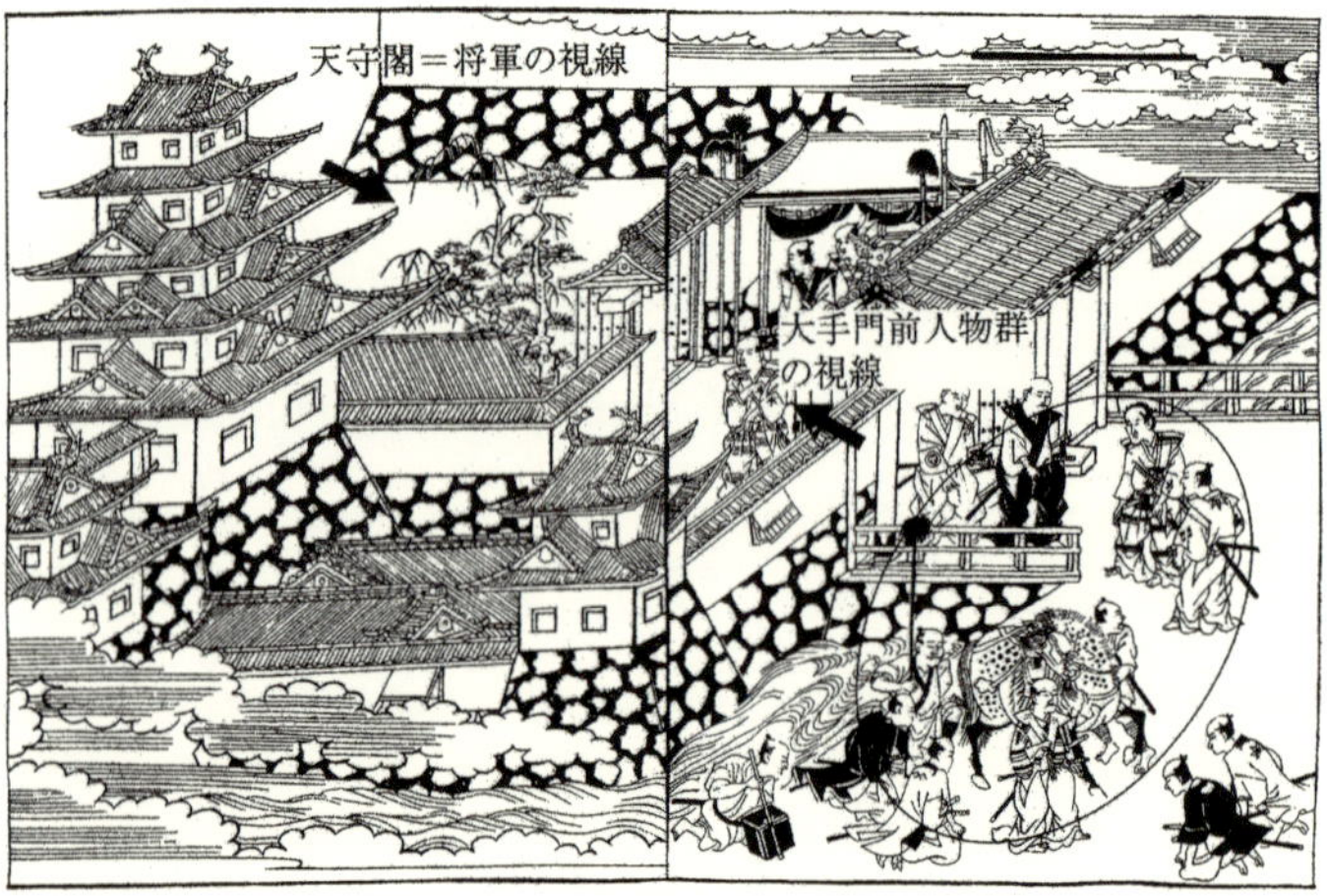


図32　『江戸名所記』「江戸城」の視線
矢印・説明を書き加える.

その謎を解く手掛かりが、画面の中にいる人物の視線である。人物の存在していない『京童』の二条城において、その窓＝建築物の「眼」は作者あるいは絵師の視線と見合わせるかたちに自然に処理できた。一方、門前に多数の人物がいる『江戸名所記』の江戸城では、彼ら登場人物の視点が存在する（図32）。江戸城に描かれた人物は城の右手前に位置しており、とくにその中心である長袴の武士の視点を意識したときに、右下から見上げた奇妙な窓が現れるのである。江戸城の窓＝将軍権力の「眼」に見下ろされる存在として、大身の武士を位置づける。それが浅井了意の固執した演出ではなかっただろうか。

天正《てんしょう》一五（一五八七）年、豊臣秀吉は「惣無事《そうぶじ》」をキーワードとする政策に着手した。藤木久志氏が「豊臣平和令」と名づけたように、その政策は戦国時代に終止符を打つという大きい目的を達成し、その平和の枠組みを維持するために近世社会は構築されたのである。「惣無事」とは大名間で行われていた私戦の禁止を意味し、中央政権が秩序と平和の維持にあたるという方針が明確に示された。この考えは社会的にも一般化され、たとえば水争いなどで頻発していた暴力行為は、喧嘩《けんか》停止《ちょうじ》令を出して、それを禁止している。さらに暴力の可能性を排除するために武士以外の人びとによる武装の使用禁止と限定的な剥奪《はくだつ》、いわゆる「刀狩《かたなが》り」が行われた。同時に武士身分をほかの身分から切り離して、武士による他身分の支配を確定した。

こうして暴力の機能と政治的な権力を独占した武士たちは、新たに建設された城下町に集められ、大名に一元的に管理されるようになる。城下町とは「武士の容器」である。城下町は「惣無事」体制を実現するためには必須の空間装置であり、日本の歴史上では最多、世界史上でもまれな集中的都市建設が行われた。それは平和の時代の到来によって、戦争で浪費されていた人命・技術・財力を転用した成果でもあった。治水《ちすい》や開拓などにも転用された〈平和の贈り物〉によって、国土は大きく姿を変えていく。

だが、その結果、城下町は地域的軍事力を集中させた空間ともなった。したがって軍事的指導者としての大名をどのようにコントロールするかという点が、その上のレベルの政策課題となった。中央政権の城下町である「総城下」は大名を集め住まわせて、中央権力によるコントロールのもとに置くための、いわば「大名の容器」であった。中央政権は「総城下」を拠点に軍事力を独占し、「公儀《こうぎ》の平和」を目的とする軍事行動、「成敗」を行うようになる。秀吉の段階で、京都（聚楽第《じゅらくだい》を中心とする公的都市）・大坂（豊臣家の都市）・肥前名護屋《ひぜんなごや》（外征のための軍事都市）・伏見《ふしみ》（秀吉晩年の拠点都市）の四都市が「総城下」の試行形態として現れ、その経験をふまえて、完成型の「武家の都」として建設されたのが徳川氏の江戸であった。

**『江戸名所記』の江戸**

このような当時の都市の持っていた固有の意義をふまえると、浅井了意が『江戸名所記』に表現した江戸が見えてくる。先ほどの整理に即してまとめてみる。

①都市の全域で男性の大半が武装している点。これは江戸における特異な現象ではない。城下町は本質的に軍事都市であり、暴力機能を集中させた空間であった。それは京都も同様である。いわゆる「刀狩り」は武装の制限と使用の禁止であって、武装の完全な剥

奪ではなかったといわれる。『江戸名所記』や『京童』における武装の描写は、武士以外の人びともまた、その許されるレベルにおいては、依然として日常的に武装していたという実態を示している。浄瑠璃小屋の喧嘩では、全員が武装してはいるのだが、だれもそれを暴力の手段に用いてはいない。刀は抜かれていないのである。初期の都市案内記は武装した平和、秩序化された暴力という「惣無事」体制下の都市を描いているといえよう。

② 江戸城周辺に集う礼儀正しい、秩序化された大身《たいしん》武士。「総城下」である江戸において、城によって秩序化されなくてはならないのはまず大名であり、彼らを通して国土が秩序化されなくてはならなかった。その在り方が、存在しない天守を描き、それを見上げる大身武士を配することで過度に強調されたのではないだろうか。浅井了意には大名のコントロールが平和を維持しているという認識があり、その象徴として天守は欠かせなかったのだろう。ただし了意にとって、見下ろし、見上げる関係はあくまでもこの「江戸城」の挿絵の内側でのみ成立していればよかったと思え、実際この絵以外では江戸城の存在は感じられない。

③ 寺社や郊外の自然景勝地に溢れる武士の遊楽と参詣《さんけい》。それは平和の時代を謳歌《おうか》する日

常の武士の姿であった。いわば彼らは平和に飼い慣らされた武士である。暴力機能を有しながらもそれを発動しないという武士のありようを、浅井了意は描き出したかったと思える。彼らは生産手段から切り離された、本格的な都市消費者であった。遊楽と参詣に費やされる日々は、江戸のまちに莫大な経済的、文化的需要をもたらし、都市の成長を促していたのである。彼らのめぐる寺社や郊外の景勝地には、後に「場末《ばすえ》」と称されるようになる都市域が成長を開始していた。

## 「平和」を啓蒙する

浅井了意は『江戸名所記』で何をいいたかったのだろうか。

初期都市案内記は仮名草子《かなぞうし》であり、仮名草子とは啓蒙的な役割を果たしていた書物群であったことを思い起こしてみたい。これまで仮名草子系の都市案内記は、案内記というジャンルにおける成長に力点を置いて分析されてきた。その成果が大変に大きかったのはいうまでもないが、啓蒙書という枠組みで本来、製作されたという事実をもう少し検討してみる必要がある。都市案内記としての側面とはまた別に、啓蒙書としての『江戸名所記』を問わねばならないのである。

浅井了意の啓蒙しようとしたこと、それは集中され管理された暴力を背景とする、いわばカギカッコのついた「平和」の意義にあったのではないか、それが当面の回答である。

『江戸名所記』の描写する被災からの復興とそのなかに増大する名所の数々、あるいは生活を楽しむ人びとの姿は、従来、都市江戸の成長と、案内記としての成長という二つの面から評価されてきた。それはそのとおりである。それに付け加えて、それらの描写は、了意の視点から「平和」の給付、「平和」の恩恵としても位置づけられていたのではないだろうか。暴力の抑制としてではあるが、「平和」であるがゆえに、復興し、名所を育て、生活を楽しむことができるのだという主張が底流に漲《みなぎ》っているといえよう。

この読み取りはあくまでも江戸城をはじめとする挿絵の画像を分析した結果、得られたものである。だが、あらためて本文を読み直してみると、最初の「武蔵国《むさしのくに》」の項目で、「今はこと更あめがした平かにおさまりて、国にそむく輩《やから》なし」とし、その条件下において、「国の人」が「心だて正直にして物やはらかなる事」が「広き御恵のおとなわるる故也」としていた事実に気づく。「国にそむく輩」のいない「惣無事」体制下の「平和」では、人びとが秩序正しく在ることによって、その給付としての「広き御恵」が保障される、という論理である。すなわち「惣無事」体制における生活者の位置と役割の認識を指し示していたといえよう。

尾藤正英氏は、それぞれが自らの「役」を果たすことによって社会の秩序が維持されるという観念が、武士に限らず、町人や百姓にも受容されていたのではないかと指摘している。武士に政権をゆだね、各自の「役」がその政権を支えるという秩序構造が、なぜ社会的に容認されたのかといえば、それは戦国状況から脱却して、安定した、平和な暮らしを確立したいという人びとの切実な願いが土台になっていたからだといえよう。当時の人びとは、上は将軍・大名から下は市井《しせい》の生活者まで、「平和」を維持する主体として、「惣無事」という運動に取り組んでいたといってもいいだろう。カギカッコの付いた「平和」であっても、それを率直に受容し、自らの秩序として、生活を設計していくような気運が近世初頭の社会を覆っていたのではないだろうか。了意の仕事は、その意味で近世社会の構造を下支えするものであったと考えられる。

ただし了意は「平和」の意義を前面に押し出しているのではなく、主軸となっているのはあくまでも繁栄する江戸の姿である。そこに繁栄の条件としての「平和」の在り方を、繰り返し繰り返し忍ばせ、印象づけていたと思える。

はじめに分析したように、『江戸名所記』の挿絵はリアリティという基準からするとはなはだ心許ない。だがそれは、当時の印刷画像に対する読者の要求レベルからすれば問題はなかったのである。上方において出版され、まず上方の人びとに見られるのが前提であったという背景を理解しておく必要がある。リアリティという基準から了意は自由であったといえよう。リアリティから距離を取ることができた故に、本来は存在しない天守を、「平和」を描くための必須の演出として取り入れることができた。リアリティはメッセージを縛る場合もありうるのである。

**戦争を知らない世代**

浅井了意の伝記はつまびらかではないが、遺著とされる『狗張子《いぬはりこ》』は元禄《げんろく》五（一六九二）年に刊行されており、その序で元禄四年元旦に死去したと記されている。主な著作が万治～寛文《かんぶん》（一六五八～七三）年間に集中していることと考え合わせると、一六二〇年代、つまり元和から寛永にいたる時期に誕生したのではないかと推測される。大坂夏の陣が慶長《けいちょう》二〇（一六一五）年であった。島原の乱終結は寛永一五（一六三八）年だが、これは大規模ではあるが地域的に限定された一揆としてとらえるべきものだろう。了意は百数十年ぶりに日本に出現した、戦争を知らない世代に属していたといえる。

その了意が「平和」を訴えるのは、繁栄と一体化している暴力の気配という、初期近世都市特有の緊張がなおも存在しており、それを敏感に感じとっていたからではないかと思える。「惣無事」という国家戦略が完成に近づいているという大きい歴史的状況はあった。

だが、『江戸名所記』の出版された徳川家綱《いえつな》の時代について、微妙な、しかし小さくない揺らぎが指摘されている。明暦の大火の原因を放火とする風聞は絶えず、由井正雪ら浪人の策謀と重ね合わせて語られていた。官僚機構の整備をめぐって、反感を持つ守旧派とのあいだで、伊達騒動《だてそうどう》のような御家《おいえ》騒動が頻発する。同じような構図にともなう幕閣間の対立も見られた。山鹿素行《やまがそこう》のような新しい思想を生み出した時代でもある。武力による圧倒を軸とする近世的な「平和」は、ある種のもろさ、はかなさをもった状況として了意に認識されていて、そうであるからこそ、その価値を訴えたかったのではないだろうか。

『京童』の作者中川喜雲《なかがわきうん》も同じ世代に所属し、同じような立場をとった人物であったと考えられる。ただし『京童』の「平和」は結びの文章にあるように「浜の真砂《まさご》の数つきず、鳥の跡たえずして道せばからぬ、大君の御かげ」、すなわち天皇を中心とする秩序が重要視されていた。『京童』の二条城には「平和」の結果として、閑古鳥が鳴き、苔が生えていたのであった。一方の『江戸名所記』の江戸城は多くの武士が集い、「大身《たいしん》も小身も礼法《はふ》みだりならず、威儀《ゐぎ》ただしく」、平和の主体として行動する空間であった。初期の都市案内記に「惣無事」政策下の近世的な「平和」を描き、評価し、社会的に位置づけるという姿勢は通底していたが、それは都市それぞれ固有の条件によって、姿を変えて表現されたのであった。

了意は『江戸名所記』の後に、『京雀《きょうすずめ》』を執筆した。そこに表れた京都は、『京童』ではほとんど取り上げられなかった市街地である（図33）。『京雀』に行き交い、働く人びとは町人が主役になっていて、また彼らは武装していない。家康の江戸を描いた『見聞集』では、武家政権に支えられた江戸の都市化状況を「都」的であるとして、京都を「花の田舎」とする。このような新たに近世社会に生まれつつある認識に対して、了意は中世以来、蓄積的に成長してきた京中心部の町衆《まちしゅう》を前面に押し出し、「惣無事」完成後の新しい都市像として回答したかったのではないだろうか。

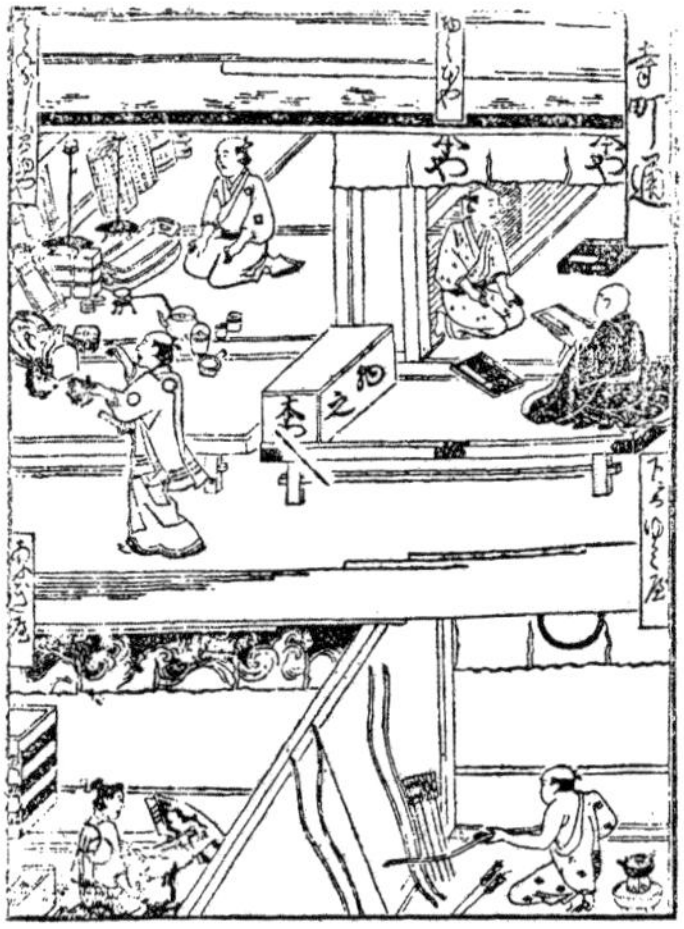

図33 『京雀』「寺町通」

# ゆがむ江戸絵図

# 「絵」と「図」のあいだ

プロローグで触れたように、史料として画像を考える軸は、「絵」か「図」かとなる。受け手の理解を度外視して思うがままに描くとき、もっとも「絵」的となる。一方、「図」的とは、みずからの主観を排除し、受け手との間に共通の客観的理解を期待して描く場合である。絵画はもちろん代表的な「絵」的史料である。一方には地図や設計図といった、近代に生まれた「図」類、歴史学的にいえば近代図法史料がある。主観性を徹底的に排除する点で、近代図法史料は絵画の対極に位置している。とはいえ、絵画も近代図法史料も、人の眼と頭脳、手の働きによってできあがるのは共通している。それに対して写真は、実在する光景をレンズやフィルムなどの働き

## 近代図法との違い

によって、人間の身体を直接の媒介とせずに定着させたものである。つまり写真は、近代図法史料よりさらに「図」的である。

面白いことに、絵的な史料、図的な史料それぞれに、さらに絵的か図的かという振幅がみられる。そこを正確に読み解けるかどうかに歴史学として画像をあつかう妙味がある。写真以前の絵画はいわゆる真景であるかどうかを重要な評価基準としていた。そのため眼に見えるままを再現しようとする図寄りの絵画は大量に存在している。一方、絵的であろうと努力する写真撮影者は少なくない。

江戸絵図は基本的に地図としての機能を期待された画像史料である。さらに、一般の城下絵図とは異なり、その多くは印刷され、販売された。不特定多数の購買者を期待する以上、客観的でなければ商品価値は保てない。そのため江戸絵図は、はるか上空から江戸全域を俯瞰《ふかん》する、描き手・作り手の主観や意志を感じさせない史料となった。それはある意味、信頼性となり、歴史研究における活発な利用を促してきた。研究者が問題にしてきたのはまず図としての正確性であり、技術であった。

しかし、江戸絵図も絵図である以上、まさに「絵」と「図」の合間にたっている。近代図法による地図は技術・制度・教育という三つの柱によって、主観性を排除した、客観的な地域像を提供する。近代図法は幾何学の応用によって、三次元の立体を思うがままに二次元の平面に描き出すことを可能にした。その逆の道筋で、二次元の図から三次元の立体を再現することもできる。設計図によって建物を新たにつくり出せるわけだし、都市計画図のような地図も書けるのである。国家制度の支えも見逃せない。ある国家のなかでは同じ技術と基準によって製図が行われ、それは国際間でも共有されるようになっていった。そのうえ教育によっても確立されている。地図は小学校の低学年から読み方を教わり、やがてその描き方もおおよそトレーニングされるのである。

一方、近世の絵図は「図」としての客観性を要請されつつも、技術や制度、あるいは目的に由来する主観を最後まで残した。たとえば村の境《さかいめ》目争論で作られた絵図には、第三者が図として理解しうる範囲で、一方あるいは双方の主張が徹底的に描き込まれたのである。江戸絵図を地図の一種として取り扱う場合が見られるが、技術的にはともかく、制度的には絵図の領域を出ることはなかった。そこには製作者と購買者の共有する、都市を眺める論理や主観が潜在しているのである。

江戸絵図は主に地図としての発達という面から研究されてきた。現段階においては飯田龍一氏と俵元昭氏の共著『江戸図の歴史』が総合的な成果となっている。両氏は江戸絵図の「ゆがみの度合いの判定」を正確に行うために「図をメッシュ（網目）に割り、そのグリッド（格子）の交点ごとの位置を数値的に比較するとかの方法」が必要であることを指摘している。ここではそれにヒントを得て、まず一八七八（明治一一）年の『実測東京全図』上に三つの正方形で囲まれた地区を設定する（図34）。①江戸城、②市街中心部として日本橋、③場末《ばすえ》の小石川である。この三つの正方形から、これまでの研究のように地図としての正確さを確認しつつ、さらにその裏に潜んでいる製作者の意図を読み取ってみたい。最初に述べたように、江戸絵図は「絵」から「図」へ進化したが、しかしふたたび「絵」的に展開した。それはなぜだったのだろうか。

## 天守閣のある江戸絵図

徳川家光《いえみつ》時代の寛永《かんえい》期（一六二四～四四）、『武州豊島郡江戸庄図《ぶしゅうとしまごおりえどしょうず》』に代表される絵図がかなりの数出現する。この時期の絵図はきわめて「絵」的であり、その主観、関心は江戸城に集中していたといえる。ただし、それらすべてが同じ寛永期に印刷されたものかどうかという点については、加藤貴氏から疑問が提示されている。後世に復刻された可能性に留意しつつ、その描写の特徴をおさえておきたい。

『武州豊島郡江戸庄図』は最初に見たように南北方向に引き延ばした描写を行っていて、

図34　1878(明治11)年『実測東京全図』

地理局地誌課．補助線，符号を書き加える（東京都立中央図書館所蔵）

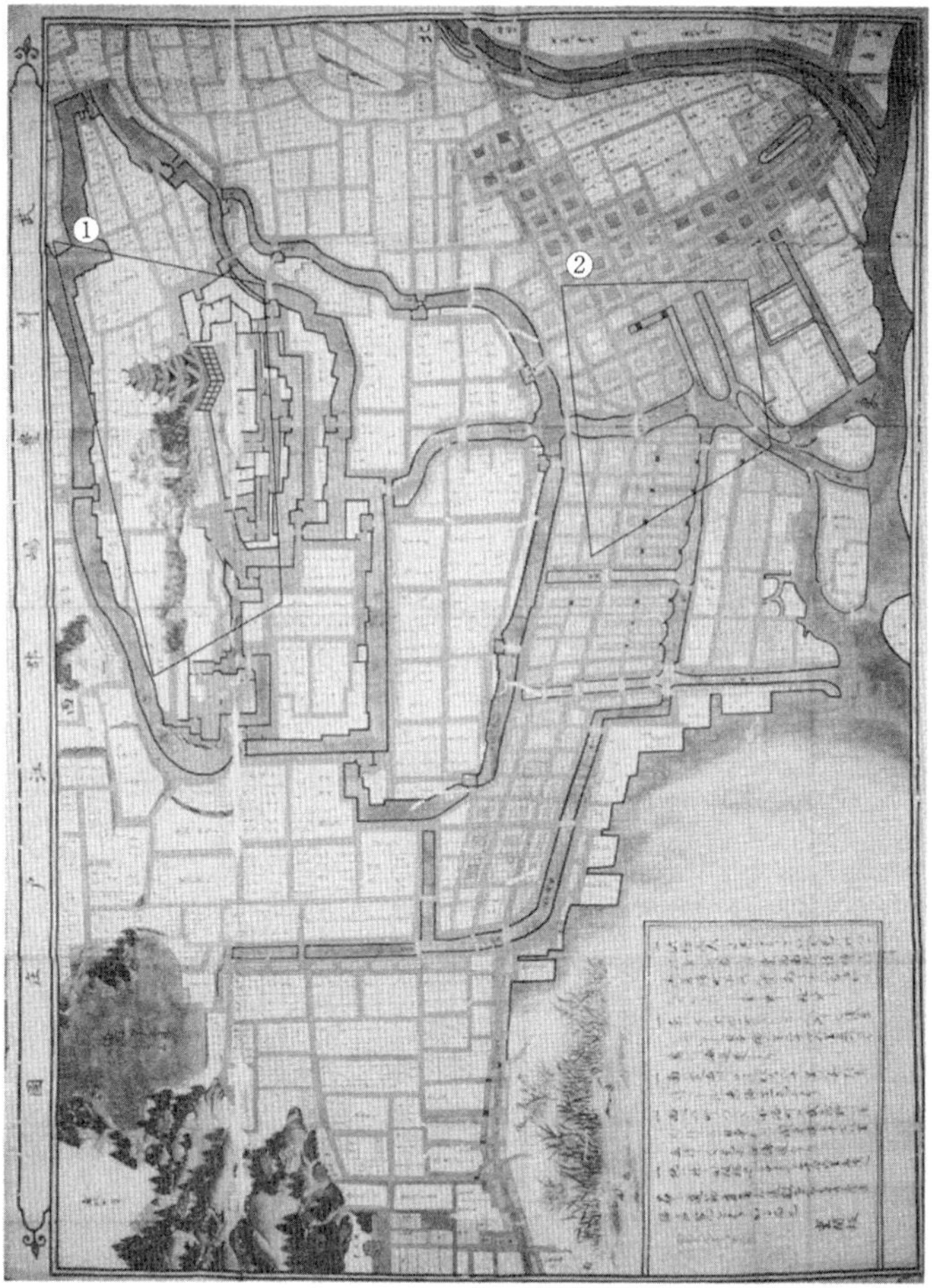


図35 『武州豊島郡江戸庄図』

寛永期（1624～44）？．補助線，符号を書き加える（東京都立中央図書館所蔵）

図36　『武州豊島郡江戸庄図』の絵画的描写
（東京都立中央図書館所蔵）

とくに江戸城が甚だしい（図35）。図に書き込んだ細長い四角形は、測量にもとづくなら正方形になるべきものなのである。また、図の西に行くほどに南北方向の引き延ばしは顕著になる。江戸城地区も日本橋地区も、西側を底辺とする台形状に姿を変えてしまう。それと連動して、図に現れた江戸城の面積は日本橋地区を大きく上回り、一・五七倍にもなっている。一方、小石川地区はまだ現れない。北は外堀＝神田川、南は芝《しば》、西は内堀の西、東は隅田川がこの図の視野になっている。

西側で面積を稼いでいるのは江戸城を詳しく描きたかったためなのだろうか。高々とそびえる五層の天守閣が見る者の眼を引きつける。堀や曲輪《くるわ》、城門の配置といった縄張《なわばり》も相当に詳しく、軍事的に問題はなかったのかと思わせるほどである。増上寺《ぞうじょうじ》から溜池《ためいけ》にいたる周辺、日枝山王社《ひえさんのうしゃ》などでは、建物、門、石段、水面、樹木や花々まで、豊かな筆致で描きあげられている（図36）。芝《しば》海岸の鷹場《たかば》には芦のあいだに遊ぶ水鳥が見える。

このように全体がきわめて「絵」的である。描き手は測量を基準とせずに、江戸城を中心とする江戸の姿を絵画的に俯瞰したといえよう。城に近接する大名や大身の武家屋敷名を書き上げる一方、町屋地域の描写は縮小し、簡略化され、すでに郭外に拡がっていた中小の武家屋敷も視野から除外している。飯田氏、俵氏はこの時期の絵図を、図としては抽象化・記号化が不十分だが優雅であると評している。

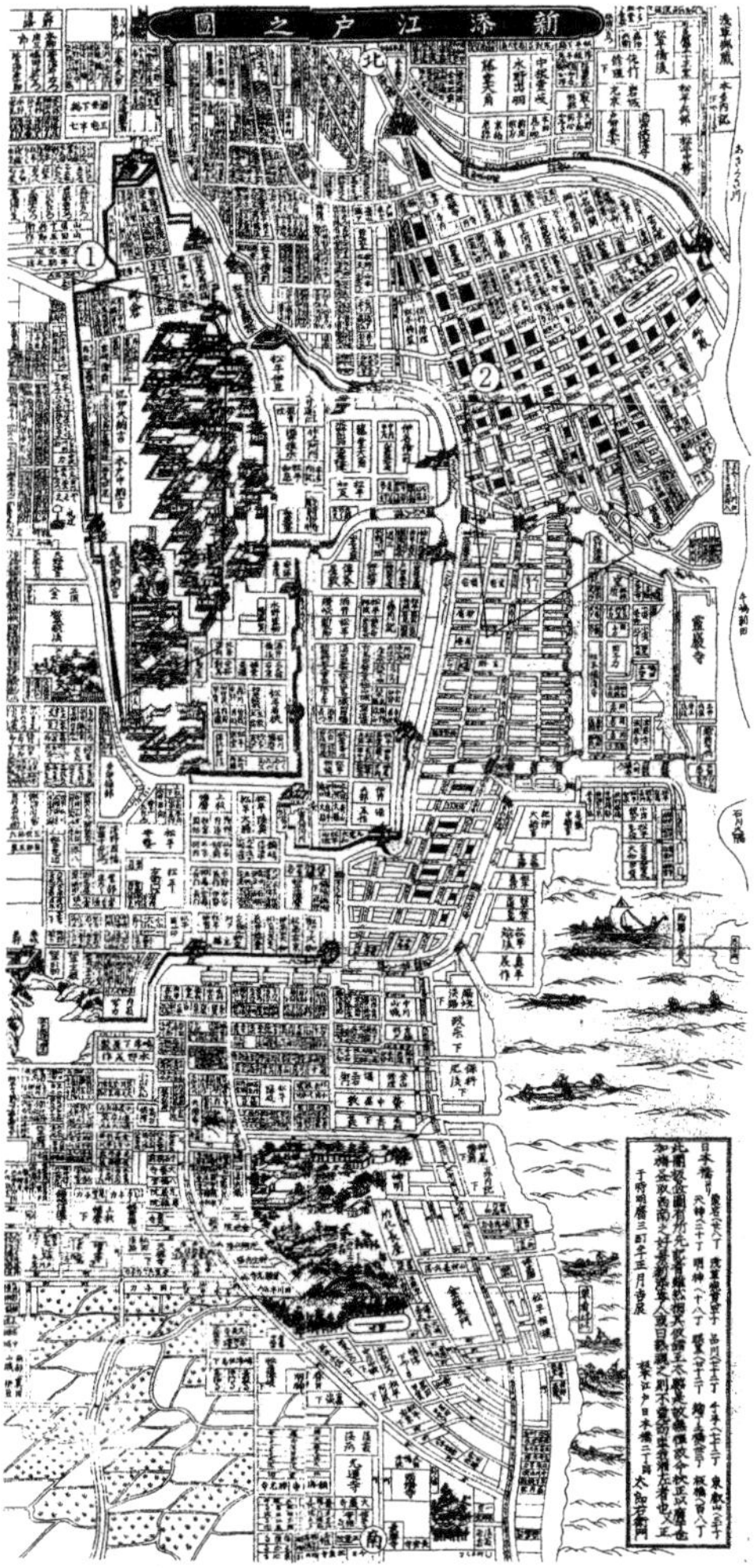


図37　明暦3（1657）年『新添江戸之図』
補助線，符号を書き加える（東京都立中央図書館所蔵）

明暦《めいれき》三（一六五七）年の『新添江戸之図』は、この系列の最後の作品となった、大火直前の江戸を描く貴重な絵図である（図37）。この図は北を上に描いているという際だった特徴のほかは武州図と似た傾向を示している。すなわち西に行くほど南北方向に引き延ばしているため、区画は台形状である。南はやや拡張され、三田・高輪《たかなわ》のあたりまで範囲を広げたが、一方、北の小石川地区はいまだ視野の外側にある。江戸城には個々の櫓《やぐら》や御殿《ごてん》も加えられていて、その面積を確保するためだろうか、日本橋地区に対して一・七六倍と、さらに拡大された。江戸城に主な関心をおく武州図の方針を、さらに強化したものといえよう。

## 「正保江戸図」

「正保江戸図《しょうほうえどず》」と呼ばれる手描きで写した絵図が各地に伝えられている。正保元（一六四四）年の第二回の国絵図・城絵図作成に呼応した幕府の実測図があり、それを写していったものと考えられている。大分県臼杵《うすき》市で最近確認された「正保江戸図」がその原本である可能性があり、現在、金行信輔氏らがその分析を進めている。東北大学の狩野文庫《かのうぶんこ》にもこの系列の絵図が収められており、比較的、原本に近い写本らしい（図38）。

この図は本来、客観化に軸足をおく、「図」的であろうとした絵図だったといえよう。

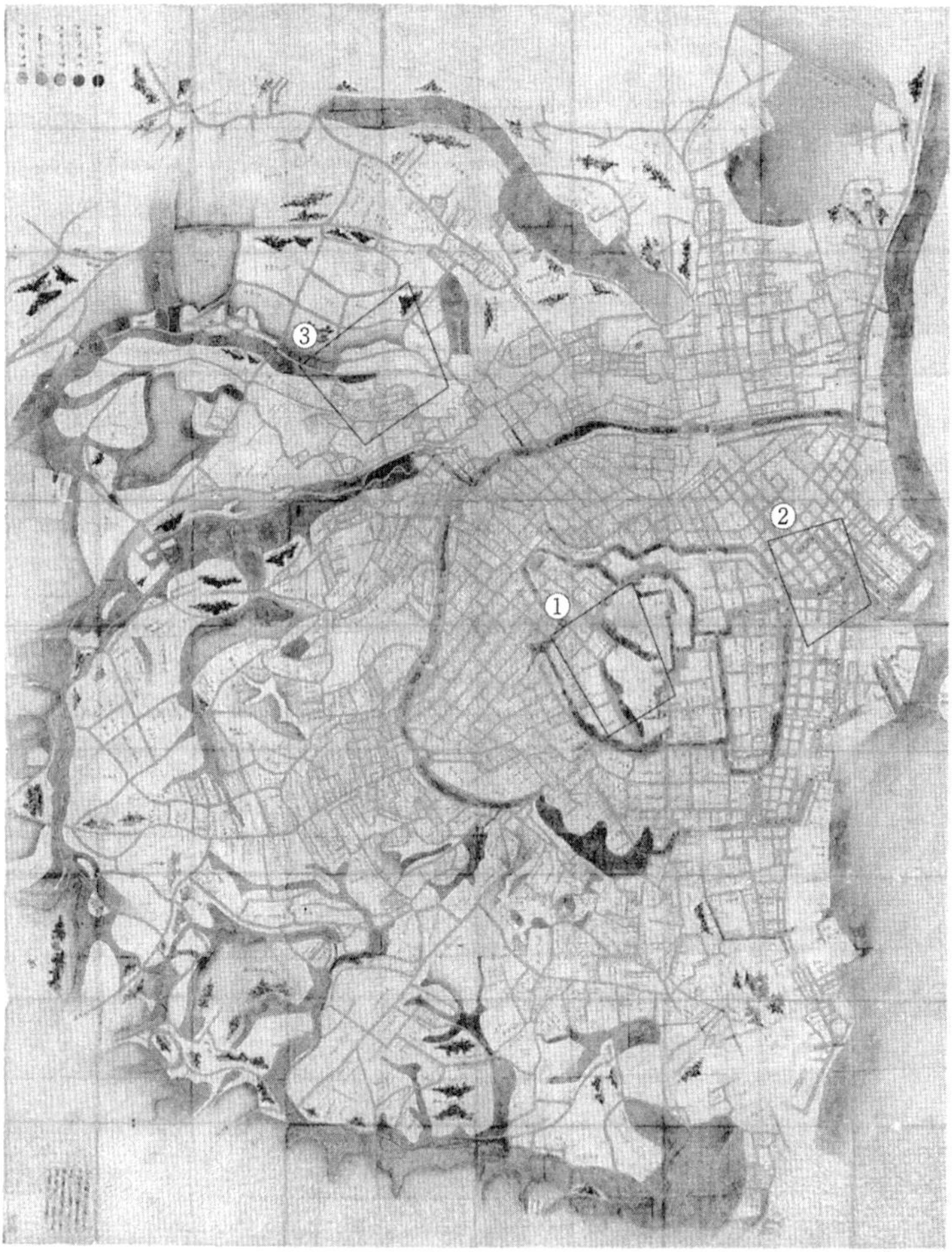


図38　「正保江戸図」
補助線，符号を書き加える（東北大学付属図書館狩野文庫所蔵）

範囲は隅田川以東を除いて、ほぼ後の朱引《しゆびき》（幕府が朱線で公定した江戸の範囲）に匹敵する。当時の江戸町奉行《まちぶぎよう》の支配空間よりもだいぶ広い。小石川地区は初めて現れ、「場末」に視野を広げた最初の絵図になる。時期的に大火の直前であり、隅田川以東は都市化の進んでいない、「江戸」とは認識されない空間＝下総《しもうさ》国であった。この図は当時の都市実態を把握するという意図から作製したと考えられる。

そのためこの絵図は、寺社や集落に一部絵画的な表現を行いつつも、全体は地図的な抽象化を進めている。小石川、江戸城、日本橋に設定した区画は、どれも正方形とはいえないものの、東西南北の比率は一対一に近づき、少なくとも寛永期の絵図のような、細長く伸びた台形のすがたではない。だが、周縁部の歪みは大きく、飯田氏、俵氏は測量を行っていることは間違いないが、方位の正確さに欠け、距離も長くなるほど現実との誤差が大きくなると指摘している。たしかに小石川地区に設定した区画は、日本橋区画に対して一・五三倍の面積になっている。

近世絵図は、①曲がり角や交差点からその次の曲がり角または交差点までの距離を測定するという方法と、②基準点から目当てとする複数の地点を蜘蛛の巣状に結んでその方位と距離を測定する、という二つの方法を組み合わせ、それを繰り返して測量したと考えられている。距離を測る場合に、近代になって一般化した三角測量法を用いればほとんど問題は生じない。しかし、歩測や縄などに頼ると、計る土地が傾斜していればいるほど、距離を長く測定してしまう。この絵図の場合、中心部から始めて、放射状に道に沿って、歩測か縄などを用いて測量していったのではないだろうか。比較的平坦な中心部ではこの方法でも問題は少なかったが、周縁の台地に入ると道は傾斜していき、つじつまが合わなくなったであろう。そのような誤差が蓄積されていって、周縁部全体が歪み、拡大されていったと考えられる。

「正保江戸図」は客観的な実態把握をめざしたものの、しかし技術的に不完全であった絵図といえよう。

## 遠近道印

幕府は明暦大火後、兵学者《へいがくしゃ》北条一門に命じて江戸全体の徹底的な測量を行わせた。秋岡武次郎氏は三井文庫に保管されている「万治《まんじ》年間江戸測量図」をその原図であると判定している。この幕府実測図をもとにして、遠近道印《おちこちどういん》は大火後の変化を実測し、寛文《かんぶん》一〇（一六七〇）年に郭内を対象とする『新板《しんぱん》江戸大絵図』を、その翌年からは大火後に拡張した江戸周縁部を実測して、四枚に区分けした『新板江戸外絵図』を刊行する。あわせて「寛文五枚図」と通称されるもので、このの ちの江戸絵図の歴史を決定づけたといっていいほどの影響を与えた。

道印は正徳《しょうとく》期まで同様の実測図を刊行しつづけ、飯田氏、俵氏は近代図に匹敵するとその精度を高く評価している。五枚を一枚に接続した元禄《げんろく》三（一六九〇）年の『江戸大絵図』でみると、まず三つの地域に設定した区画がどれも正方形に近づいている（図39）。小石川、日本橋、江戸城の面積を比率で現すと、順に〇・九二、〇・九六、一・一二となる。傾斜地の多い小石川地区が最小となっているということは、距離の把握にあたって地形の高低差も考慮したと考えてよい。海上を除くと絵画的表現は一切なく、全体にしらじらとして、白地図のようにそっけない。

遠近道印が富山藩の藩医、藤井半知であることは深井甚三氏によって実証され、またその作図方法も明らかになっている。基本的には先ほど述べた近世絵図共通のやり方、①道路に沿って測定していく方法と、②基準点から目当てとする複数の地点を結んで測定していく、という二つの方法であったと思われ、さらに三角測量のような幾何学的方法をも加えて、格段に精密にしたものといえよう。

当時では最高水準の測量図であり、動印自身もそれを意識していたらしい。道印は自分のつくりあげた絵図を「分間《ぶけん》」で表現したものと位置づけている。「分間」とは絵図上の

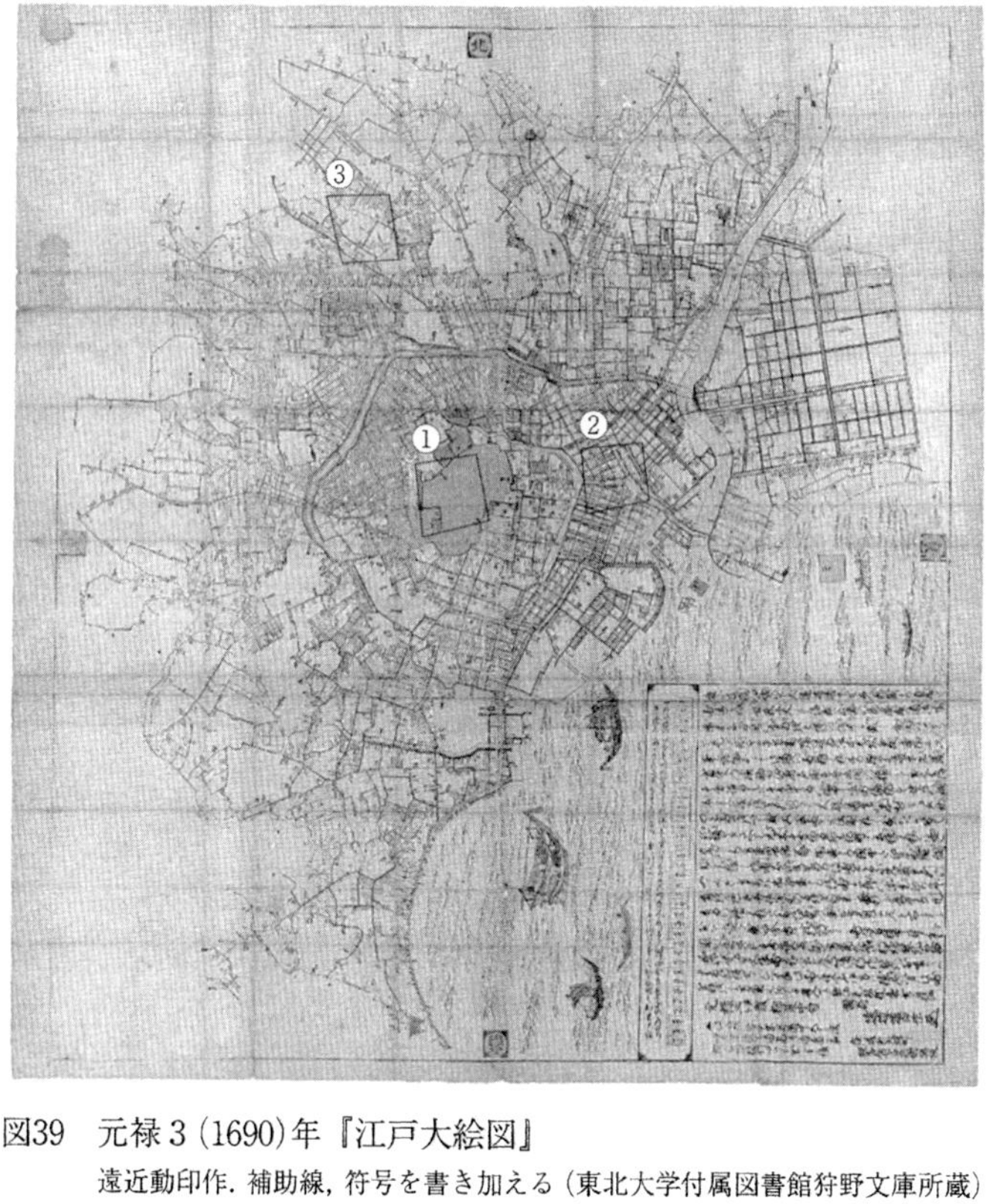


図39　元禄 3 (1690)年『江戸大絵図』
遠近動印作．補助線，符号を書き加える（東北大学付属図書館狩野文庫所蔵）

一分で一〇間の距離を表現するという意味である。幕府の度量衡《どりょうこう》では一間＝六尺だから、六〇〇〇分の一という縮尺になる。こののち、実測した絵図は分間図と通称するようになり、たとえば仙台藩では文政期《ぶんせい》に、一町を一尺二寸という「分間」で表す村絵図がつくられた。仙台藩では一町＝六〇間＝三九〇尺と定めていたので、三二五〇分の一という縮率になる。一見、複雑な縮率となっているが、これは五間を一分に表記していくという合理的な方法であった。「分間」の精神は全国に伝播《でんぱ》していったのである。

一方、絵師、石川流宣《いしかわとものぶ》はすべてに分間を知ることに意味はないとして、元禄二（一六八九）年、『江戸図鑑綱目坤《えどずかがみ》』という絵画的な描写にあふれた極彩色の絵図を出版した。その後も流宣の挑戦は続き、華やかな徳川綱吉代の江戸を描きつづける。

## もう一つの「城」——小石川御殿

宝永三（一七〇六）年の『宝永江戸図鑑《ほうえいえどずかがみ》』（図40）を見てみると、まず、小石川地区にある城郭としか見えない建物が目を引く。北東部の門には三層の櫓《やぐら》を配置し、南東部には櫓門を持つ枡形《ますがた》も見える（図41）。周囲は堀、石垣、狭間《さま》を持つ塀で硬くよろわれる。ここは小石川御殿と通称された将軍綱吉の別邸である。もとは承応《じょうおう》元（一六五二）年、綱吉が徳松《とくまつ》と呼ばれていた幼少期に、約七四石の農地を幕府用地として召し上げ、その屋敷とし

図40　宝永3(1706)年『宝永江戸図鑑』
石川流宣作．補助線，符号を書き加える（東北大学付属図書館狩野文庫所蔵）

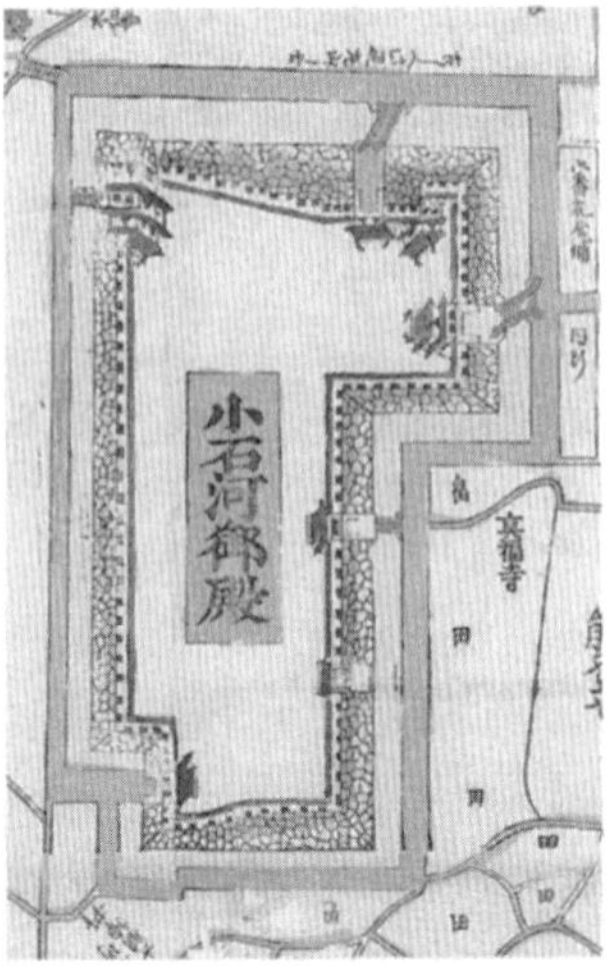

図41　流宣図の小石川御殿
宝永3（1706）年『宝永江戸図鑑』の一部を拡大（東北大学付属図書館狩野文庫所蔵）

たものであった。将軍後継者への特別な対応であった。その後約三九石の土地を加え、将軍就任後も別邸として存続した。ここはのちに幕府の薬園や養生所が開設され、現在は東京大学小石川植物園となって、御殿の日本庭園を引き継いでいる。

この図の小石川御殿は江戸城よりもだいぶ大きい。小石川に設定した区画は江戸城の三・〇六倍にも達する。ただし、この区画に現れているのは、御殿のほかは大身の武家屋敷と「畠」と個別の地名が与えられていない「丁」＝町に限定される。この区画が大きくなっているのは、小石川御殿を描写したかったゆえなのである。

流宣は将軍の存在に強く惹きつけられ、それを絵図に反映させたのではないかという印象を感じる。江戸城のほうも小さい面積になってはいるが、描写は精緻である。石垣に櫓門、堀、狭間のある塀、二層・三層の櫓のほか、小石川御殿には描かれていない御殿や番屋と思われる建物、樹木もある（図42）。注目されるのは当時、存在しなかった五層の天

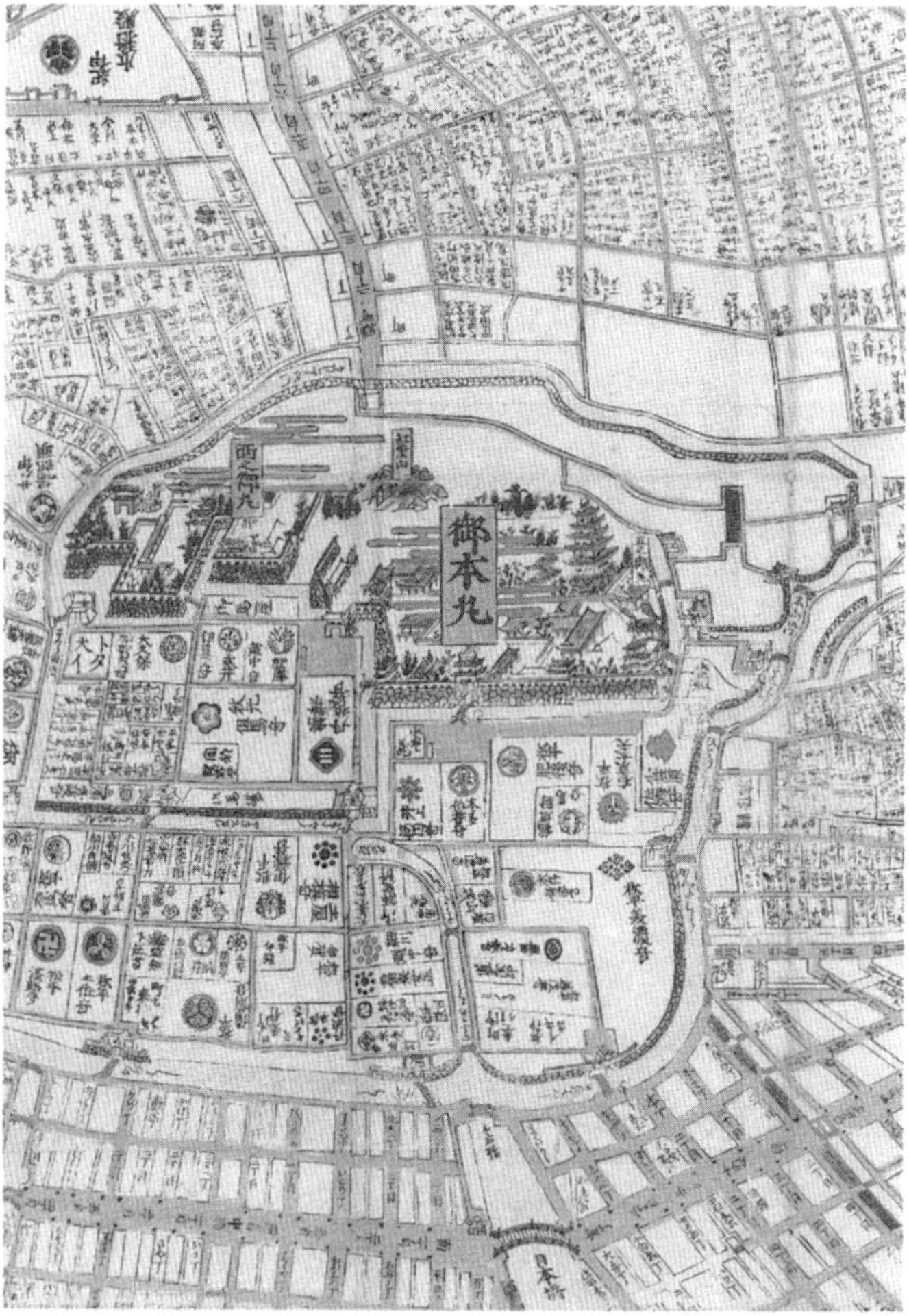


図42　流宣図の江戸城

宝永3(1706)年『宝永江戸図鑑』の一部を拡大(東北大学付属図書館狩野文庫所蔵)

図43　正徳 6 (1716)年『分道江戸大絵図』
石川流宣作．補助線，符号を書き加える（東北大学付属図書館狩野文庫所蔵）

守をも描いている点である。正徳六（一七一六）年『分道江戸大絵図』は同じ版をベースとしていて、同様に巨大な小石川地区が現れているが、御殿は堀を残して廃絶している（図43）。画面に大きい空白が空いてしまったが、一方で仮想の天守閣はまだ描かれつづけるのである。

## 分間図の系譜

しかし、この動きは一時のものとなった。「分間」＝縮尺には意味はなく、「分道」、道が分かればよいとしていた流宣であったが、自身、正徳《しょうとく》二（一七一二）年に『新板分間江戸大絵図全』を出すに及び、「分道」図は終息する。江戸絵図は基本的に道印の「寛文五枚図」を「江戸図の祖《おや》」とうたう分間図系統に統一される。江戸の都市民は正確さを歓迎し、そこに商品価値を見いだしたといえよう。

しかし、一八世紀に入ってからの分間図は道印のそれとはかなり印象が違ってもいる。流宣図よりは簡略化されているとはいえ、護国寺《ごこくじ》、寛永寺《かんえいじ》、増上寺《ぞうじょうじ》、神田明神《かんだみようじん》、日枝山王社《ひえさんのう》などの主要な寺社には社殿や堂宇《どうう》、門、樹木の姿を描く。江戸の名所巡りが一般化した時代に、道印の「白地図」では対応しきれなかったのだろう。

また、これら分間図系絵図は、道印の図をもとにしていたはずなのだが、空間全体に微妙な伸び縮みが見られる。享保《きょうほう》一五（一七三〇）年の『分間江戸大絵図全』に先の三区画をおいてみると、画面の面積比率は小石川一・三八、江戸城〇・八五、日本橋〇・七七となる（図44）。小石川地区は東西に引き延ばされ、日本橋の一・二四倍に拡大されている。流宣の図ほどではないが、正確さという点で、道印のレベルを回復してはいない。

宝暦《ほうりゃく》一四（一七六四）年の『分間江戸大絵図』では、小石川一・四〇、日本橋〇・八二、江戸城〇・七八と江戸城が最小になった（図45）。対する小石川はその一・七九倍もあり、画面全体の歪みはさらに大きくなっている。江戸城を小さく、小石川などの場末を大きく描く傾向はその後の絵図に引き継がれていく。

こうしてみると、分間図＝測量図が主流となってのちの江戸絵図において、空間描写の揺れは大きく、決して正確になったのではなかった。動きは複雑だが、全体として「図」から「絵」に振れていったと見ることができる。飯田氏、俵氏は、このような状況について、それは「絵師たちの自由な創意工夫と、それを歓迎する当時の社会の要請」が相まったものであり、「大勢は、精度の問題を無視」しており、「安価な大衆版が、良図を駆逐した感がないでもない」という。この指摘を念頭におきつつ、より細密に分析を深めてみよう。対象はもっとも描写の揺れた「場末」、小石川である。

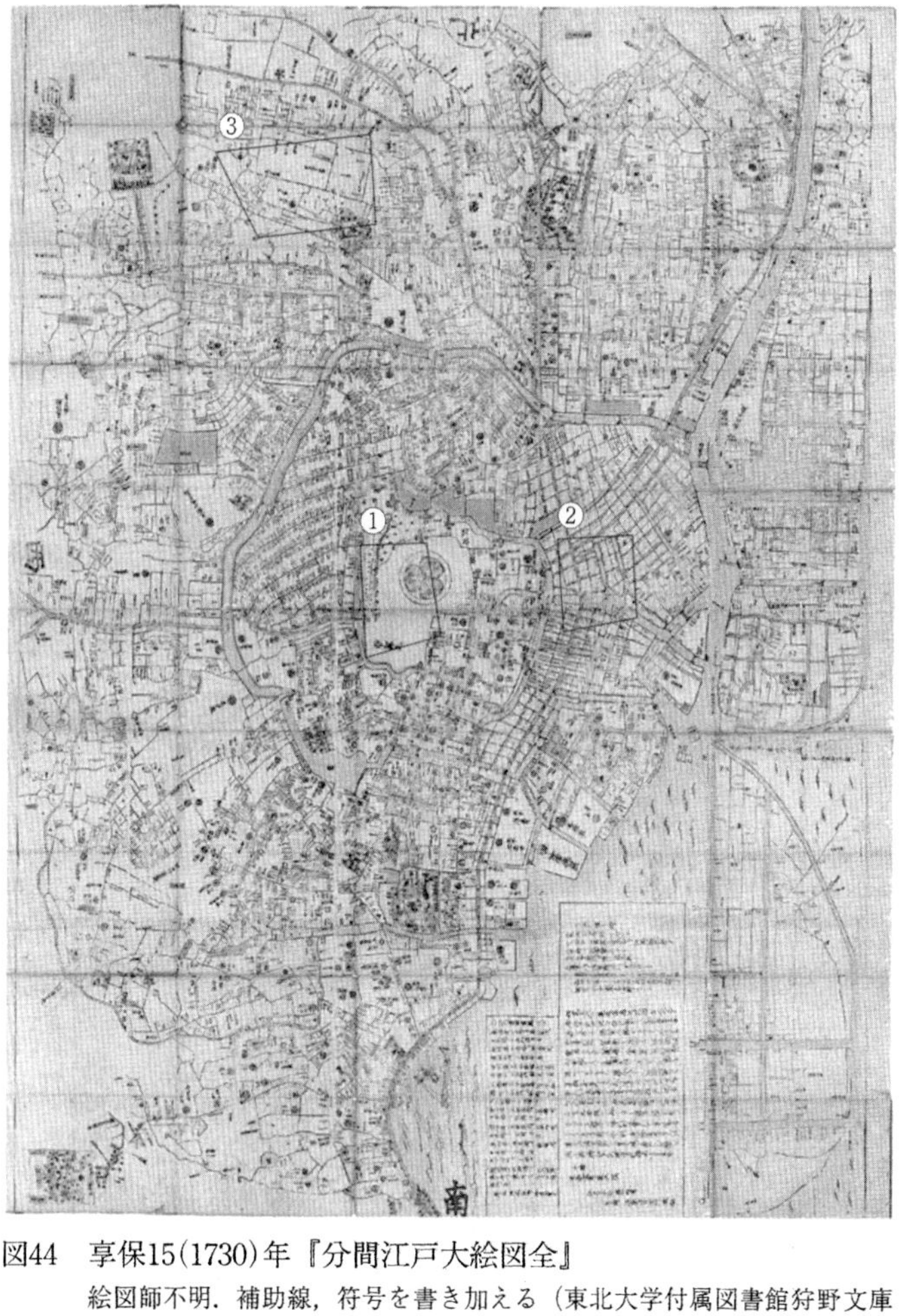


図44　享保15(1730)年『分間江戸大絵図全』
絵図師不明．補助線，符号を書き加える（東北大学付属図書館狩野文庫所蔵）

図45　宝暦14(1764)年『分間江戸大絵図』
遠近動印作とする．補助線，符号を書き加える（東北大学付属図書館狩野文庫所蔵）

# 測量図からの離脱

## 歪む小石川

神田川の支流、千川《せんかわ》（小石川）の渓谷に面する小日向《こひなた》・小石川・白山《はくさん》台地一帯は小石川と呼ばれ、近世初頭には豊島郡狭田《はけた》領の一村をなしていた。「武蔵田園簿」に記された正保《しょうほう》四（一六四七）年の村高《むらだか》は五三九石余あり、うち伝通院《でんづういん》領が約五三九石を占めた。そのうち畑高が約三八〇石になる。江戸時代初め、小石川村は畑の多い、純農村といっていい場所であった。

ここ小石川は江戸時代を通じて、都市化の最前線を形成していた。総城下町江戸の建設に伴い、小石川村は、神田川から北の方向へ武家屋敷や寺社用地に転じられ、あわせて町屋化も進んでいく。『御府内備考《ごふないびこう》』は享保《きょうほう》元（一七一六）年までに四〇六石余が「直々《じきじき》潰《つぶし》」になったという記録を掲載している。とはいえ一九世紀の「天保郷帳《てんぽうごうちょう》」にいたっても二三一石余の石高《こくだか》を残しており、『御府内備考』からは七軒町・大原町・宮下町・大塚窪町・大塚仲町・大塚上町などの町々も年貢役《ねんぐやく》を負担していたことをうかがえる。明治五（一八七二）年の小石川村は戸数一一一、人口四九三人だが、この数字は近世の小石川村内に成立していた町屋を含まない。それだけの農民人口を抱えて、明治を迎えたのである。

小石川村は巣鴨《すがも》・駒込《こまごめ》・金杉・小日向・雑司ヶ谷《ぞうしがや》の各村に囲われていた。図46には、明治一八（一八八五）年の内務省地理局『東京実測全図』上に近世初頭の村域を復元してみた。南西から南の村界は江戸川・神田川旧河道であったと考えられるが、水戸藩邸に取り込まれており明確ではない。北部にあるかつての丸山町一帯は巣鴨村との入り組み地域なので、『東京実測全図』の丸山町を小石川村と見なして線を引いた。北西部の護国寺北裏一帯は『東京実測全図』の範囲外になるため、境界を明示していない。方眼状に書き加えた線は、近世の小石川村を覆う範囲を正方位四〇〇㍍で区画したもので、それを東西をaからg、南北を1から7として名づけている。三四区画の方眼で覆われた地域は東西・南北ともに二八〇〇㍍である。ただし、これまでの分析で用いてきた小石川村を大きく覆う正方形とは若干ずれている。

図47は、小石川地域を描いている江戸絵図一一点を、だいたい二〇年間隔となるように、選択して、その上に図46の方眼を落としてみたものである。方眼に対応する地区が絵図上に描写されていない場合は線を引いていない。一つひとつの区画は正確な測量と表現が行われていれば、『東京実測全図』同様にまったく同じ面積を持った正方形として現れるはずである。したがって方眼全体の歪みや面積の大小が、絵図の歪みを眼に見えるようにしてくれる。

印象を大まかに追いかけていくと、測量を行ったといわれている正保元〜二（一六四四〜四五）年の「正保江戸図」（A）は、小石川地域に関してはかなりの歪みが見られる。遠《おち》近道印《こちどういん》の寛文《かんぶん》一〇（一六七〇）年『新板江戸外大絵図』（B）、元禄《げんろく》三（一六九〇）年『江戸大絵図』（C）は全体として整った印象である。地域の東西南北はほぼ一対一であり、方眼の各区画も同一の正方形に近い。分間方式を否定した石川流宣《とものぶ》の宝永《ほうえい》三（一七〇六）年『宝永《ほうえい》江《え》戸《ど》図《ず》鑑《かがみ》』（D）、正徳《しょうとく》六（一七一六）年『分道江戸大絵図』（E）は小石川地域全体の東西南北比は約一対一に収まっているが、これは地域内に極端に大きい区画と小さい区画が現れていることにともなうもので、図として正確であったわけではない。

享保一五（一七三〇）年の『分間江戸大絵図』（F）は遠近道印図を「祖《おや》」とする分間図

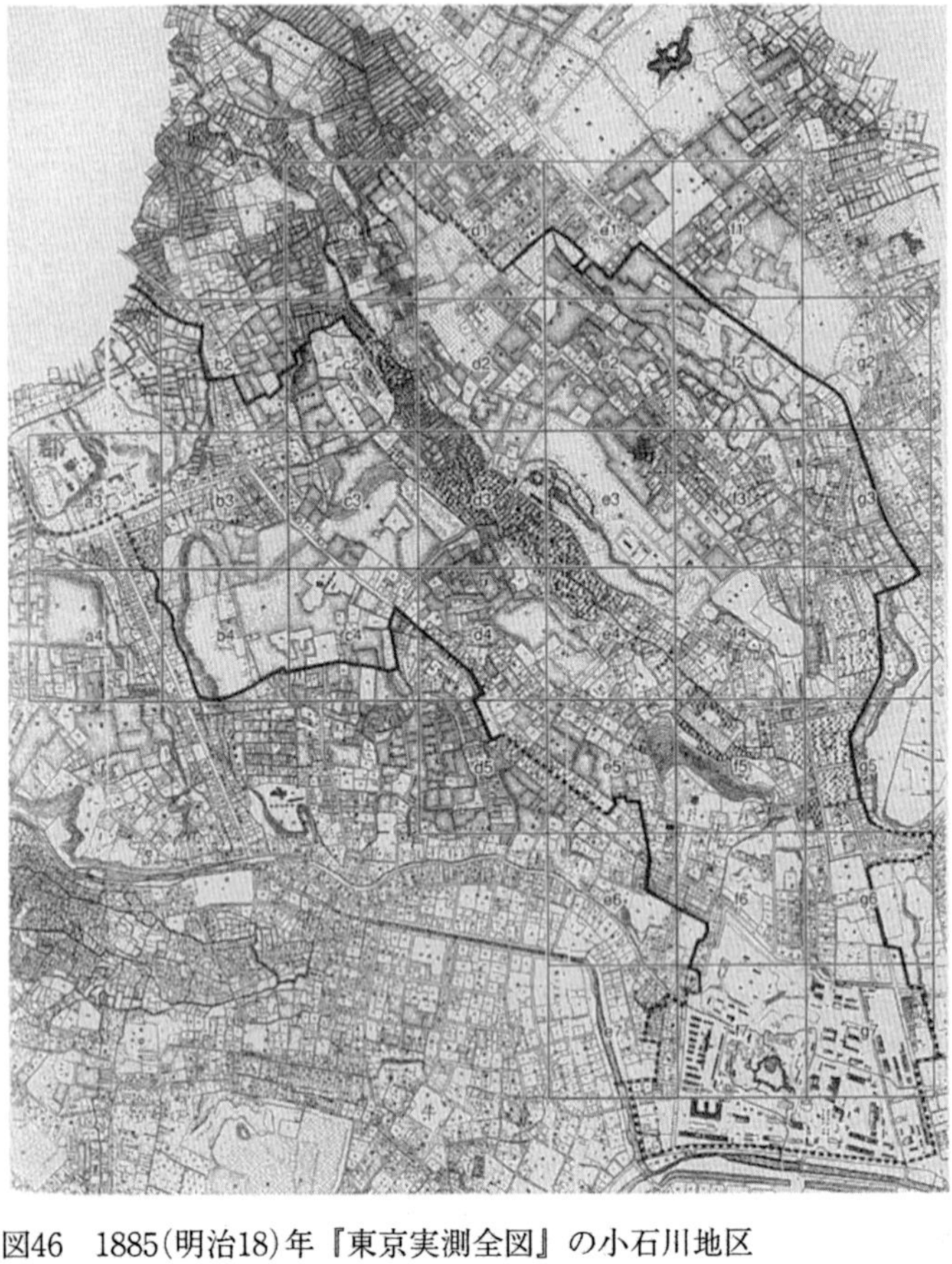

図46　1885(明治18)年『東京実測全図』の小石川地区
補助線，符号を書き加える（吉田伸之・長島弘明・伊藤毅編『江戸の広場』東京大学出版会，2005年より転載）

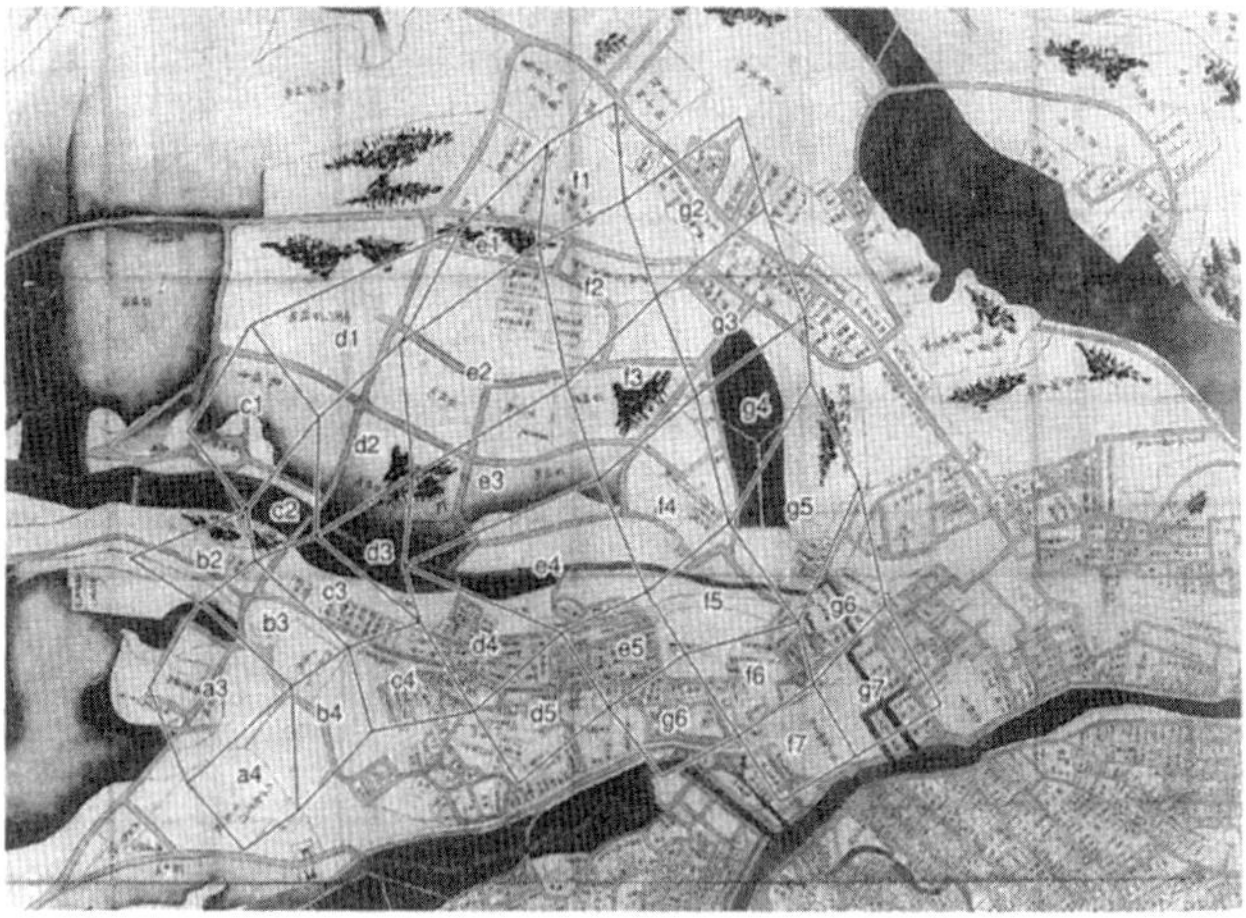


A・「正保江戸図」

B・寛文10(1670)年『新板江戸外大絵図』

図47　江戸絵図小石川地区の描写変化

補助線，符号を書き加える（『江戸の広場』より転載）

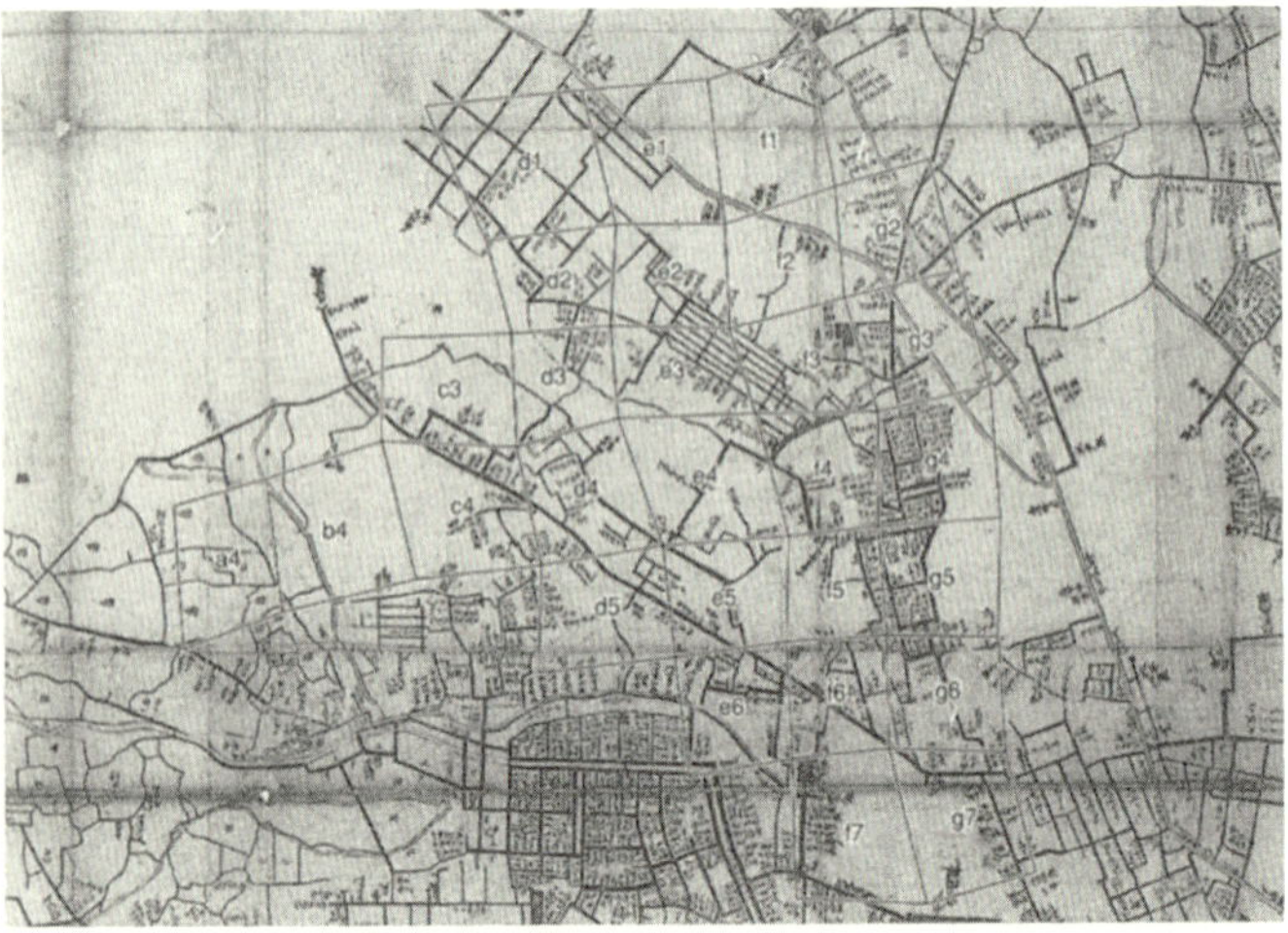


C・元禄3(1690)年『江戸大絵図』

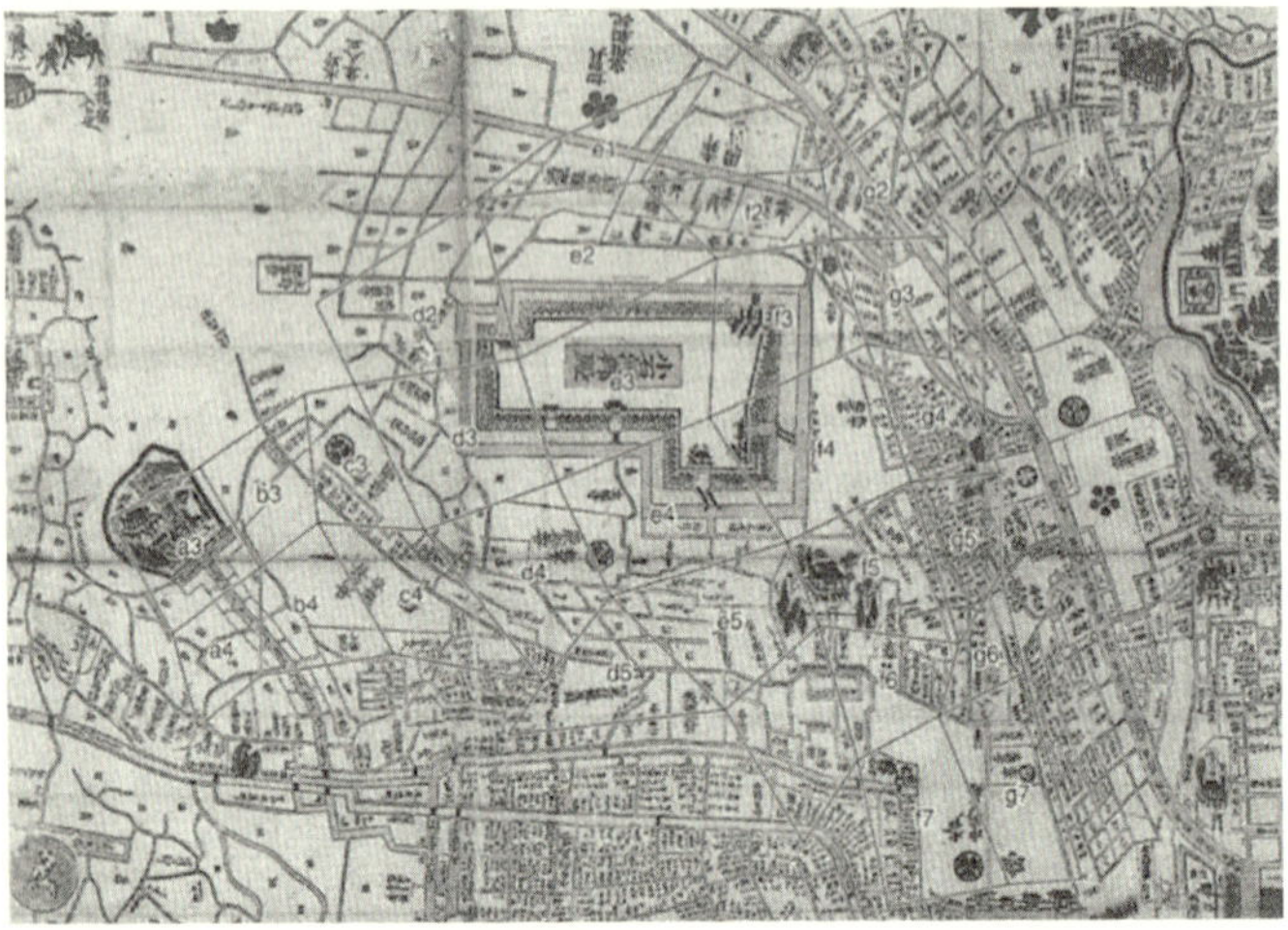


D・宝永3(1706)年『宝永江戸図鑑』

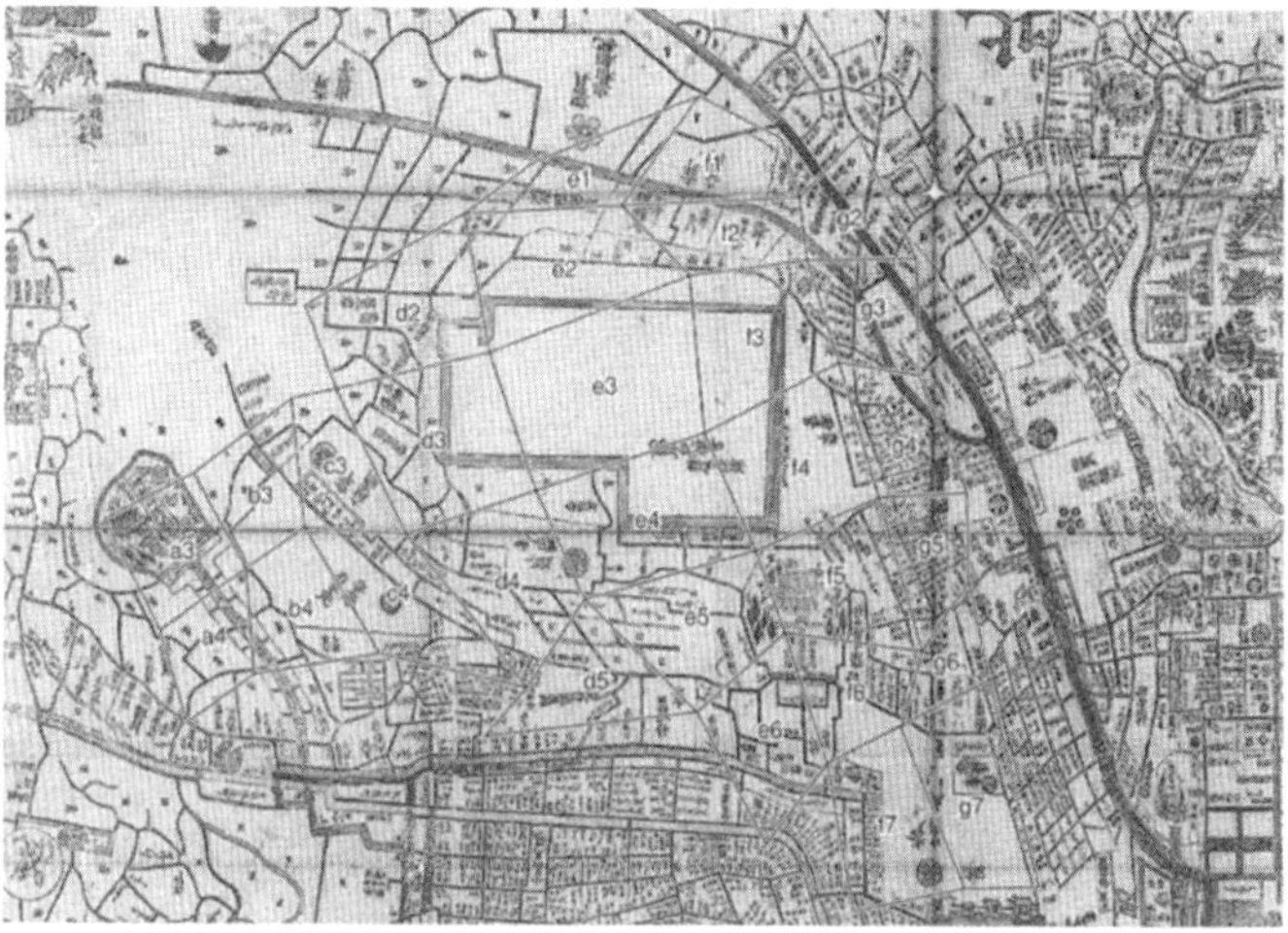


E・正徳6(1716)年『分道江戸大絵図』

F・享保15(1730)年『分間江戸大絵図』

G・延享5（1748）年『江戸御絵図』

H・宝暦14（1764）年『分間江戸大絵図』

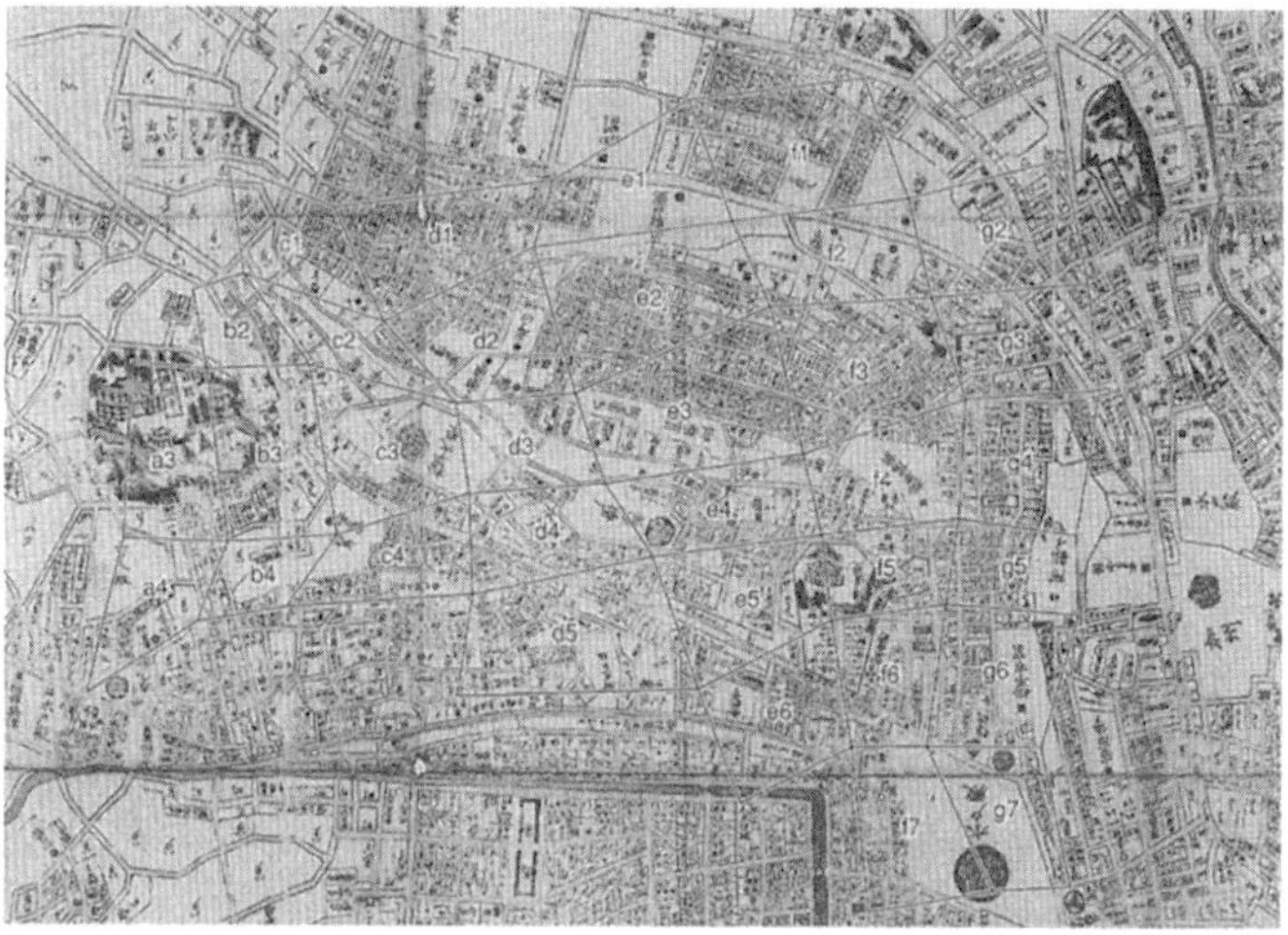

I・天明8（1788）年『江戸分間大絵図』

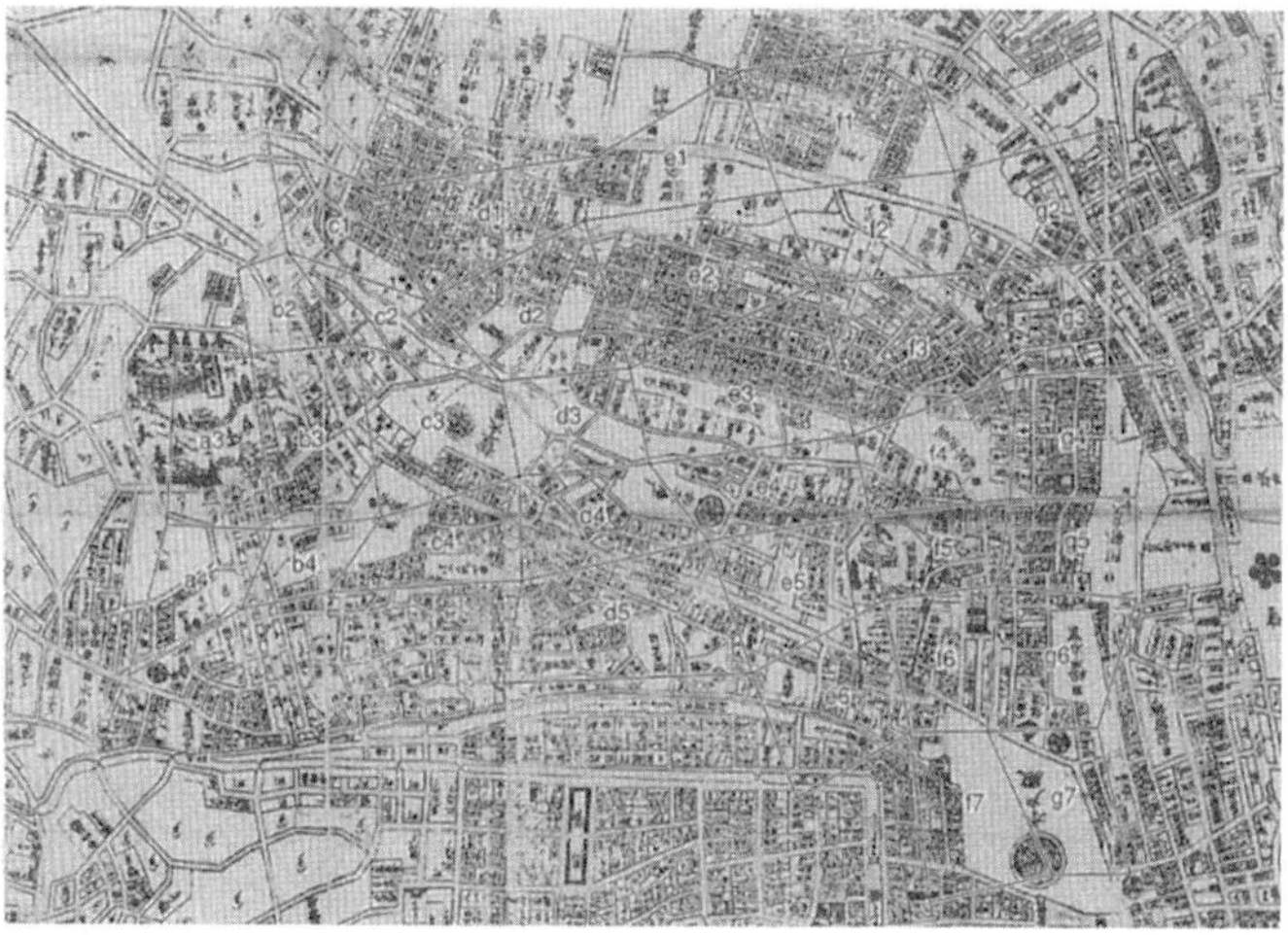

J・文化5（1808）年『分間江戸大絵図』

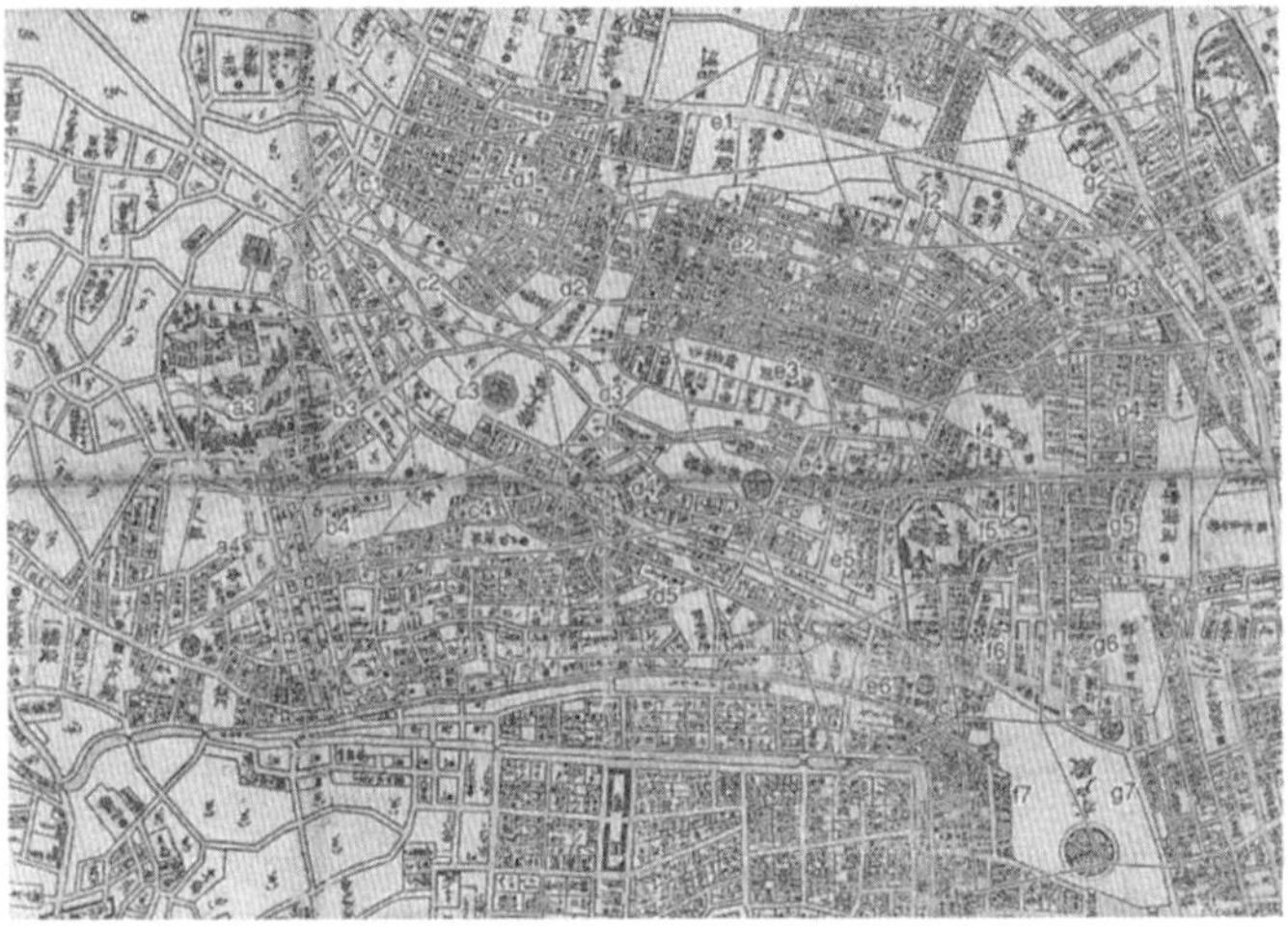

K・文政12(1829)年『分間江戸大絵図』.

系統の図である。この図では南北を一とすると東西は約一・二になる。各区画の形状もさまざまで、流宣図に比べれば正確だが、道印のレベルを取り戻していない。延享《えんきょう》五（一七四八）年の『江戸御絵図』(G)は分間図系の大絵図を縮小した「中絵図」とでもいうべきもの、宝暦《ほうりゃく》一四（一七六四）年の『分間江戸大絵図』(H)は享保一五年図系の再版で、どちらも享保一五年図と似た印象になる。天明《てんめい》八（一七八八）年の『江戸分間大絵図』(I)は遠近道印の図をもとにするとしつつも大きく改版しており、製作者に金丸影直《かなまるかげなお》の名が加えられている。図の歪みはやや大きくなったが、一方、情報量は大きく増えている印象がある。文化《ぶんか》五（一八〇八）年（J）と文政《ぶんせい》十二（一八二九）年（K）の『分間江戸大絵図』は同じ影直の版で、歪みはさらに増大している。

小石川地区に限ってみても、江戸絵図は「絵」から「図」へ進み、そしてふたたび「絵」的に展開したのである。

## 蓄積された矛盾

この動きを客観的にとらえるために数字に表してみよう。まず方眼を形作る方形小地区三四の面積をそれぞれの絵図で測定する。ついですべての絵図に描写されている二六地区の平均値を算出した上で、その平均値を一とした場合、それぞれの地区の数値がどうなるかを計算した（表2）。地区別の対平均面積比率である。この数値は各地区の面積描写が正確な図からどれだけ離れているのかを示している。一以上となる地区は現実の空間よりも広く描いており、一以下となる地区は狭く描いているわけである。基準とした『東京実測全図』は全ての地区が一となる。地区別の対平均面積比率における最大値を最小値で割った数値は、大きければ大きいほど、正確な描写とは距離があることを示す。『東京実測全図』はこの値もまた一となる。この数値を絵図の歪み係数といっておこう。

この対平均面積比率をグラフにしてみた（図48）。線の収束する具合が歪み係数に連動

| 延亨5年図 | 宝暦14年 | 天明8年図 | 文化5年図 | 文政12年図 | 最大／最小 | 平均値 |
|---|---|---|---|---|---|---|
| 1748 | 1764 | 1788 | 1808 | 1829 | | |
| 1.39 | 0.67 | 0.71 | 0.72 | 0.7 | 2.44 | 0.83 |
| 0.74 | 0.66 | 0.43 | 0.42 | 0.39 | 3.33 | 0.75 |
| 0.95<br>1.14 | 1.66<br>0.74 | 1.16<br>0.8 | 1.11<br>0.83 | 1.16<br>0.86 | 1.71<br>1.65 | 0.98<br>0.95 |
| 0.75<br>1.1<br>1.05 | 1.1<br>1.03<br>1.43 | 0.72<br>0.88<br>1.54 | 0.73<br>0.86<br>1.51 | 0.75<br>0.82<br>1.53 | 2.58<br>1.5<br>1.71 | 0.95<br>1.03<br>1.2 |
| 1.3<br>1.06<br>1.06<br>0.7<br>0.77<br>1.16 | 0.97<br>1.57<br>1.84<br>1.06<br>0.98<br>1.01 | 0.99<br>1.54<br>1.57<br>0.89<br>1.1<br>1.05 | 0.98<br>1.47<br>1.54<br>0.89<br>1.09<br>1.05 | 0.95<br>1.52<br>1.63<br>0.88<br>1.11<br>1.04 | 1.91<br>2.27<br>2.54<br>2.47<br>1.82<br>1.53 | 0.97<br>1.42<br>1.49<br>1.13<br>1<br>0.98 |
| 1.47<br>1.29<br>0.63<br>0.75<br>1.28<br>1.25<br>1.29 | 0.88<br>0.91<br>0.78<br>0.91<br>0.88<br>0.66<br>0.95 | 1.35<br>1.01<br>1.33<br>0.93<br>0.69<br>0.8<br>0.98 | 1.32<br>0.95<br>1.35<br>0.89<br>0.66<br>0.79<br>1 | 1.33<br>0.98<br>1.35<br>0.84<br>0.63<br>0.78<br>0.98 | 2.13<br>1.74<br>2.14<br>1.99<br>2.03<br>2.05<br>2.02 | 1.05<br>0.95<br>1.05<br>1.02<br>0.89<br>0.8<br>1.03 |
| 0.96<br>0.72<br>0.77<br>0.49<br>0.74<br>1.18 | 1.16<br>0.97<br>1.08<br>0.95<br>0.88<br>0.89 | 0.98<br>0.97<br>1.02<br>0.65<br>1.04<br>0.86 | 1.15<br>1<br>0.96<br>0.76<br>1.04<br>0.94 | 1.13<br>1.02<br>0.97<br>0.77<br>1.06<br>0.78 | 1.87<br>1.89<br>1.72<br>2.86<br>2.79<br>1.51 | 0.98<br>0.96<br>0.96<br>0.82<br>0.83<br>1 |
| 3 | 2.79 | 3.65 | 3.67 | 4.18 | | |

表２　江戸絵図小石川地区の面積表現

| 図略称 | 正保図 | 寛文11年図 | 元禄３年図 | 宝永３年図 | 正徳６年図 | 享保15年図 |
|---|---|---|---|---|---|---|
| 西暦 | 1644? | 1671 | 1690 | 1706 | 1716 | 1730 |
| a 4 | 0.89 | 1 | 0.98 | 0.57 | 0.59 | 0.87 |
| b 4 | 0.69 | 1.3 | 1.3 | 0.82 | 0.79 | 0.6 |
| c 3 | 0.71 | 0.98 | 1.02 | 0.72 | 0.69 | 1.18 |
| c 4 | 0.78 | 1.19 | 1.22 | 1.06 | 1.06 | 0.76 |
| d 3 | 0.6 | 1.02 | 0.74 | 1.4 | 1.55 | 1.12 |
| d 4 | 0.92 | 1.09 | 1.06 | 1.21 | 1.23 | 1.08 |
| d 5 | 0.9 | 0.98 | 1.02 | 0.91 | 0.9 | 1.46 |
| e 1 | 0.8 | 1.05 | 1.19 | 0.68 | 0.68 | 1.07 |
| e 2 | 1.95 | 0.97 | 0.86 | 1.6 | 1.45 | 1.59 |
| e 3 | 1.59 | 0.85 | 0.8 | 1.73 | 2.03 | 1.71 |
| e 4 | 1.73 | 0.92 | 1.24 | 1.54 | 1.54 | 1 |
| e 5 | 0.68 | 0.92 | 0.92 | 1.24 | 1.18 | 1 |
| e 6 | 0.76 | 0.92 | 0.94 | 0.99 | 0.99 | 0.89 |
| f 1 | 0.69 | 1.13 | 1.13 | 0.78 | 0.8 | 0.69 |
| f 2 | 1.09 | 0.99 | 0.89 | 0.76 | 0.74 | 0.84 |
| f 3 | 1.12 | 0.89 | 0.89 | 1.23 | 1.21 | 0.82 |
| f 4 | 1.27 | 0.87 | 0.93 | 1.49 | 1.38 | 0.98 |
| f 5 | 0.94 | 0.75 | 0.77 | 1.09 | 1.15 | 0.9 |
| f 6 | 0.7 | 0.87 | 0.84 | 0.78 | 0.77 | 0.61 |
| f 7 | 0.64 | 1.06 | 1.25 | 1.15 | 1.11 | 0.91 |
| g 2 | 1.16 | 0.92 | 0.88 | 0.63 | 0.64 | 1.18 |
| g 3 | 1.36 | 1.05 | 1.01 | 0.75 | 0.74 | 0.99 |
| g 4 | 0.99 | 1.05 | 1.01 | 0.72 | 0.72 | 1.24 |
| g 5 | 1.4 | 0.98 | 1 | 0.65 | 0.53 | 0.81 |
| g 6 | 0.73 | 1.02 | 0.95 | 0.38 | 0.42 | 0.82 |
| g 7 | 0.9 | 1.14 | 1.18 | 1.13 | 1.13 | 0.89 |
| 最大／最小 | 3.25 | 1.73 | 1.76 | 4.55 | 4.83 | 2.85 |

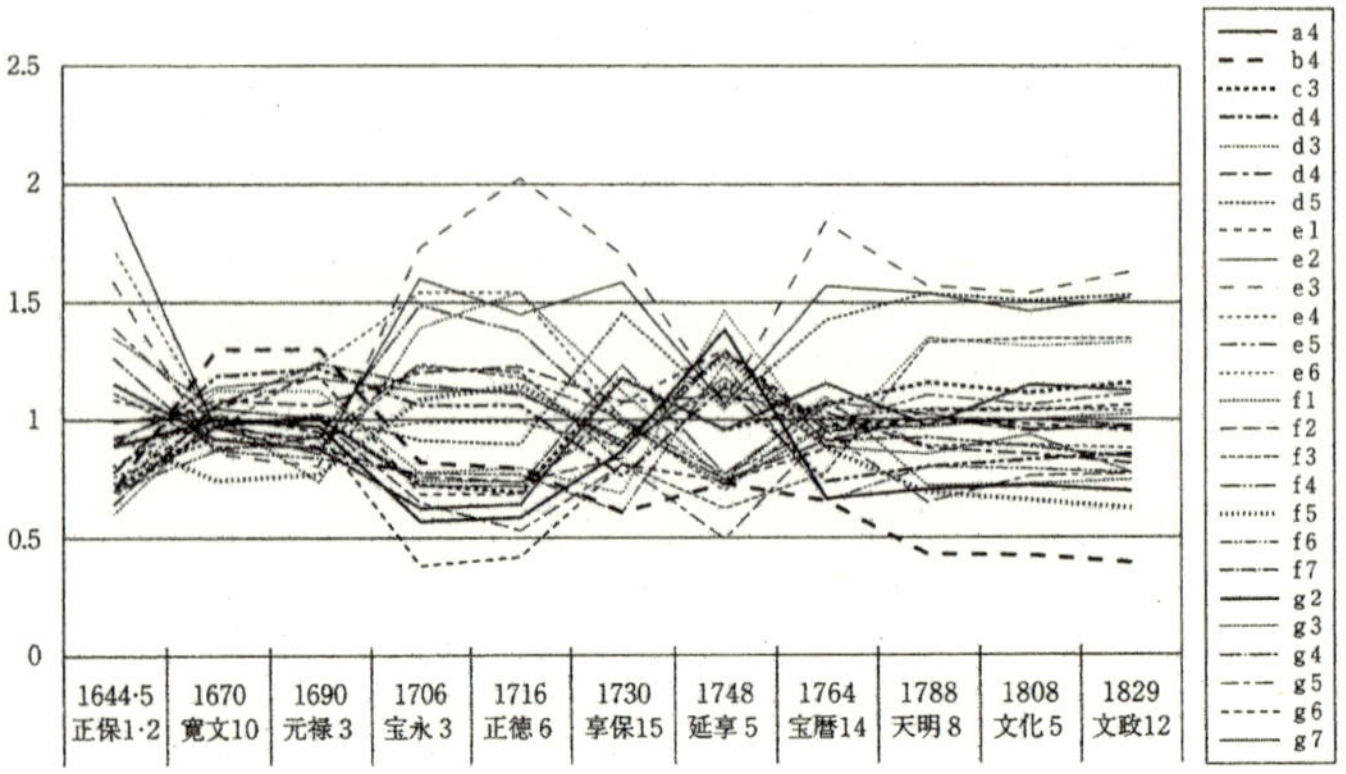


図48　小石川地区における江戸絵図の面積表現変化

するわけである。つまり大きくばらついている図は歪み係数が大きく、まとまっている場合はそれが小さい。『東京実測全図』はもちろん一点に集中する。このグラフで見ると、正保図（一六四四～四五）はかなり開いているが、分間図＝測量図の「祖」となる道印図は大きくまとまっている。歪み係数は、正保図は三・二五、道印図では一・七程度になる。分間図に抵抗した流宣の宝永三年図（一七〇六）でこの値は一気に四・五五へひろがり、さらに正徳六年図（一七一六）は四・八三と最大の幅になる。再び分間図に戻った享保一五年図（一七三〇）は二・八五に落ち着くが道印図のレベルは回復しない。延享五年図（一七四八）は三・〇〇、宝暦一四年図（一七六四）は二・七九と似たような傾向を示している。ところが分間図の系譜を引き継ぎつつ改版したとする金丸影直図の場合、天明《てんめい》八年図（一七八八）で三・六五と大きくグラフの幅を拡げ、文化《ぶんか》五年図（一八〇八）で三・六七に、文政《ぶんせい》一二年図（一八二九）になると四・一八に達する。

先ほど見た印象は正しかった。意外なことに分間図系統の絵図が主流になってから、精度を低下させる方向に展開したのである。言い換えると、現実の空間との間に生じる矛盾を拡大し、蓄積する方向に進んだのであった。とくに分間図を引き継いだと明言している金丸影直は、天明八年図に見られるように、精度を意図的に無視したとしか思えない改変を行った。飯田氏、俵氏の言うように「絵師たちの自由な創意工夫と、それを歓迎する当時の社会の要請」が絵図上の矛盾を深化させていったとするならば、矛盾の増大を容認する社会の要請とはいったい何であったのだろうか。

**絵図のなかの情報量1——大塚富士見坂上周辺**

この矛盾は絵図全体にわかりやすく現れているのではない。小石川を方眼に区切った小地区を見ていくと、どの地区もある時は小さく描かれ、またある時は大きく描かれるという不安定さがある。

各小地区ごとの最大値を最小値で割った値は地区描写における安定度として見ることができる。この数値が最も大きいのは周縁のｂ４地区で三・三三倍にもなる。一方、中心に近いd4地区は一・五〇倍と最も安定した描写が行われつづけた。四〇〇メートル《メートル》四方という小さい場所それぞれに個性的な動きがあって、それらが総合されて、小石川全体の矛盾として現れているのである。さらに小石川のような地域を単位とする矛盾が積み重なって、絵図全体の矛盾を深めるという構造になっていると考えられる。なぜ絵図に現れている矛盾の増大を、当時の人びとはむしろ要請したのか。この問いに答えるためには、絵図に表された小さい地区の動きを見ていかなくてはならない。

まず、絵図上に現れたり、消えたりするb2地区の問題がある。現在の場所でいうと不《し》忍通《ばずどおり》と春日《かすが》通の交差点周辺、文京区大塚二〜四丁目にまたがる一帯である。描かれた絵図で対平均面積比率を取ってみると〇・四四という数値になる。すなわち半分以下にしか見なされていない、最も狭く描かれつづけた地区となっている。

この地区は小石川村の北端に位置し、区画の北半分は巣鴨《すがも》村に所属していた。南北に走る往還《おうかん》は中山道《なかせんどう》の板橋宿へ向かう。近世末期、この往還沿いに小石川大塚上町・巣鴨辻町があるほかは、大半を武家屋敷と農地が占めていた。大塚上町は往還を挟んで東側が伝通院領、西側が護国寺《ごこくじ》領である。地区の南には富士見坂上の交差点があり、ここを西に下ると護国寺の門前に至る。また交差点の北東角には大塚波切不動《おおつかなみきりふどう》があって、『江戸名所図会』にも紹介される名所であった。

おおまかにいって、江戸絵図上のこの地区は情報量が少ない。一枚の絵図に現れる情報量は、地名や寺院の名前などの文字情報では八、武家屋敷や町、寺社などを単位とする土地区画数では一八が最多である（表3）。

正保図（一六四四～四五）でこの地区を特定できたのは、①富士見坂上の交差点、②板橋宿への往還が巣鴨村方面と池袋村方面へ分岐する地点、③後に護国寺が設置される山林の位置関係による（図49）。往還沿いには「大岡源右エ門下ヤシキ」が描かれているが、文字情報としてはこの屋敷名ひとつだけで、ほかに田畑や山林などの土地区画が七ヵ所確認できるのみである。いわばかろうじて現れたという状態で、道印の寛文一〇年図（一六七〇）は護国寺周辺が不明確なために地区を特定できなくなる。ただこの図では往還に沿って武家屋敷二、寺社二に加えて、「町」という文字を記している。『御府内備考』によると、大塚上町の護国寺領分は元禄一〇（一六九七）年に寺社奉行《じしゃぶぎょう》から町立てを許されており、道印図の「町」は許可以前に実質的に町屋を形成していた事実を示している可能性がある。

地区を特定できない状況は流宣の図を経て、享保一五（一七三〇）年の分間図まで続く。

表3　江戸絵図に現された大塚富士見坂周辺の要素数

| | | 正保図 | 延享5年図 | 宝暦14年図 | 天明8年図 | 文化5年図 | 文政12年図 |
|---|---|---|---|---|---|---|---|
| | | (1644) | 1748 | 1764 | 1788 | 1808 | 1829 |
| 道　路 | | 2 | 1 | 2 | 7 | 8 | 8 |
| 土地区画 | 田・畑・百姓地 | 1 | | | 4 | 4 | 4 |
| | 町 | | | | 2 | 2 | 2 |
| | 寺社 | | | | 2 | 2 | 2 |
| | 武家屋敷 | 1 | | | 1 | 1 | 2 |
| | 山林・未利用地 | 1 | | | | | |
| | 種別不明 | 4 | 2 | 2 | 1 | 1 | 1 |
| | (計) | 7 | 2 | 2 | 10 | 10 | 11 |
| 文字情報 | 地名(町名以外) | | | | | | |
| | 「町・丁・門前」 | | | | 1 | 1 | 1 |
| | 町名 | | | | 1 | 1 | 1 |
| | 「寺」 | | | | | | |
| | 寺社名 | | 1 | | 1 | 1 | 1 |
| | 無名の武家屋敷 | | | | | | 1 |
| | 武家屋敷名 | 1 | | 1 | 1 | 1 | 1 |
| | 「田・畑・百姓地」 | | | | 3 | 3 | 3 |
| | 解読不能 | | | | 1 | 1 | |
| | (計) | 1 | 1 | 1 | 8 | 8 | 8 |
| 記　号 | | | | | | | |
| 絵画表現 | 植生 | 1 | | | | | |
| | 建築物 | 2 | | | | | |
| | 地形 | | | | | | |

A・「正保江戸図」

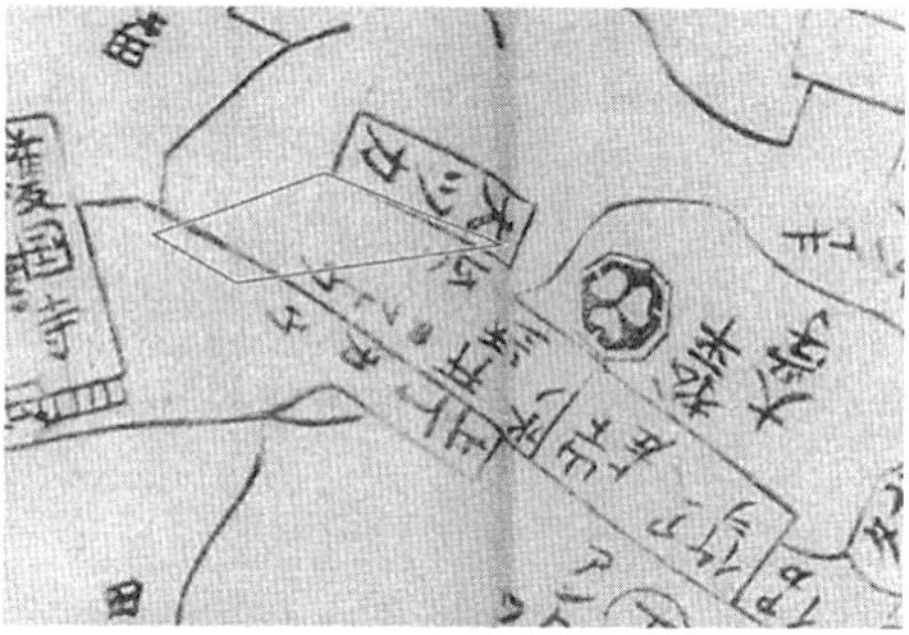

B・延享5(1748)年
『江戸御絵図』

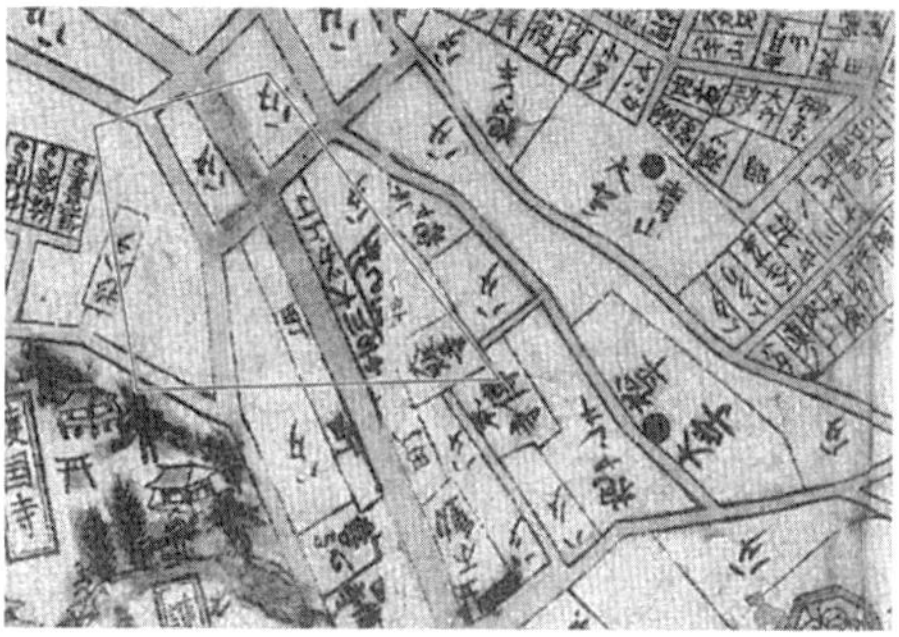

C・天明8(1788)年
『江戸分間大絵図』

図49　江戸絵図の大塚富士見坂周辺
補助線を加える（『江戸の広場』より転載）

また全体に表記が簡略化されていき、寛文一〇年図にあった「町」も示されなくなる。正徳三（一七一三）年には大塚上町護国寺領とともに往還の西側に位置する大塚町・大塚坂下町も町奉行支配となったが、その影響も絵図には現れないままである。

延享五年図（一七四八）で再び地区が現れるが、その対平均面積比率は〇・一九と極めて小さい。地区内の情報は往還一本と「フドウ」の文字がわずかにあらわれている程度にすぎない。しかし、区画の外側であり、位置に問題はあるものの、大塚上町を示すらしい「上丁」の表記があり、近くには「此ヘン大ツカ」と地名を入れている。これは延享二（一七四五）年に往還東側に位置する大塚上町伝通院領・大塚仲町・大塚窪町・高源院門前を町奉行支配に移していることが影響した可能性があるが、一方、同じ年に町奉行支配となった巣鴨辻町はまったく表現していない。宝暦一四年図（一七六四）は延享五年図からわずかに情報が増えた程度である。

そのなかで金丸影直の天明八年図（一七八八）は、大きい画期となっている。この図では大塚上町伝通院領の位置に「小石川大ツカ上丁」の区画を描き、道を挟んで「町」という表記を三ヵ所に記す。北端の「町」は巣鴨辻町の位置を示していると考えられる。また個々の武家屋敷と寺社を明確に区画し、その名称を表記しているため、地区内には区画一〇、文字情報八が現れる。地区の南にある善心寺の角に記された「丁」は同寺の門前町屋であろう。道路も八本を数える。同じ系列の文化五年図（一八〇八）はほぼ同様で、文政一二年図（一八二九）においてさらに情報が増え、この地区の絵図では最多の文字情報八を記述している。

**絵図のなかの情報量2——小石川養生所周辺**

もう一ヵ所見ておきたい。e3地区は道印の寛文一〇年図（一六七〇）と元禄三年図（一六九〇）以外の絵図で数値が一を上回っており、全絵図の平均で一・四九である。これはほかのすべての地区より大きい。ここは現在の小石川植物園を中心とする地区で、綱吉《つなよし》の時代には、先ほど見た壮麗な小石川御殿《ごてん》があった。幕末期には北東部に中小の幕臣屋敷が密集し、南西の台地斜面に幕府薬園と養生所《ようじょうしょ》、台地南東部と下の平地に大身《たいしん》の武家屋敷がおかれている。千川《せんかわ》沿いには氷川《ひかわ》田圃と呼ばれる農地も見られた。町屋の存在を示す史料はない。

絵図上のこの地区は武家屋敷と道路の描写に特徴が現れている。全体に情報量が多く、最多は文字情報で九〇、土地区画数で八八になる（表4）。

正保図（一六四四～四五）と道印の寛文一〇年図（一六七〇）では氷川神社のほかは道路で大きく囲まれた区画を現わすのみだが、元禄三（一六九〇）年の道印図は小石川御殿北方に整然とした武家屋敷区画を描いている（図50）。この図における対平均面積比は〇・七九と小さいため、大幅に増えた区画と道路によって情報密度は極めて高い。

一方、道印に抵抗した流宣の宝永三年図（一七〇六）はまったく異なっている。対平均面積比一・七二と道印図の倍以上に広げているのにもかかわらず、区画数は五分の一、道路の数は一五分の一に減少する。これは絵画的な描写によって小石川御殿を大きく取り扱う一方で、武家屋敷群を圧縮し、簡略化しているためである。

享保一五年図（一七三〇）以降の分間図系絵図においても対平均面積比はいぜんとして

| 延享5年図 | 宝暦14年図 | 天明8年図 | 文化5年図 | 文政12年図 |
|---|---|---|---|---|
| 1748 | 1764 | 1788 | 1808 | 1829 |
| 10 | 11 | 24 | 25 | 24 |
| | | 1 | 1 | 1 |
| | | | | |
| 1 | 1 | 1 | 1 | 1 |
| 5 | 5 | 78 | 77 | 81 |
| | | 5 | 5 | 5 |
| | | | | |
| 1 | 3 | | | |
| 7 | 9 | 85 | 84 | 88 |
| | 1 | | | |
| | | | | |
| | | | | |
| | | | | |
| 2 | | | | 1 |
| 2 | 2 | 8 | 9 | 14 |
| 2 | 1 | 66 | 66 | 68 |
| 1 | 1 | 4 | 5 | 5 |
| | | 1 | 2 | 2 |
| 1 | 2 | | | |
| | | | | |
| 8 | 7 | 79 | 82 | 90 |
| 1 | | | | |
| | | 1 | 1 | 1 |
| | | | | |

表4　江戸絵図に現された小石川養生所付近の要素数

| | | 正保図 | 寛文11年図 | 元禄3年図 | 宝永3年図 | 正徳6年図 | 享保15年図 |
|---|---|---|---|---|---|---|---|
| | | (1644) | 1671 | 1690 | 1706 | 1716 | 1730 |
| 道　路 | 道 | 4 | 2 | 28 | 2 | 2 | 10 |
| 土地区画 | 田・畑・百姓地 | 3 | | 1 | 1 | 1 | |
| | 町 | | | | | | |
| | 寺社 | | | | | | |
| | 武家屋敷 | 1 | 1 | 2 | 1 | 1 | 3 |
| | 幕府施設 | | | | | | |
| | 山林・未利用地 | 1 | | | | | |
| | 混在・種別不明 | 2 | 3 | 13 | 1 | 1 | 3 |
| | (計) | 7 | 4 | 16 | 3 | 3 | 6 |
| 文字情報 | 地名(町名以外) | | | | | | |
| | 「町・丁・門前」 | | | | | | |
| | 町名 | | | | | | |
| | 「寺」 | | | | | | |
| | 寺社名 | | | | | | 1 |
| | 無名の武家屋敷 | | | | | | |
| | 武家屋敷名 | 1 | 1 | 6 | 1 | | 5 |
| | 幕府施設名 | | | | | 1 | |
| | 「田・畑・百姓地」 | 1 | | | 1 | 1 | |
| | 名所・旧跡 | | | | | | 1 |
| | 解説不能 | | | | | | 1 |
| | (計) | 2 | 1 | 6 | 2 | 2 | 8 |
| 記　号 | 神社(鳥居) | | | | | | |
| | 黒点(大名屋敷) | | | | | | |
| 絵画表現 | 植生 | 1 | | | | | |
| | 建築物 | 2 | | | | 6 | |
| | 地形 | | | | | | |

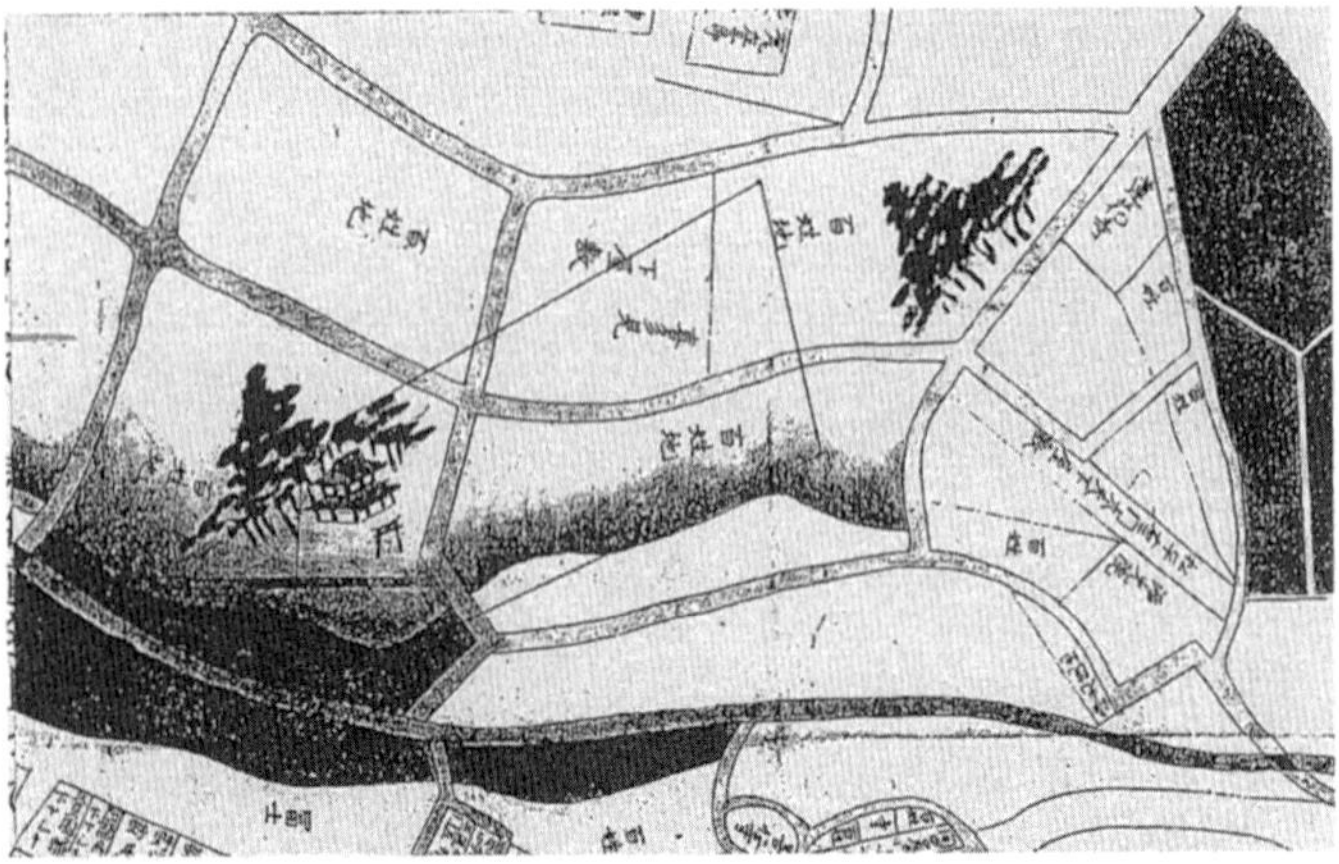

A・「正保江戸図」

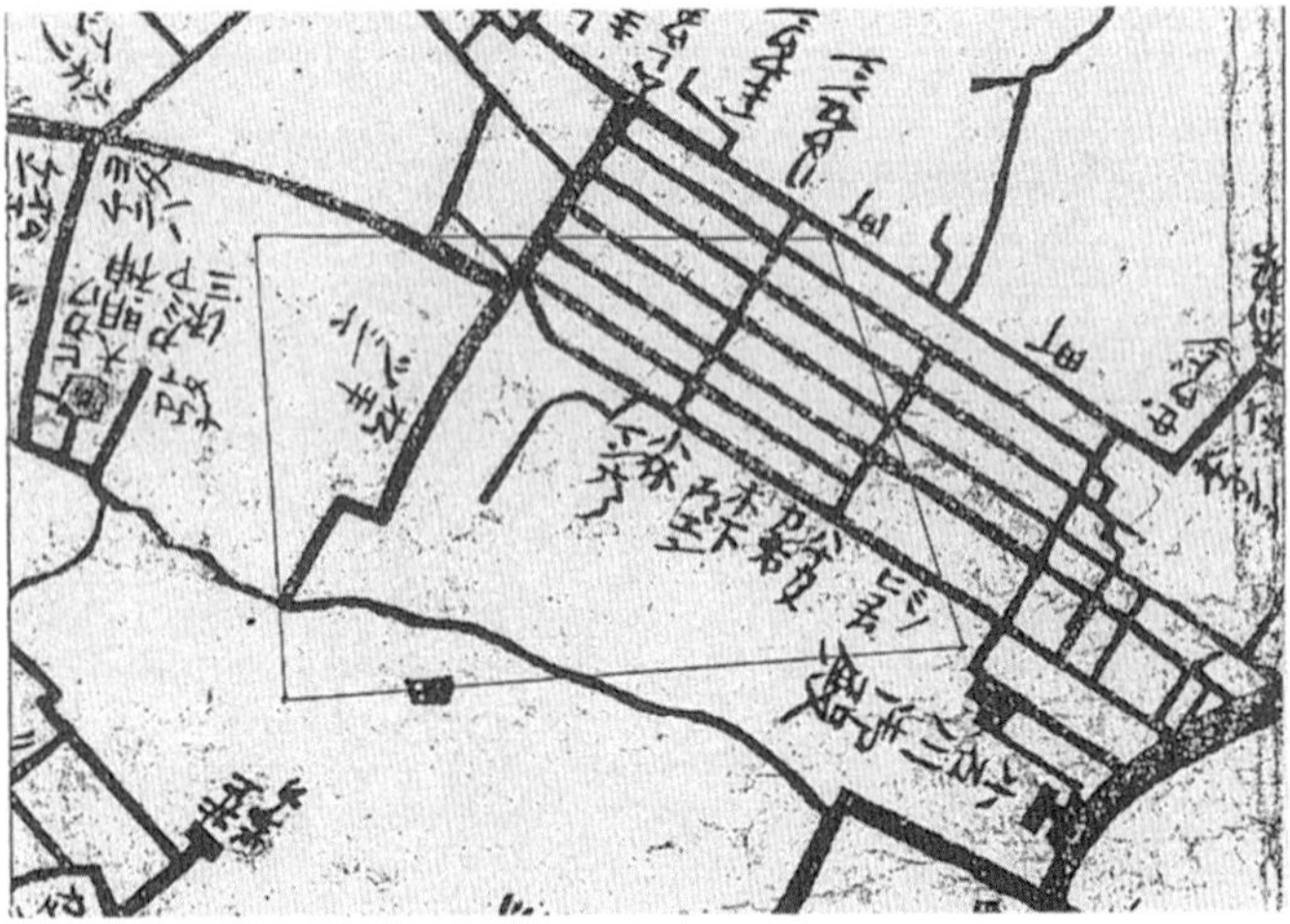

B・元禄3(1690)年『江戸大絵図』

図50　江戸絵図の小石川養生所付近

補助線を加える（『江戸の広場』より転載）

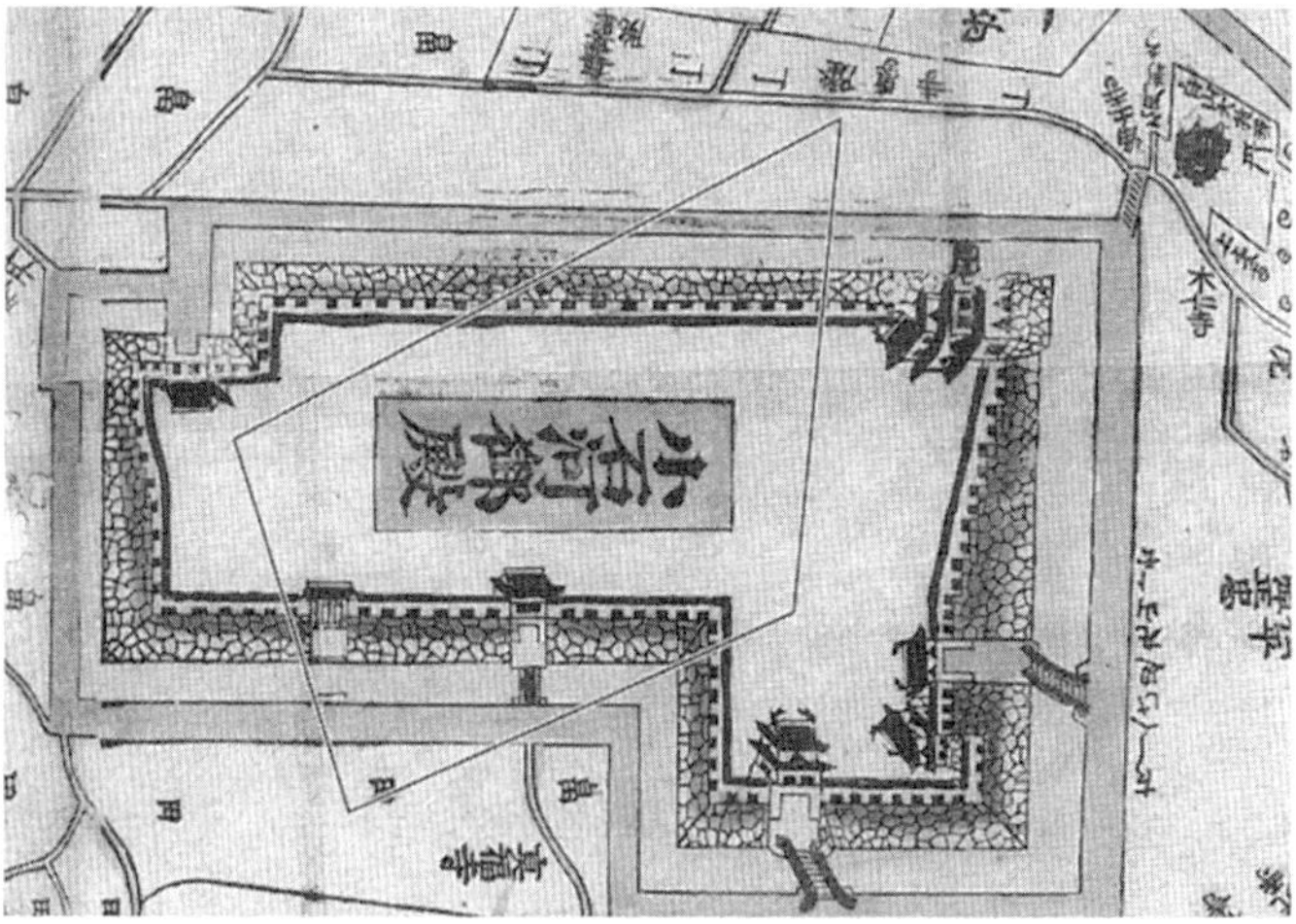

C・宝永3(1706)年『宝永江戸図鑑』

D・天明8(1788)年『江戸分間大絵図』

高く、また、地区内に描かれる情報量を増大させている。とくに影直の天明八年図（一七八八）では、対平均面積比率一・六二という広い画面に、道路数二四、区画数八五、文字情報七九を描き込んでいる。その大半は北の武家屋敷に関わる情報であり、同様の描写が文政一二年図（一八二九）まで引き継がれ、情報量として最多となる。

# 江戸絵図の論理

## 技術の限界と選択

その地区を実際よりも狭く描いているときには情報量は少なく、広く描いているときには情報量が多いか、あるいはさまざまに変化する。大塚富士見坂上周辺と小石川養生所《こいしかわようじょうしょ》周辺、二つの地区から見いだせる江戸絵図の法則は単純である。この法則を、「絵」か「図」かという振れから考えてみたい。

図51の折れ線グラフの実線は絵図の歪み係数の変化を、点線は小石川養生所周辺の文字情報数を現している。歪み係数の線はグラフの上に行くほど正確、つまり「図」的であり、下に行くと「絵」的であることを示す。正保図《しょうほうず》（一六四四〜四五）から宝暦《ほうりゃく》一四年図（一七六四）までは、歪み係数の変化にかかわらず、文字情報は最大で八にとどまってい

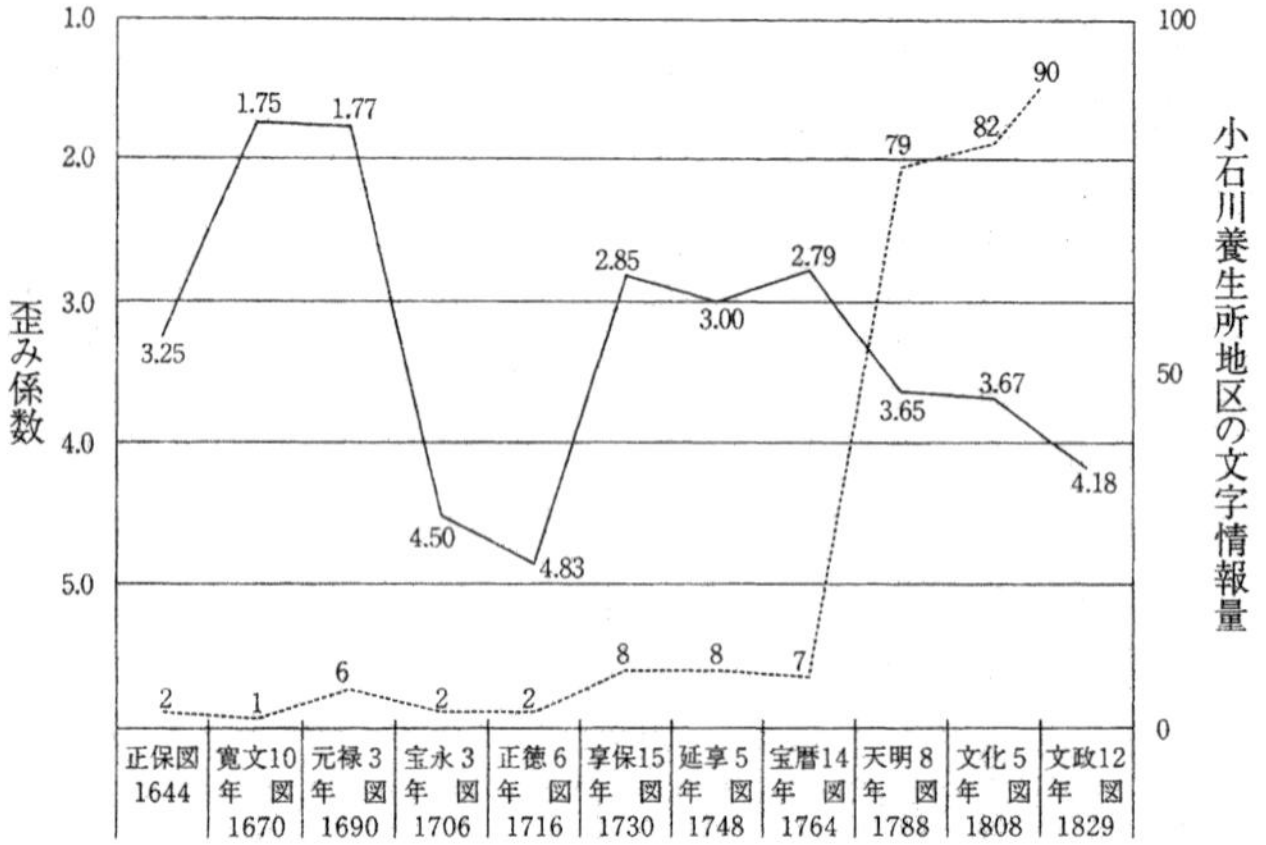


図51　江戸絵図小石川養生所地区の文字情報量と空間描写の歪み

（実線）　小石川地域ですべての絵図に登場する地区の絵図上の面積最大値／最小値

＊1.0に近いほど空間描写が正確

（点線）　小石川養生所地区（図46，47のｅ3地区）における文字情報量（地名・寺社名まで）

る。つまり正確さを重視する道印《どういん》系の分間《ぶけん》図であっても、それに抵抗する表現的な流宣《とものぶ》図であっても、情報量にそれほど変化はない。注目されるのは金丸影直《かなまるかげなお》による天明《てんめい》八年図（一七八八）からの変化である。歪み係数は宝暦一四年図の二・七九から三・六五とかなりの増大（正確さからいえば悪化）を示し、一方では文字情報が七から七九へと、一一倍以上に増えている。その傾向は引き継がれて、文政《ぶんせい》一二年図（一八二九）では歪み係数は四・一八に、文字情報は九〇にまで達する。

すなわち、江戸絵図には測量にもとづく平面の正確な描写に力点を置く絵図と、土地区画や地名、屋敷名などの地域情報を重視する絵図という二つの流れが存在していた。近世後期の江戸絵図は「絵」的に歪むことを容認し、一方で豊富な情報を掲載していたのである。「図」的な絵図の代表は道印図である。空間描写は正確だが、道路と主要な武家屋敷、寺社、町の位置関係を記すのみで、画面は白地図のようにそっけない。一方、道印図系であると自任しているのにもかかわらず、天明八年図（一七八八）以降の影直図は平面描写の正確性を喪失し、かたわら大量の情報を掲載した。

このような情報の構造は木版印刷という技術に由来している。近世日本の木版印刷技術は世界史上、最高のレベルに到達していた。それでも表現可能な一本の線の幅はせいぜい〇・二ミリであろう。ある限られた紙面上に表現できる情報量は、この〇・二ミリという幅に決定的に制約されていた。一方で都市メディアとしての江戸絵図は、一覧できる面積や、広げる部屋の大きさ、商品としての生産性、持ち歩きの利便性などに規定されており、最大でも二畳大という限界があったとみられる。この限られた面積と木版印刷という技術の中では、情報の量を第一に考えるのであれば、情報を増やしたい地区は拡大し、そうでない場所は狭く収めるというやり方を採用せざるをえない。江戸絵図の正確性と情報量とは反比例したのである。

## 選ばれた情報

それでは、どういった情報を重視したのだろうか。

まず、道路で囲まれたひとつの区画に、複数の屋敷が存在する場合に、たんに屋敷名だけを書く場合と、それぞれの面積を反映させて境界線を書く場合とでは、明らかな違いが見られる（図52）。幕府の正保図（一六四四～四五）では武家屋敷の土地区画を表現していたが、道印の寛文《かんぶん》一〇年図（一六七〇）は道路に沿った区画の間口を短い線で示すだけとなり、元禄《げんろく》三年図（一六九〇）以降はそれも失われる。一つの区域に複数の屋敷名や寺社名を書き込むので、規模の大小は把握しづらい。この方法は流宣の図や一八世紀に入るころからの分間図にも引き継がれる。それに対して影直の天明八年図（一七八八）は境界と名称を明示した点で画期的であり、不完全ではあるが、屋敷や寺社の大小をイメージできるようになった。

江戸絵図がもっとも重視したのは武家屋敷である。周縁部分では武家屋敷の描写を契機として地域の姿が現れるといっていい。中小の武家屋敷が描かれていない場合はあるが、大名屋敷をはずすことはない。金丸影直の図はとくに武家屋敷を重視しており、場末《ばすえ》にも目を向けて、個別の屋敷を、その規模にかかわらずできるかぎり表記したとみられる。次

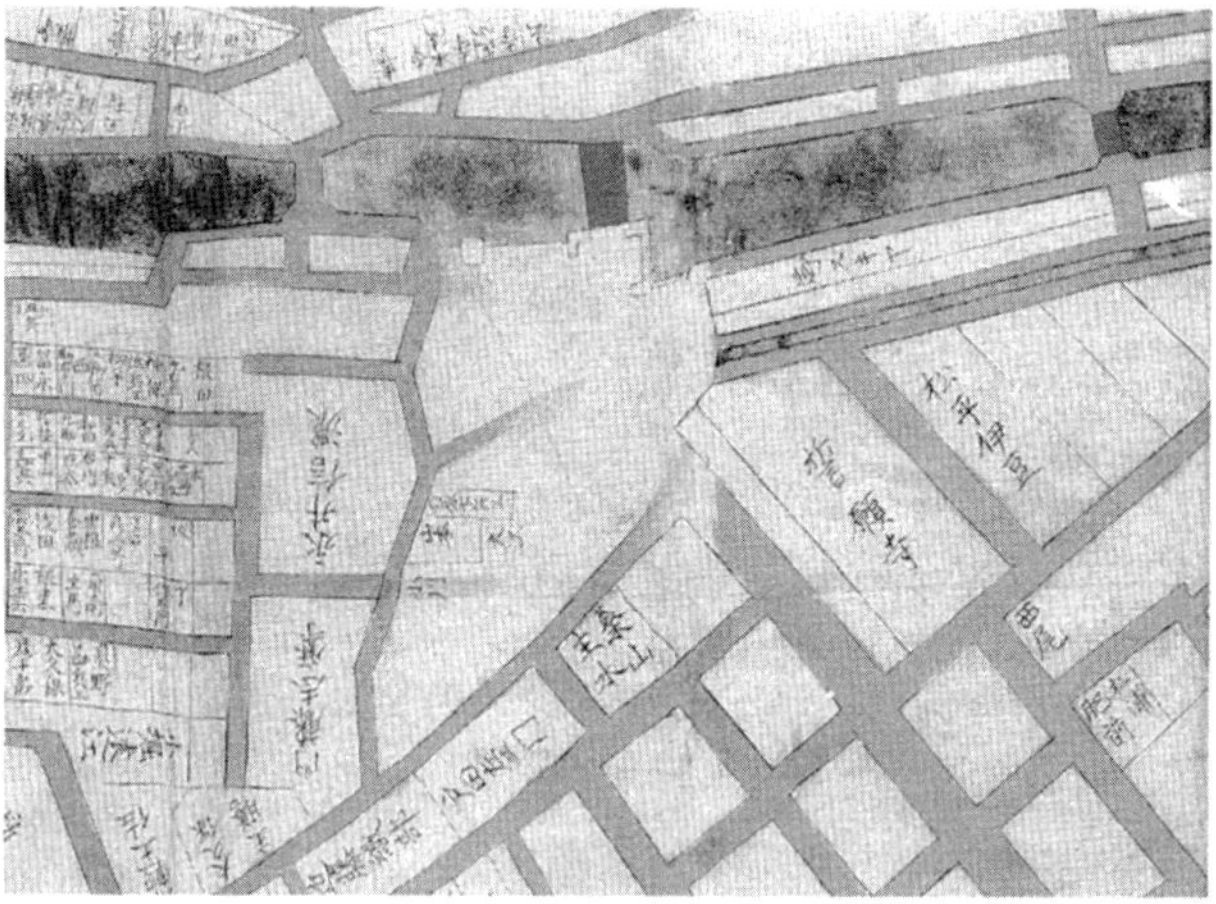

A・「正保江戸図」

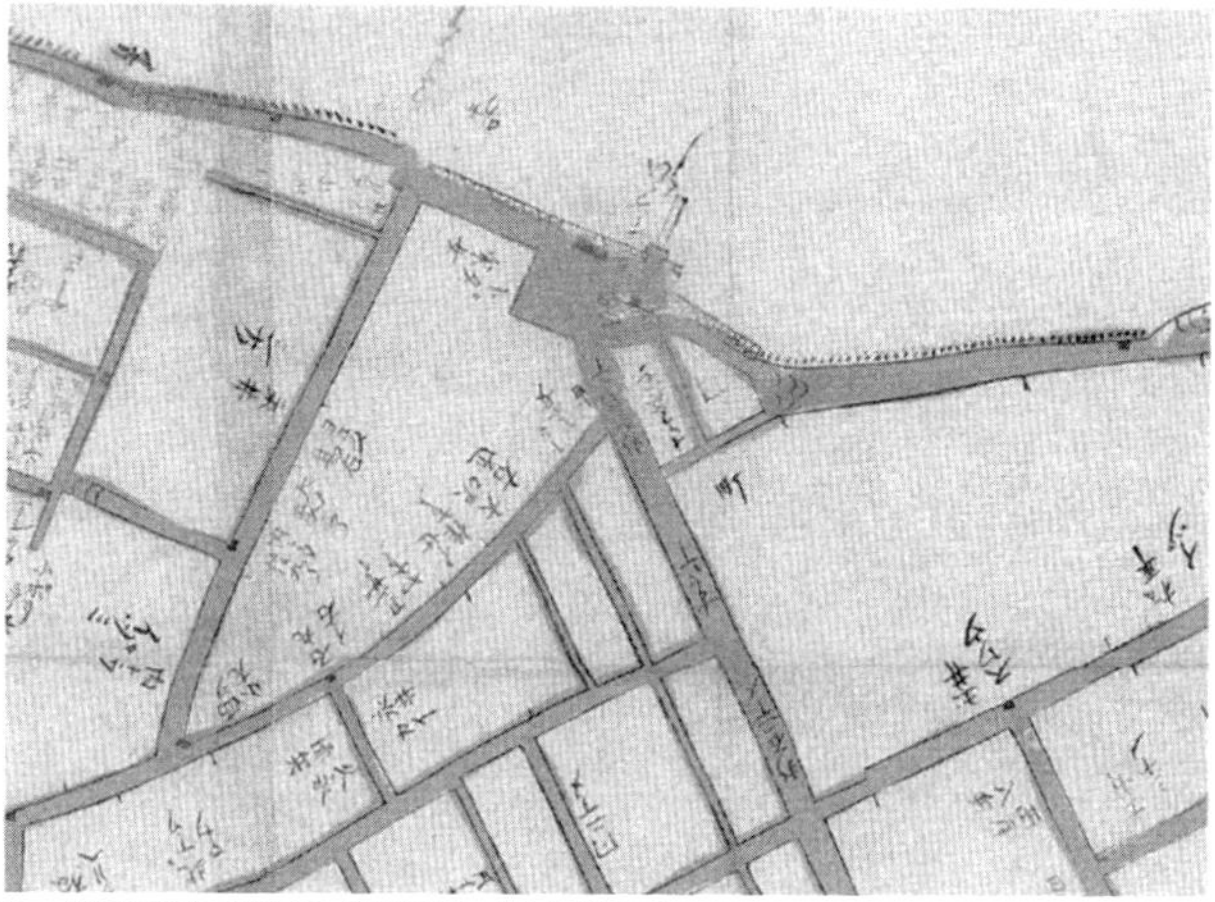

B・寛文10(1670)年『新板江戸外大絵図』

図52　江戸絵図の土地区画描写（筋違橋門周辺）
（東北大学付属図書館狩野文庫所蔵）

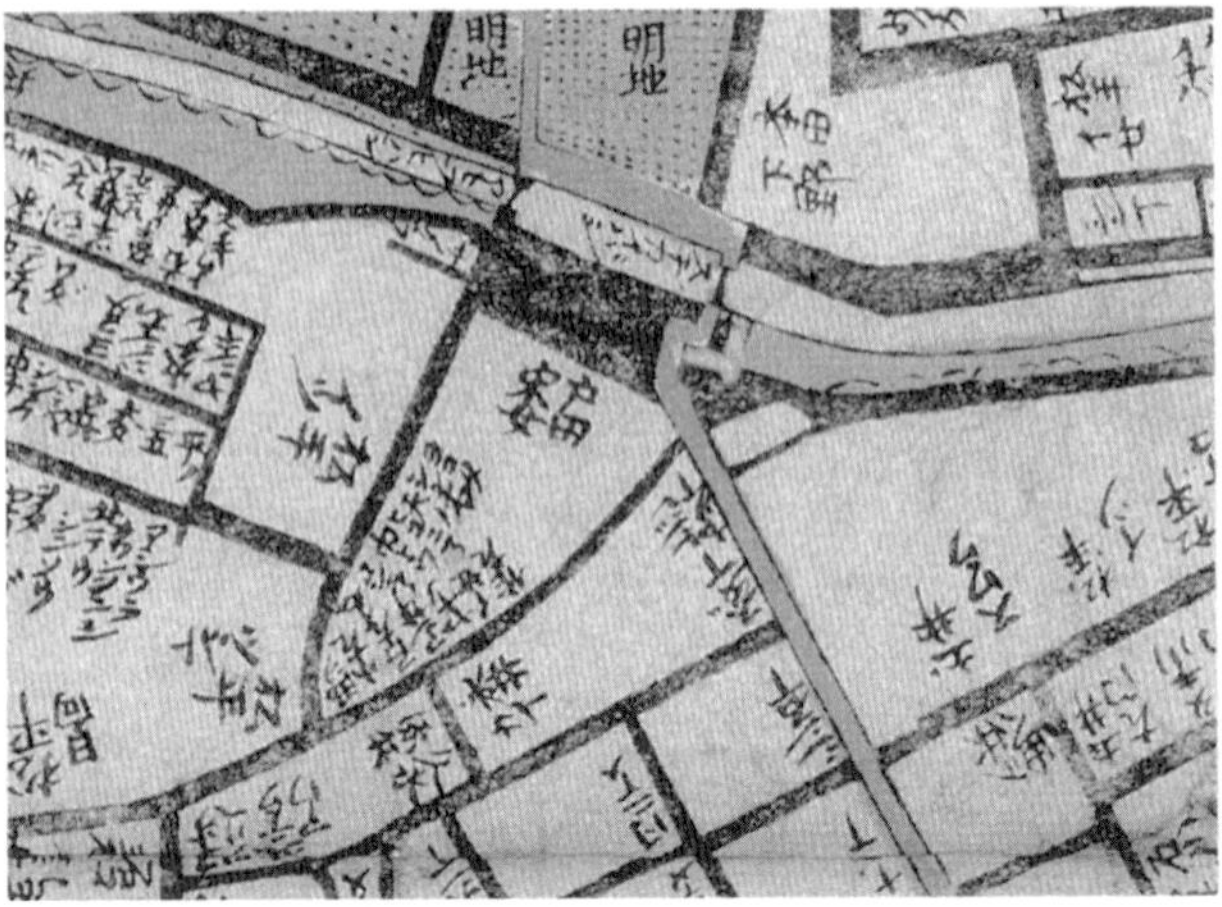


C・元禄 3 (1690)年『江戸大絵図』

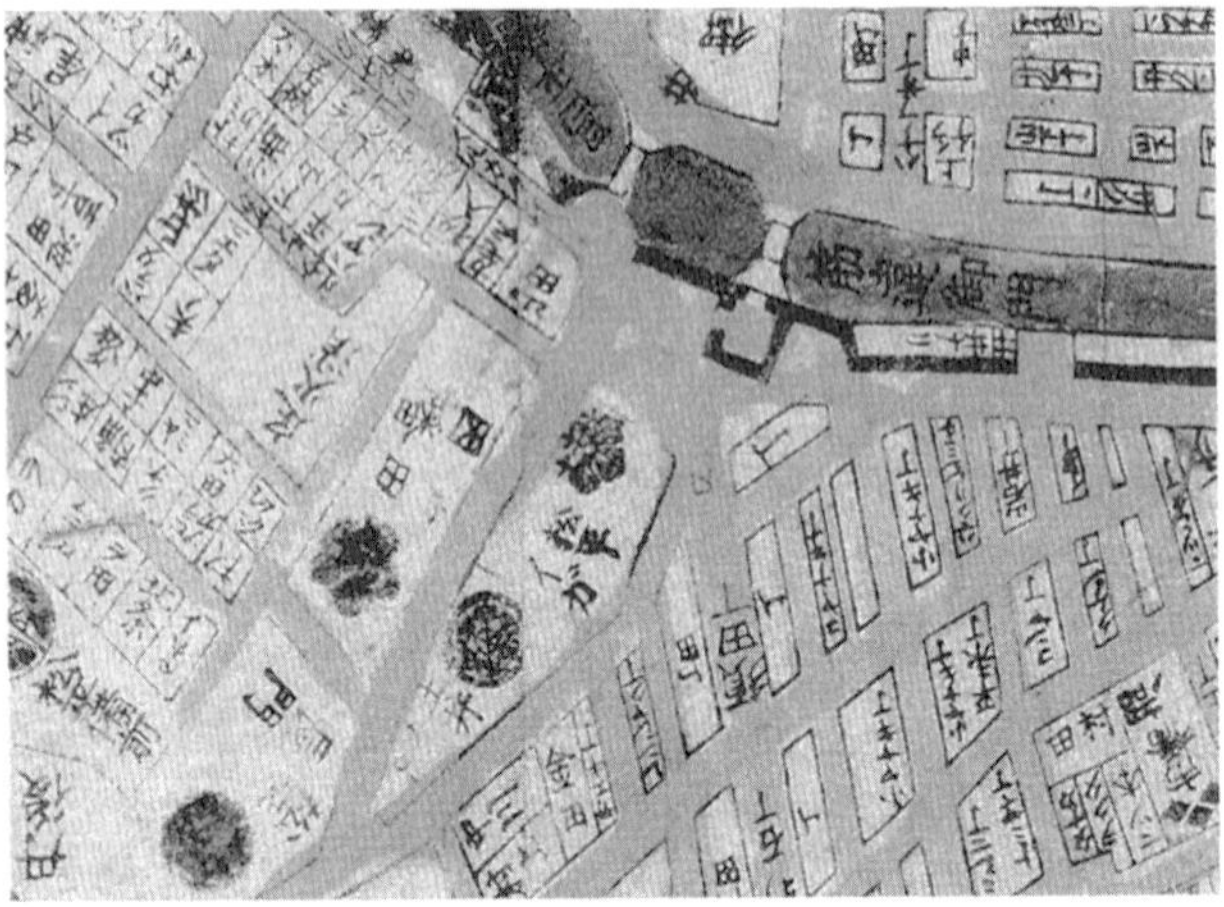

D・天明 8 (1788)年『江戸分間大絵図』

いで、寺社に関する情報を重視したようだ。とくに名所として知られた寺社は必ず描写されており、道印図では位置がわかるだけだが、流宣図以降は主要な寺社を絵画的に描き加えている。道路はすべて描かれるわけではなく、その選択は武家屋敷と寺社への交通に主眼があると考えられる。とくに描写する武家屋敷の増大にしたがって描き加えていく傾向が見られる。

一方、明らかに町屋の情報は軽視された。境界領域では存在していた町を描いていない場合があり、位置が不正確な例も少なくない。その多くは百姓町屋として史料に現れる、村として支配された都市域であった。ほとんどは「町」または「丁」と示すのみで、固有の町名も表記されない。とくに寺社門前町を描かない傾向は強かった。一方、幹線道路沿いにあり、かつ中心部に近づくにつれて固有名を持った町を表記していくという傾向が一貫してみられる。その中で影直図は周縁部の百姓町屋や寺社門前町を正確に拾い上げている点で際だった特徴をもっている。

このように江戸絵図はまず、大名屋敷に代表される武家屋敷、ついで名所となっている有名寺社の位置関係が重視され、中央部に位置するもの以外の町方の情報は少ないという状態で始まっている。場末に展開する中小の武家屋敷や寺社が個別に掲載されるのは遅れ、百姓町屋や寺社門前町などの場末町はさらにあいまいなままに置かれた。分間図が主流になってから後に、このような場末に展開する中小規模の武家屋敷と寺社を描き、またそこへの交通路を描き加えるようになるとともに、空間は歪んでいった。この流れの方向に、さらなる進展を図ったのが金丸影直であったということになる。

## 消える江戸城

場末の情報と反比例するようなかたちで、江戸城は大きく姿を変えた。流れとしてはふたつ、流宣に代表されるような「絵」として描写される方向と、道印のように外側の平面だけを「図」として描く方向といえるが、場末描写との関係はやや複雑である。

まず寛永《かんえい》期の江戸図では郭外の場末地域は捨象されていて、一方江戸城は明らかに拡大して、華やかな「絵」として描かれた。石川流宣の場合、江戸城の絵画的な描写はさらに徹底している。また、一方で将軍別邸・小石川御殿《ごてん》に力点を置いたため、図上の面積としては場末の小石川地区が江戸城を上回った。流宣の図は、将軍を中心とする江戸を描く、という意識において寛永図をさらに強化したといえようか。

それに対して、道印の分間図に現れる江戸城には門や櫓《やぐら》、石垣などの絵画的描写がまったくない。現れるのは外回りの堀の姿だけになる。後の分間図は主要寺社などの名所を絵

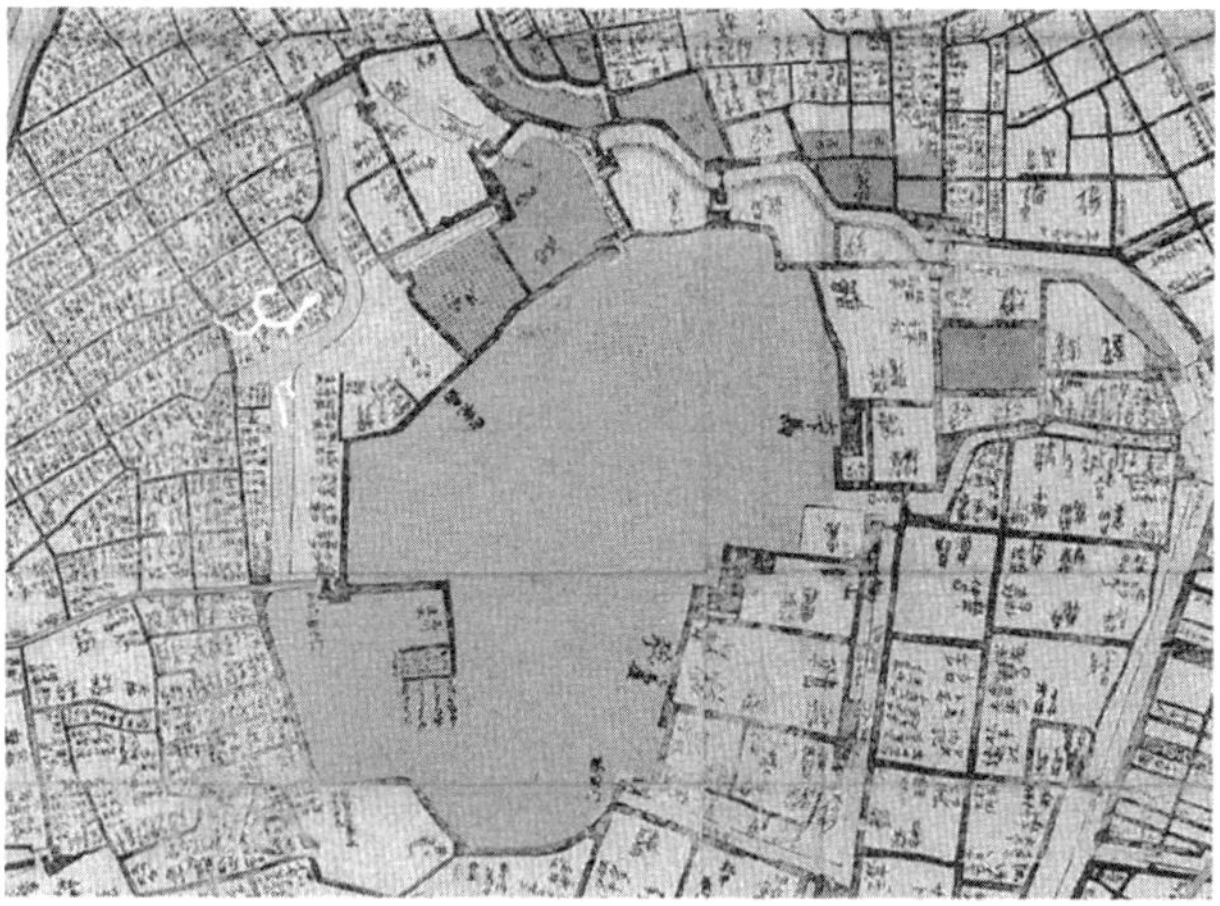

A・元禄3(1690)年『江戸大絵図』

図53　分間図系江戸絵図の江戸城
（東北大学付属図書館狩野文庫所蔵）

画的に描くのに合わせて、江戸城の描写も復活した。ただし、それは外から目に入る門や石垣、堀、高い樹木までに限定される（図53）。流宣の図で天守閣や御殿を描いていた中心部には、三つ葉葵《あおい》の紋と、図によっては「御城」と「西御丸」の文字が大きく描かれるだけになる。さらに影直の図では門、石垣、堀、樹木も消える。このような「絵」の離脱・記号化にあわせて、江戸城を描く面積は小さくなっていった。

江戸城を描くということは本来はばかられることであった。後で述べるように、幕府の側からの規制もあった。寛永図の場合は江戸城内郭部に御三家《ごさんけ》や親藩《しんぱん》、譜《ふ》

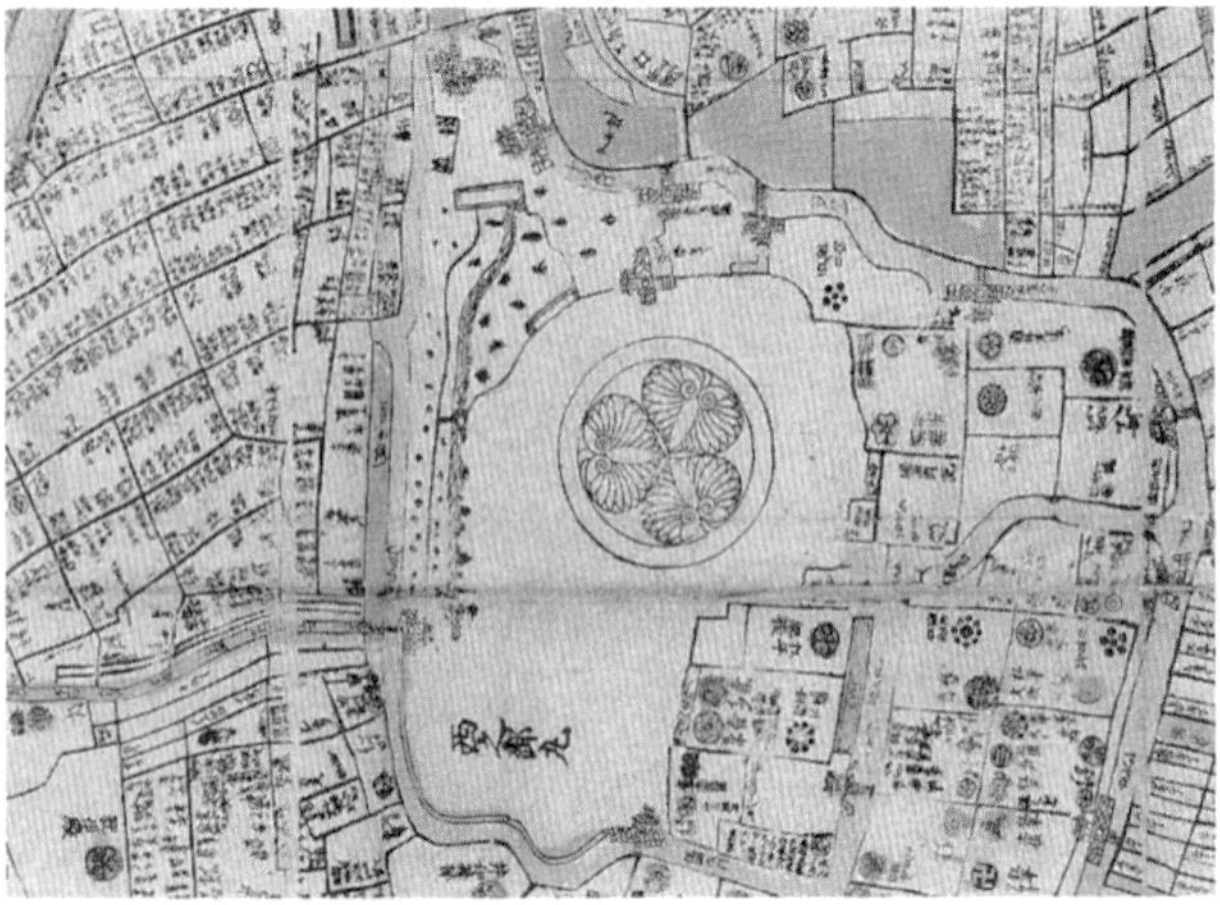

B・享保15(1730)年『分間江戸大絵図』

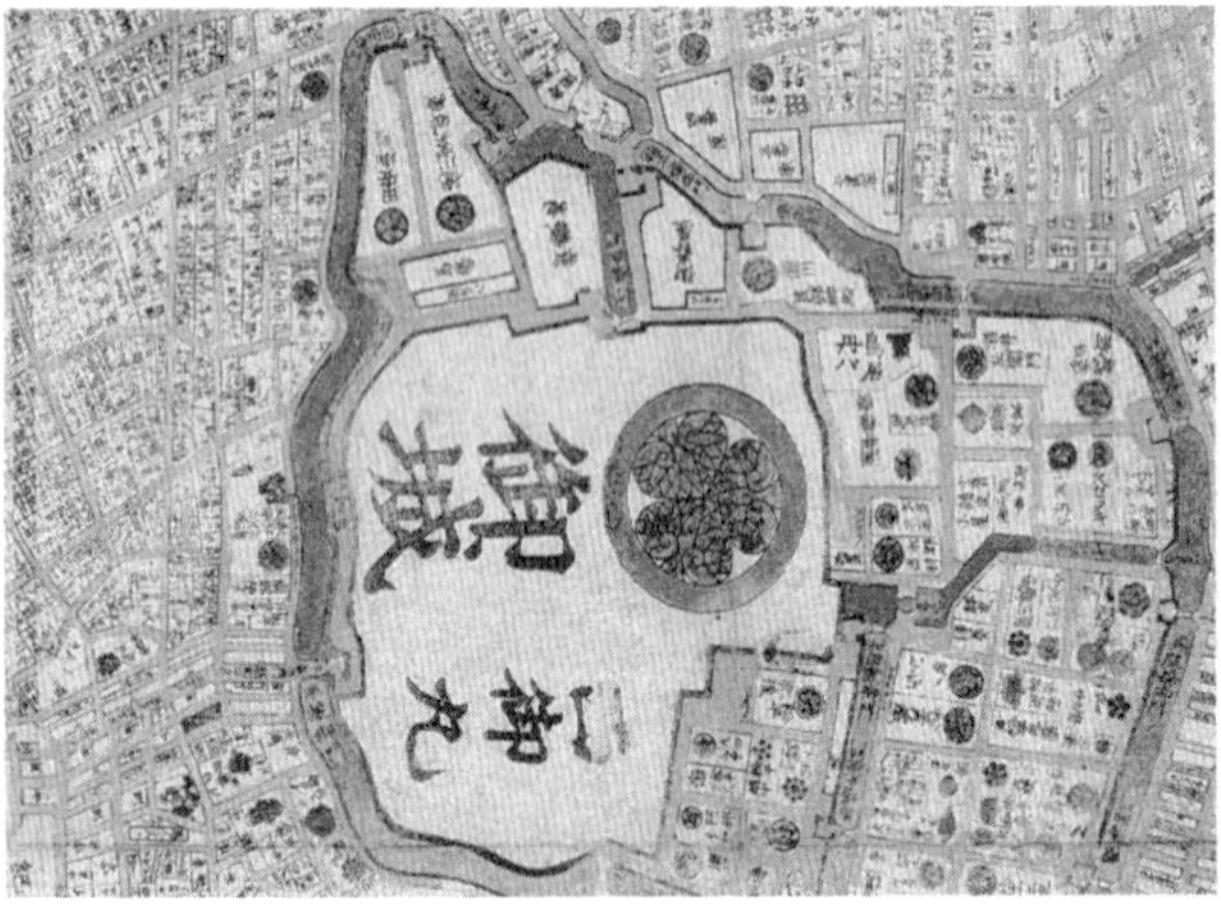


C・天明8(1788)年『江戸分間大絵図』

代《だい》諸藩の屋敷を置いていたこともあって、内側の空間がリアルに描かれていたが、明暦《めいれき》大火を機にそれらの屋敷を外に移動してからは、流宣の図であっても内部の姿は実像とは大きく異なっている。

言い方を変えると実像を描きがたいゆえに、江戸城はまったく方向の違う表現を引き受ける空間となったといえよう。一方は記憶でしかない仮想の天守閣を含めて過剰に描き込まれた江戸城であり、もう一方は、場末をはじめとする市街の実像を描くためにその画面と引き替えに縮小された、空白の江戸城であった。

**江戸絵図はどのようなメディアだったのか**

あえていうならば、日本の近世都市社会は本来、絵図を必要としていなかった。

吉田伸之氏の指摘するように、城下町はもともと一本の木のように枝分かれし、枝それぞれがある程度自立しているという社会構造を与えられていた。町方・寺社方・武家方という身分別の社会が、それぞれ固有の結びつきをもって、一つの都市空間に併存していたのである。一九世紀になってようやく江戸の境界を定めようという論議が起きているように、総城下町江戸もひとまとまりの社会となっていたのではなかった。

このような社会であったので、江戸内部の空間関係は本来、それぞれの社会をたどる支配の経路として、樹枝状に観念されていたと考えられる。町人の場合は、町奉行所から町《まち》年寄《どしより》へ、さらに中期以降は当番名主《なぬし》をへて名主へ、そこから個別の町々を経由して、それぞれのイエに到達する支配が行われた。寺社は寺社奉行から、本寺・本社と末寺・末社の関係をへて、それぞれの寺院・神社に支配が及んでおり、この関係はさらに個別の寺院と檀家《だんか》の結びつきをたどって、イエに到達する。武士はもちろん、幕府内部や大名家ごとにさまざまに編成されていて、またその関係は城内や役宅、大名屋敷における空間関係に反映されていた。こういった樹枝状に伸びる空間関係があり、それぞれの末端であるイエは社会空間として完結することが期待されていた。城下町もほぼ同様の空間関係をもっていた。

したがって江戸をはじめ、城下町では、上位に位置している既知の空間から、下位の既知の空間へと反復される認識の連鎖によって、それぞれの空間が把握されるという原則がある。町年寄は名主を知り、名主はそれぞれの町を知り、また町という共同体が個別のイエを知るという関係が前提になっている。その関係で都市社会が運営されるのだから、そこに末端レベルの名称と位置とを結ぶ情報がなくても困らないということになる。したがって空間情報の一体的な蓄積＝絵図の必要はなかったといえよう。幕府の行う絵図製作は、とくに軍事的な目的を重視して、都市の計画と運営のために基礎情報を入手するために行われたのであって、都市住民への公開は前提にされていなかった。ただし、これはあくまでも近世社会の原理的・原初的なありかたである。

よく知られているように、江戸ではごく早い時期から絵図の出版が行われた。それは近世都市としての江戸が誕生するのと同時に、樹枝状の空間構造では把握しきれない、枝と枝を横断するような社会空間関係が発生していて、それを確認しようという要求に応じたことにほかならない。それぞれの町人や武士は、別の町、別のところに住む町人や武士と知り合い、関係を持ち、その住むところを知る必要があったのである。いわば江戸絵図は、近世社会の原理的なありかたの外側に成立した、日々生じていく新しい空間関係を記述することによって、商品と成り得たのである。江戸絵図における製作者と購買者の共有する都市を眺める論理とは、都市社会のなかで生成するさまざまな社会関係から、そのどれを選択し、強調するかという局面を骨格としているのであり、その変化の過程として、江戸絵図の変化を読み取ることが求められる。

今回分析した範囲では、「図翁《ずおう》」遠近道印《おちこちどういん》の寛文一〇年図（一六七〇）、石川流宣による「反分間」の宝永三年図（一七〇六）と並んで、金丸影直の天明八年図（一七八八）は、大きい画期を作り上げるものであったといえよう。

## 江戸絵図の論理

道印図の技術的な画期性は言うまでもないが、それは基本的に抽象化された道路図であった。この図の中では、社会空間関係を表わす要素は平均化され、背景に退いている。描写されていない寺社や武家屋敷、町はたんに規模の小さい場合であり、上位か劣位かという意識や、中央と場末という序列意識が働いたわけではない。道印の視線はニュートラルに江戸の空間を見つめていた。道印図とは客観的な平面描写を最重要視した、いわば未完の近代図である。「絵」＝主観性は意識的に排除された。

その点、主要な寺社・江戸城・小石川御殿を絵画的に描写する石川流宣の絵図は、名所巡りを目的とする利用者にとっては道印図よりも望ましいものであったのかもしれない。しかし流宣の表現は、絵画的に描写される寺社→名前のみの寺社、郭内を中心とする固有名詞を持った町→場末の無名あるいは描写のない諸町、江戸城→大身の武家屋敷および中心部の中小武家屋敷→周縁部の描かれない中小武家屋敷、という意図的な上下関係の強調を伴っていた。絵図上でくまなく把握できるのは、大身あるいは中心部の武家屋敷、中心部の名前のある町、有名寺社に限定されている。成長しつつある場末に住まう中小の武士や新しく生まれた町々、明暦大火を機会に周縁部に展開した中小の寺や神社にとってみれば、意図的に絵図から排除されているように感じたであろう。その序列は空間規模によるものでもない。たとえば描かれなかった場末の町々は、面積的には中央の町よりも大きい場合が少なくなかった。そして小石川御殿の過剰な描写がある。流宣の「絵」＝主観とは、将軍を仰ぎ見る視線を鮮明にして、そことの距離感から対象を選び取ったものといえよう。それは一方では、空間表現の正確性と情報総量とに対する軽視を併せ持っていたのである。

分間図が主流となって後は、道印の正確な空間表現を枠組みとしつつ、そのなかで情報量＝要素数を増やそうという取り組みが行われた。これは客観化に軸足を持つ道印的な意向を反映したものではあるが、要素を描き込むべき平面＝正確性を求める道路表現に区切られた空間には限界があった。また名所図としての利用を度外視できず、結果的に流宣図同様の恣意的な序列化にもとづく情報の選択が行われた。あくまで結果的ではあるが、宝暦一四年図（一七六四）までは中心に近く、より規模の大きいことを優先するという、流宣図と似た、差別感・排除感の伴う論理が継承されていたといえよう。

### 金丸影直

金丸影直の天明八年図（一七八八）はこのような差別感・排除感の伴う序列表現を大きく脱却したものである。有名寺社の絵画的描写は踏襲したが、中小の寺社を固有名詞とともに網羅している。周縁部の中小の武家屋敷と場末諸町を、完璧ではないものの新たに描き加えた。江戸の全体は、固有名詞を持った、個性ある空間に切り開かれたのである。一方、江戸城の絵画的な描写は廃した。また土地利用境界を明示することによって、大小の序列表現は単なる空間規模関係となっており、恣意的ではなくなっている。情報の総量を重視して、意図的に道印の正確な空間描写を捨て、絵図に盛り込まれた要素における客観性を獲得するのが影直の戦略であったと考えられる。

中小の武家屋敷を重視した背景には、たとえば次のような事情もあった。文化一三（一八一六）年六月二六日、代官《だいかん》竹垣直清《たけがきなおきよ》は朝六ツ半（午前六時ごろ）に家を出て、「暑中見廻」＝暑中見舞いのために各家を訪問した（『竹垣直清日記』東北大学附属図書館狩野文庫所蔵）。訪問した先は二八家に及び、帰着が「九ツ時過」（午後一二時すぎ）となっているので、約六時間にわたって、一つの家を平均一三分弱で回ったことになる。この日を中心とする直清の約二〇日は、儀礼的訪問や贈答の手配、書簡のやりとりに明け暮れた。直清自身、あるいは直清が直接訪問しない場合でも用人《ようにん》や出入りの商人は、合計して数百軒に上る武家屋敷の位置情報を知らねばならなかったことになる。

江戸絵図における情報量＝要素数の増大は、このような都市内部の社会関係の爆発的な増大を反映していた。それを絵図上の矛盾の増大、実際の空間から離れる絵図の歪みを容認する社会的要請として捉えることができよう。つまり地図研究者から「良図」ではないとされる「安価な大衆版」であることこそが、地域情報の総量を重視する江戸絵図の展開を支え、促したと考えられる。多少質が悪くても、多くの人びとに求められ、支えられることで江戸絵図はその姿を変えていったのである。

先ほど述べたように、木版印刷という技術に依存する以上、平面描写の正確性と情報量は反比例する。享保《きょうほう》期以降の分間系絵図の製作者はこの展開をすでに志向していたが、いわば道印図という「容器」に阻まれていた。それに対して、影直は「容器」の側を変更するという転換によって、中身を充実させたといえよう。

幕末になって出版された切絵図《きりえず》は、携帯を考えて府内を部分図に分け、武家地や町屋を色分けし、文字情報を徹底的に添えたもので、これが江戸絵図の最終形態となった。情報量と紙型を優先させたことに起因する空間の歪みは多いが、飯田氏、俵氏は利用者の視線に立ったデフォルメとしてこれを高く評価している。この点はまったく同意するが、切絵図は影直の企図を継承し、さらに分割という手法によって紙型限界を脱したものとして位置づけておきたい。

このように考えていくと、江戸絵図の歴史のなかで、金丸影直という人物の大きさが際だってくる。影直という名は作者としての名前であって、絵図の凡例を見ると、通称は彦五郎といったらしい。この金丸彦五郎影直について、実のところ、何も分かっていない。俵氏の調査によると、彼の手になる最初の絵図は安永《あんえい》元（一七七二）年のものである。その後、影直の名前を記した絵図は幕末まで出版される。それはほとんど毎年といっていいもので、頻繁に転居を繰り返す武家屋敷の実態を追いかけ、生成しつづける新しい町屋を記し、情報は一貫して増大していったが、一方で空間は歪んでいった。九〇年近い製作期間から考えて、幕末期のものは影直自身の手からは離れていたであろうが、彼の姿勢は版元である須原屋の絵図製作者たちに引き継がれたのである。その姿勢には、都市生活者の視線から、その必要に応じてありのままに都市を記述するという一点が貫かれていた。「影直」という名前は、江戸の姿をそのまま記すという自らのありかたを表現したものなのだろうか。

最後に伊能忠敬《いのうただたか》の存在について考えておきたい。その存在は江戸絵図にとって、どのような意味を持っていたのだろうか。

## 江戸絵図における伊能図

文化一四（一八一七）年の伊能忠敬「江戸府内実測図」は綿密な実測にもとづく、格段に精度の高い図であったが、幕府に秘されて一般には公開されていない。しかしその後、それを元にした江戸絵図が出版されたと考えられている。そのひとつが高《たか》井蘭山《いらんざん》による天保《てんぽう》一四（一八四三）年の岡田屋版『天保改正御江戸大絵図』である。東北大学の狩野文庫に弘化《こうか》二（一八四五）年に改訂、再版した『天保改正御江戸大絵図』があったので、調べてみたところ、いろいろと興味深い事実が現れてきた（図54）。

まず、金丸影直らの分間図系統の絵図とは全く違って、道印の分間図と似た整然とした描写に復していることが一目で感じ取れる。先ほどのように小石川、日本橋、江戸城の三地区を見てみるとどれも正方形に近い。面積もほぼ同じで、小石川が最大、江戸城が最小ではあるが、その差は一・一六倍に収まっている。小石川地域に方眼をかけてみると、その正確さは明快である（図55）。歪み係数は一・五八と、一・七台の道印図よりも、さらに歪みは少ない。江戸絵図のなかでは最も正確なものといっていいだろう。最初に述べたように、江戸絵図は「絵」から「図」へ進み、そしてふたたび「絵」的になった。だが実態

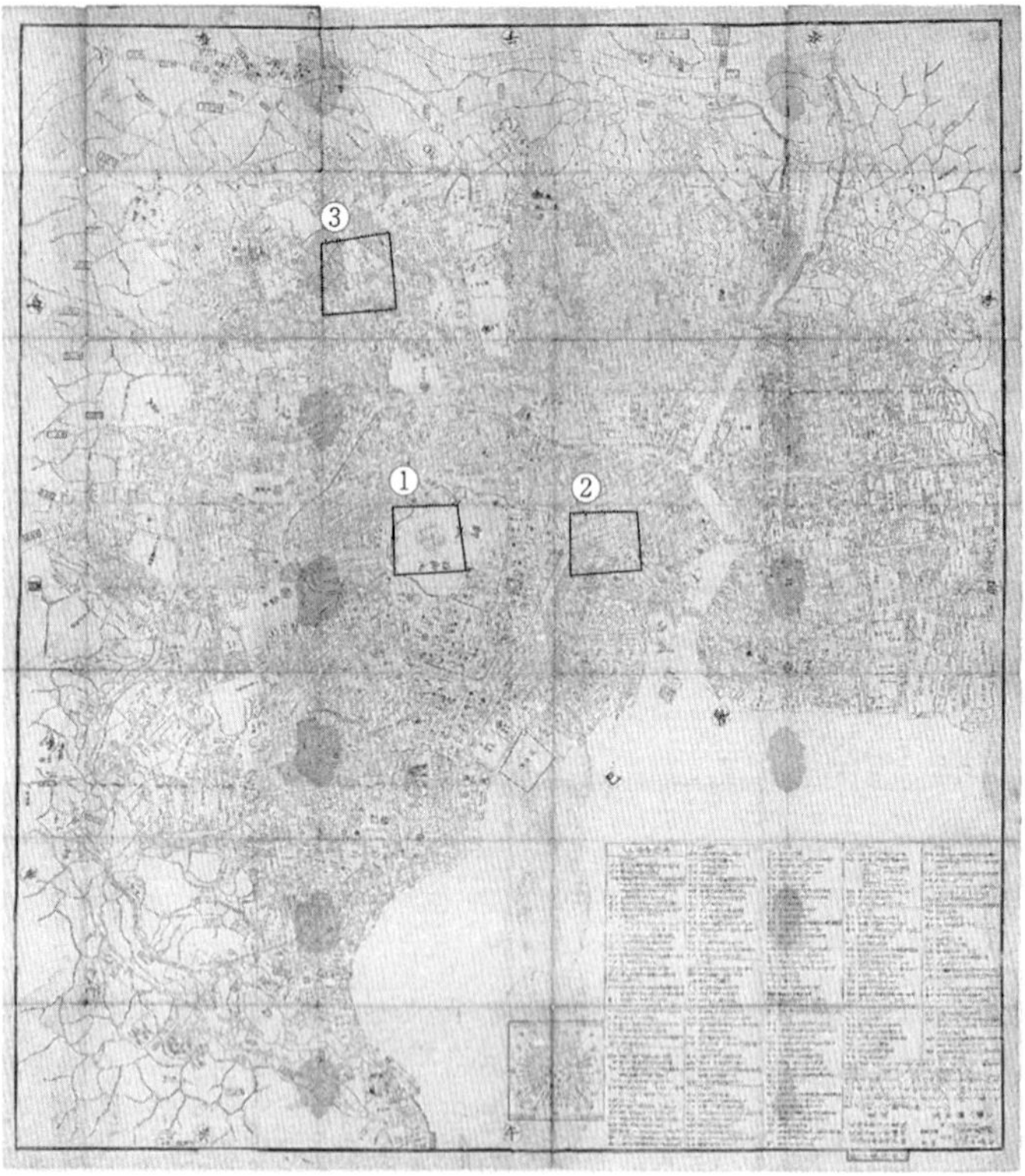


図54　弘化2（1845）年『天保改正御江戸大絵図』
高井蘭山作．補助線，符号を書き加える（東北大学付属図書館狩野文庫所蔵）

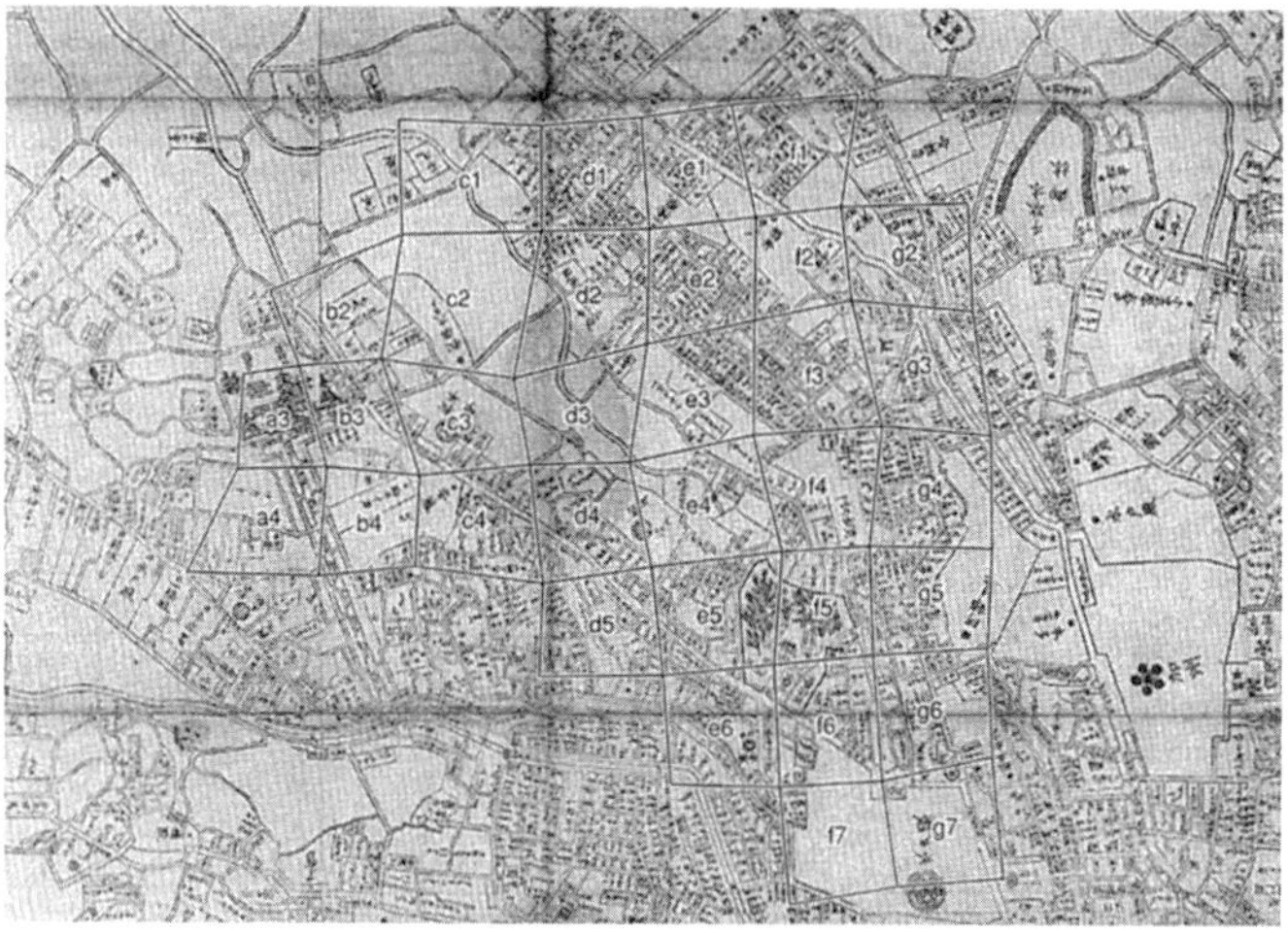


図55　弘化２(1845)年『天保改正御江戸大絵図』の小石川地区
補助線，符号を書き加える（『江戸の広場』より転載）

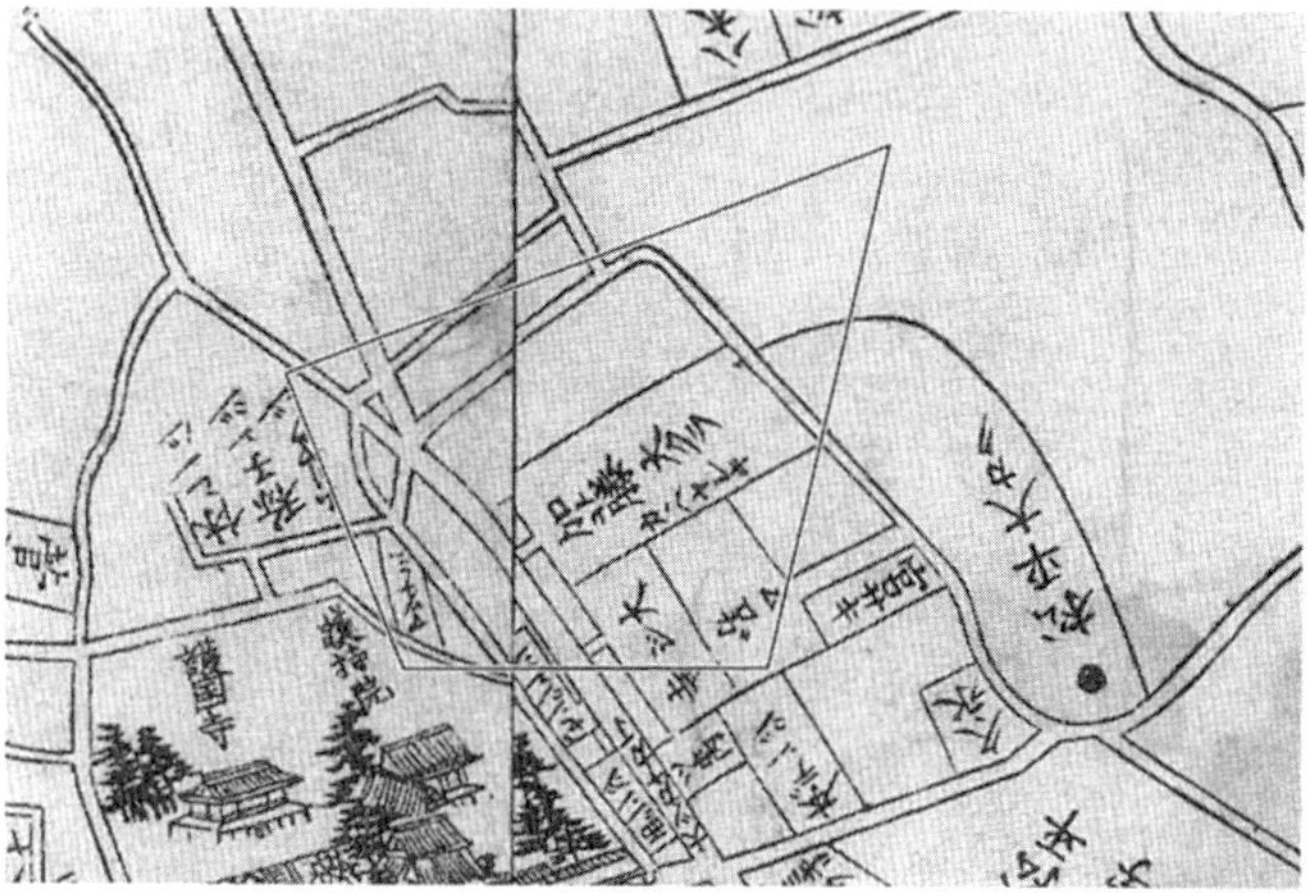

図56　弘化２(1845)年『天保改正御江戸大絵図』の大塚富士見坂周辺
補助線を書き加える（『江戸の広場』より転載）

はもう一段複雑で、最後にさらにもう一度「図」にもどす動きが起きていたのである。ミクロに見ていくとどうだろうか。

大塚の富士見坂上周辺は、影直系の分間図とは一変して、道路や区画の形状・位置関係が正確になり、その数も増大する（図56）。対平均面積比は〇・八六あり、影直の図が〇・四二から〇・四四であったのと比較すると、二倍の画面を割り振っていることになる。土地区画数は最多の一八となる。文字情報も六あり、影直図の八と大差ない。しかし、道路以外の境界を一部に示しているが、中小の武家屋敷は再び道路で区切られた区域に複数の屋敷名を書き加えただけになり、画面の情報密度という点ではかなり後退している。さらに、大塚上町の区画と地名を記さないだけではなく、左右に大塚上町が展開する往還上に「大ツカナカ丁」とある。これは明らかな誤記である。また大塚町・大塚仲町・大塚窪町・高源院門前をひとまとめに「大ツカクボ丁」と記している。寺社名はわずかに増えているが、名所の一つである大塚波切不動《なみきりふどう》の位置は明らかに間違えている。つまり、全体に情報の質に問題が多い。

小石川養生所周辺では対平均面積比一・一一とこれもかなり正確な状況になっている（図57）。したがって相対的には画面は縮小しており、情報量は大きく減少した。影直の天明八年図における土地区画数八五に対して一二、文字情報は七九に対して三六になっている。とくに武家屋敷名の減少は目立っていて、影直の文政図では八二あったのに弘化二年図は三三と、四割近くに落ち込んだ。書かれなくなった屋敷名は中小武家のものである。

　つまり、正確であろう＝「図」的であろうとすると情報の質量に問題が生じるという江戸絵図固有（おそらくは近世絵図固有）の原則がまた、近代地図といっていい伊能図を底本とした弘化二年図にも作用したのである。弘化二年図は道印の図と同じように、道路を正確に描写することを重視しているが、一方で地域情報を軽視してしまった。平面表現の修正は、それまでの絵図が蓄積してきた地域情報を大幅に失わせる結果を招いたのであった。

図57　弘化2（1845）年『天保改正御江戸大絵図』の小石川養生所付近
補助線を書き加える（東北大学付属図書館狩野文庫所蔵）

　江戸絵図は木版印刷という技術に依存している以上、近代図法へ接近するほど、すなわちより「図」的に正確であろうとすればするほど、情報としての欠落、錯誤を招くメディアであった。近代図法へ接近すること＝地図として完成されることは、江戸絵図としての達成ではなかった。江戸絵図は、巨大都市江戸に暮らす人びとや、あるいは首都を訪れた旅人たちにとって、この都市で生きるための必要に合わせた情報が十分蓄積されているかどうかが、その価値を決定した。おそらく金丸影直ら分間図系の絵図師たちは、数多くの人びとの需要に応えるために、また支えられて、正確さをあえて放棄したのである。正確な地図から距離があるかどうかという軸で、彼らの仕事の質を問うわけにはいかない。

# 『江戸名所図会』の虚実

# 名所図会の時代

## 名所図会の時代

長患いの床にあった岡本綺堂《おかもときどう》は『江戸名所図会《えどめいしょずえ》』を読み耽《ふけ》っていた。「そのうちにふと頭へ浮かんだ事は、この名所図会が昔から大抵の家には供えられていて、それから沢山の小説や戯曲も出たろうし、講談や人情話も生まれた訳で、どのくらい人のためになっていたか判らない。自分も文筆に携わる以上は、小説もよし脚本もいいが、一生に一つ、こういったような、後世人の為になるような書物を残したいと思った」（岡本経一「あとがき」『半七捕物帖《はんしちとりものちょう》巻の一』青蛙堂選書）。

一九一七（大正六）年、綺堂の構想は『半七捕物帖』の最初の作品「お文の魂」に結実する。捕物帖という文学形態の創始であった。池波正太郎は「見るといえば、この『江戸名所図会』ほど頻繁に見る書物は他にない」、「その絵の一つ一つを見ていると、連想は連想を生み、ときには、私のように時代小説を書いているものには、名所図会中の一枚の絵から、一篇の小説の発想を得ることもある」と語った（「恩恵の書巻」『日本名所風俗図会四』付録、角川書店、一九八〇年）。『江戸名所図会』は私たちの江戸イメージを決定づけた作品である。

天保《てんぽう》五（一八三四）年正月に刊行された『江戸名所図会』は、二ヵ月後には売り切れ、増刷を重ねた。知り合いから購入を依頼された滝沢馬琴《たきざわばきん》は版元を訊ねたが、評判がよく、たくさん売れてしまい、来月にならないと間に合わないと断られてしまう。明治時代にも再版は続いた。綺堂のいう「大抵の家には」備えられていた『江戸名所図会』とは、新しい版であったのかもしれない。

名所図会とは、寺社や旧跡、街道などの情報に、実景を描写する挿絵を数多く添えた、現代のガイドブックの走りともいえる地誌である。安永《あんえい》九（一七八〇）年の『都名所図会《みやこめいしょずえ》』がはじまりで、当時の人びとにひろく歓迎され、各地の名所図会が次々に出版された。だが文化《ぶんか》中期から約三〇年、再版はあるものの、新刊の発行はほぼ途絶える。そこに現れた『江戸名所図会』は、質・量ともに以前の名所図会を大きく凌駕するものであった。その成功に刺激を受け、紀伊《きい》・厳島《いつくしま》・尾張《おわり》・成田などの名所図会が相次いで出版され、第二のブームとなる。また、『狂歌江都名所図会』『東京名勝図会』などが『江戸名所図会』のその後を追いかけ、幕末から維新期の江戸〜東京を彩った。

七巻二〇冊におよぶ『江戸名所図会』の作者は、江戸町名主《まちなぬし》斎藤家三代、幸雄・幸孝・幸成（月岑《げっしん》）である。版元は須原屋茂兵衛・伊八、挿絵六五六景は江戸の漢画家、長谷川《はせがわ》雪旦《せったん》とその子雪堤《せってい》が描いた。まさに江戸の自画像である。斎藤幸雄は『都名所図会』に刺激され寛政《かんせい》一〇（一七九八）年に出版許可を得たが直後に死去、子の幸孝も作業半ばで他界する。文政末期から孫、月岑による編纂が本格化し、天保五（一八三四）年・天保七年の二回に分割刊行された。斎藤家四〇年の執念の結実であった。

## 記号化による表現

プロローグで触れたように、『江戸名所図会』の挿絵は江戸の姿を詳細に描き出す。描き手の主観を排除した「図」というべき迫真性を持って、私たちを魅了するのである。

「本町薬種店《やくしゅだな》」の挿絵を覗いてみよう（図58）。初夏なのだろうか、軒先《のきさき》を燕たちがかすめ、行き交う人びとは笠をかぶり、日傘を傾けている。薬種店らしい店の暖簾《のれん》には「鰯《いわし》屋」とある。「白龍香」「錦袋子《きんたいし》」「安産膏《こう》」などの文字は薬の名前なのだろう。登場人物

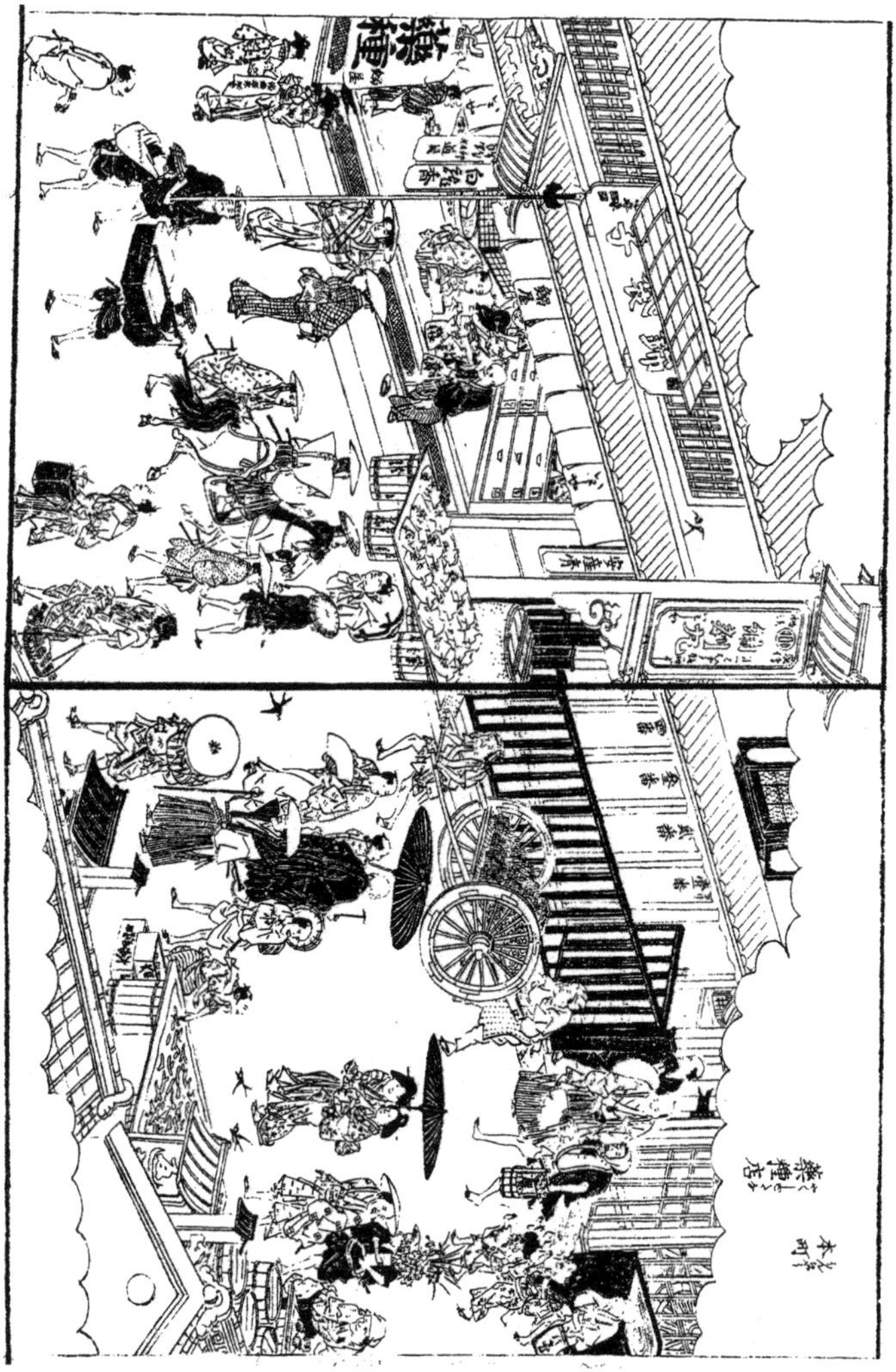


図58　『江戸名所図会』「本町薬種店」（東北大学付属図書館狩野文庫所蔵）

は四一名、武士・武家奉公人《ぶけほうこうにん》・僧侶・医師・大八車《だいはちぐるま》の牽《ひ》き手・鳥追《とりお》い（女性芸人）らしい女性と、その姿はていねいに描かれている。右上の一団は願人坊主《がんにんぼうず》とそれを追いかける子供たちだろう。願人坊主の左手は釈迦《しゃか》像を入れた手桶《ておけ》をぶら下げている。願人坊主は神仏への代参を行う下級聖職者であったが、寺社への帰属関係はあいまいで、物乞い同様に見なされ、賤視される場合も少なくなかった。このように『江戸名所図会』は今日の通念からいって描写が憚られるような人物像も見逃していない。この絵以外では、たとえば歩行が困難な者が使用していた「いざり車」が描写され、橋のたもとや参道の点景として物乞いらしい人物が描かれることも多い。

『江戸名所図会』の挿絵は、視点距離が長くなるにつれて法則的に省略し、かなり遠方の対象物も記号化して表現するという特徴がある。これは距離によって、おおむね四段階に区分できる（図59）。

①　近景＝視点から一〇メートル内外。男女・老若・身分・職業など人物の属性、服装の特徴（とくに文様）、個々人の容貌、建物の部材、小鳥などの小動物、店先の商品内容に至るまで精密に描き分ける。本町薬種店図はその例で、たとえば瓦一枚一枚は丁寧に描かれ、種類を容易に識別できる。

① （近景）「主水井」

② （中景）「今川橋」（左半）

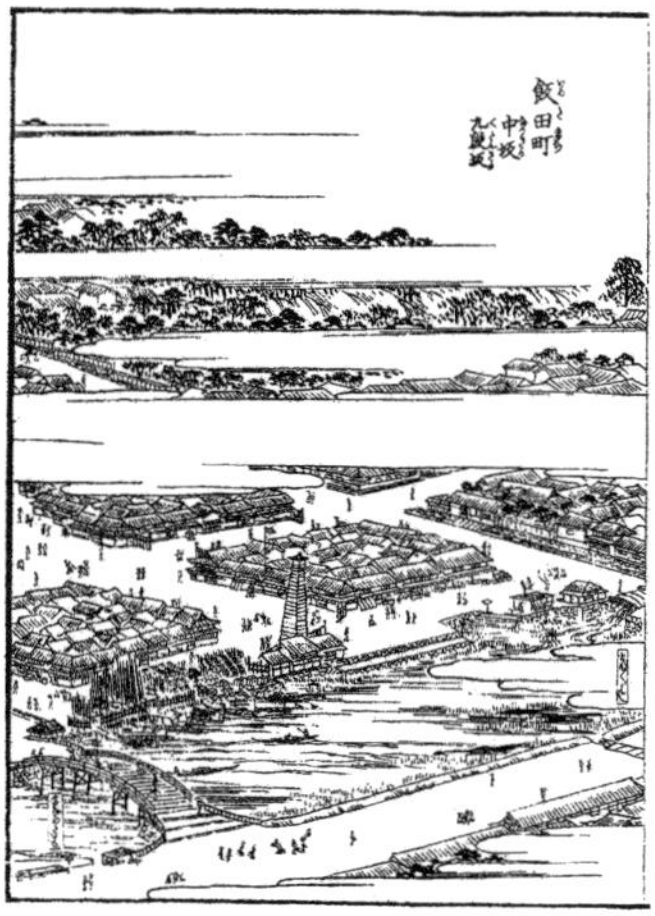


③（遠景）「飯田町・中坂・九段坂」（部分）

④ （超遠景）「江戸東南の市街より内海を望む図」（部分）

図59　視点距離による『江戸名所図会』挿絵の変化
（東北大学付属図書館狩野文庫所蔵）

②　中景＝数十メートルくらいまでのもの。目・鼻・口は一本の線で表現され、容貌の特徴はうかがえないが、服装や髪型、持ち物から人物の属性を判断できる。瓦葺《かわらぶき》家屋の場合、棟の先端に鬼瓦《おにがわら》を描き、棟と軒をそれぞれ二〜三本の直線で表現している。屋根面には瓦の連なりを示す縦の平行線がある。

③　遠景＝対象から一〇〇メートル以上。顔は目鼻が消えて白抜きとなるが、服装や髪型のアウトラインは読みとれる。瓦葺の表現は、屋根面の縦の平行線と、屋根を直線で四角く区切るという描写をぎりぎりまで行っている。

④　超遠景＝対象から数百メートル。人物は縦の短い線としてのみ表現され、屋根はすべて白い方形となり、材質は不明となる。

つまり記号化によって、百数十メートル隔てられた遠景段階まではなんとか個別の人物や事物を見分けられるのである。私たちの肉眼では数百メートル隔たってしまうと識別はかなり難しい。『江戸名所図会』の挿絵は肉眼レベルの識別能力を確保しているといえよう。

## 人物表現の工夫

たとえば、本町薬種店図のように、近景に描かれている武士は、大小の刀を差し、羽織《はおり》・袴《はかま》を着用しているなど容易に判別できる（図60a①）。これは『江戸名所記』の時代から変わらない。

図60　『江戸名所図会』挿絵の人物表現
（東北大学付属図書館狩野文庫所蔵）

首から下が隠れている場合、指標は髪型である。この時代、男性の髪型は銀杏髷《いちょうまげ》が基本となっていた。月代《さかやき》を剃りあげ、後部の髪を束ねて前に二つ折りにし、根の部分で結ぶかたちである。武士の場合、刷毛《はけ》先を固めて、折りの部分を長く突き出す形態が基本であった。とくに旗本《はたもと》、御家人《ごけにん》の「大銀杏」は髷が大きい。問題は手ぬぐいで頭を包んだ者である。当時の武士には、遊里・盛り場・芝居小屋などに出入りするときに、身分を隠すために頭を包む習慣があった。角張って突き出した手ぬぐいの場合は、手ぬぐいの下に大きい髷＝大銀杏があるという表現であろう。つまり盛り場の空間にいる角張った手ぬぐい姿は武士であると判断できる（a⑤）。このような頭部の描写による識別は中景が限度である。遠景へ武士の姿を追ってみると、目鼻立ちの描写が消え去る段階でも、腰の部分から二本の線をつき出している表現が残る（a②）。両足の間に一本の線を入れているのも、袴を穿いているという象徴的表現らしいが、近景に袴を穿いていない武士もいる。つまり二本差しの表現が武士のぎりぎりの識別点であり、記号となっている。

近景から中景の武家奉公人は木刀一本を帯に差し、黒半纏《くろはんてん》を身にまとう人物として現れる（b①）。遠景では一本差しと墨塗の衣装が判別点である（b②）。女性の場合、江戸後期、年若いと島田《しまだ》、年かさになると丸髷《まるまげ》が、身分にかかわらず、不文律のようになっていたといわれる。服装から身分を判断することも難しい。とはいっても男女の区別は明快で、横に幅広い女髷が識別点となっている。遠景では、男性とは違う横に角張った頭部となる（c①）。また、男性よりも着物の裾を長く着付け、裸の足を見せることはない。遠景では足の部分が長い三角形になっている。幼い子供は、髪型や衣装で男女を区別することは難しいが（d①）、遠景でも体が小さいという点で見分けることができる（c②）。剃髪《ていはつ》の場合、中景までは、墨染め僧衣の僧侶（e①）や羽織《はおり》姿で薬箱を携えた医師（e②）、杖をつく按摩《あんま》（e③）といった特定の身分を判断できる。

町人男性（f）にはさまざまなバリエーションがあって、本町薬種店図では裾をまくり上げた大八車の牽き手や、大きいふろしき包みを背負う商店の奉公人らしい者、店先で薬種を商う者などが見て取れる。一般の町人は髷の小さい「小銀杏」「細銀杏」に結い上げていた。だが、遠景の人物像において、成人の町人男性をまとめ上げる記号は発見できない。『江戸名所図会の世界』のなかで、最も多かったと考えられる人物群は、武士・武家奉公人・女性・子供・医師や按摩などの特定の身分を除いた、それ以外としてとらえられるにとどまる。このカテゴリーには百姓も含める必要があろう。

この人物描写の方法を利用して、都市空間と人びととの関係を探ることができる。たとえば江戸三大盛り場の一つ、両国《りょうごく》橋の図には二〇〇三名の人物を確認できる（図61）。かなり視点距離をとった絵がらで人物像の省略・記号化が進んでいるが、それでも二本差し・一本差し・女髷・身体の大きさの四つの表現は心掛けていたと考えられ、つまり武士・武家奉公人・成人女性・子供の四カテゴリーの傾向は把握できる。

## 遊ぶ武士の激減

空間は大きく四つに分けることができる。まず、西広小路（図61A）と東広小路（B）の空間が両国の盛り場空間である。広小路の空間に接して、一般の町屋空間もあった（C）。橋の空間には、両国橋（E）のほか、柳橋・一つ目橋・難波《なにわ》橋（F）がある。さらに舟の行き交う隅田川水上の空間（G）を見なくてはならない。四つの人物群は各空間でどのように現れているだろうか（表5）。

**武士**　識別可能な人物一六〇八名のうち、武士は六六名＝四％と少ない。広小路・町屋・橋の各空間でそれぞれ約五％を占めているが、水上の空間にはまったく認められない。この欠落が、図全体の比率を押し下げたといえよう。

**武家奉公人**　武家奉公人は三七名＝二％を確認できる。水上空間に現れないことは武士

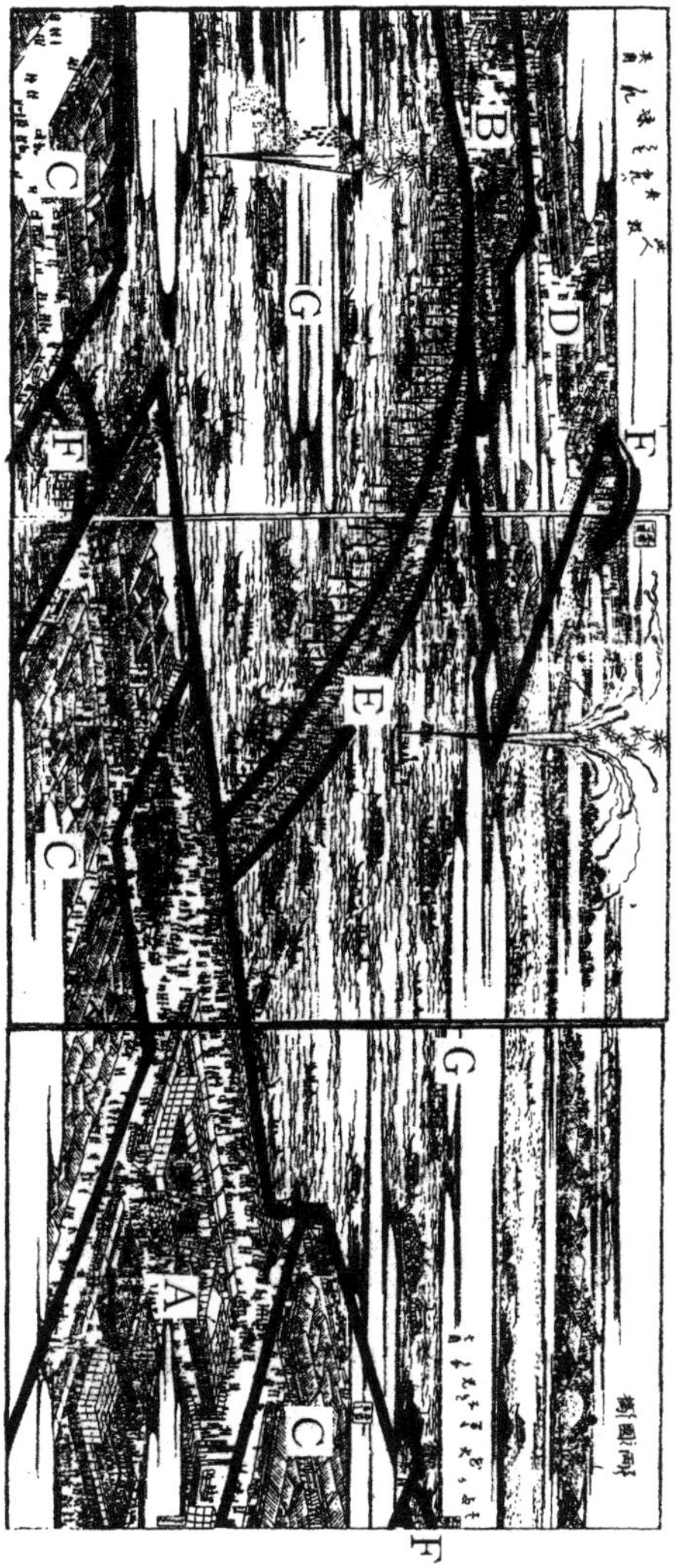

図61 『江戸名所図会』両国橋図の空間（東北大学付属図書館狩野文庫所蔵）

同様で、それ以外の空間でも武士より必ず少ない。武家奉公人は特徴的な衣類や持ち物を身につけていないと、髷が町人と変わらないため、識別不可能な男性群に紛れ込んでしまう。したがって、画像に現れるのは武士に付き従うという本来の業務に就いている場合を示していると考えておく必要があるだろう。

**成人女性**　女性は二四一名＝一五％と限定されているのにもかかわらず、町屋の空間ではほぼ四分の一の二六％を占める。一方、広小路の空間では半分の一三％に激減する。橋の空間に現れる割合はその中間的な数値になっている。盛り場の成人女性は茶汲み女や矢《や》場《ば》女などのサービスを提供する側に立つものが多く、わずか一一人ではあるが舟の上に確認できる女性も芸妓ではないかと考えられる。

**子供**　子供は二一名＝一％ときわめて少ない。水上の空間にまったく見られないほか、どの空間でも一～二％を占めるのにすぎない。ただし体が小さい子供は成人の陰に隠れてしまうので、両国橋の雑踏などでは、画面に登場しづらいといえよう。

武士・武家奉公人・成人女性・子供。それ以外は大部分、町人の成人男性であったということになる。百姓や医師、宗教者も含まれてはいるだろうが、両国橋以外の挿絵から見て、それほど多い人数ではないと推測できる。すなわち識別可能な人物一六〇八名のうち、

表5　『江戸名所図会』両国橋図の空間と人物

| | ①成人男性 | | | | | ②成人女性 | ③子供 | ①+②+③性別あるいは年齢を識別可能な人 | ④属性の識別がまったく不可能 | ①〜④計 |
|---|---|---|---|---|---|---|---|---|---|---|
| | 武士 | 武家奉公人 | 町人と判断 | 他不明 | (小計) | | | | | |
| A・西広小路 | 37(5) | 24(4) | 24 | 482 | (567) | 95(14) | 11(2) | 673 | 34 | 707 |
| B・東広小路 | 2(1) | 1(1) | 0 | 165 | (168) | 13(7) | 3(2) | 184 | 49 | 233 |
| C・西側町屋 | 11(7) | 2(1) | 4 | 85 | (102) | 45(30) | 4(3) | 151 | 23 | 174 |
| D・東側町屋 | 0(0) | 0(0) | 6 | 38 | (44) | 7(13) | 1(2) | 52 | 4 | 56 |
| E・両国橋 | 15(5) | 10(3) | 4 | 220 | (249) | 63(20) | 2(1) | 314 | 87 | 401 |
| F・他の橋 | 1(2) | 0(0) | 0 | 40 | (41) | 7(15) | 0(0) | 48 | 4 | 52 |
| G・水上 | 0(0) | 0(0) | 140 | 35 | (175) | 11(1) | 0(0) | 186 | 194 | 380 |
| A+B広小路空間 | 39(5) | 25(3) | 24 | 647 | (735) | 108(13) | 14(2) | 857 | 83 | 940 |
| C+D町屋空間 | 11(5) | 2(1) | 10 | 123 | (146) | 52(26) | 5(2) | 203 | 27 | 230 |
| E+F橋上空間 | 16(4) | 10(3) | 4 | 260 | (290) | 70(19) | 2(1) | 362 | 91 | 453 |
| 合計 | 66(4) | 37(2) | 178 | 1065 | (1346) | 241(15) | 21(1) | 1608 | 395 | 2003 |

＊1　武士・武家奉公人・成人女性・子供の各項目にあるカッコ内の数字は，性別あるいは年齢が識別可能な人物の数に対するパーセンテージ.

一二四三名、約七七％は町人の成人男性を主体とする人びとであった。

江戸の盛り場は身分の上下、貧富の差、長幼《ちょうよう》の序、男女の別などの差別意識を消し去り、都市民を等しく「解放」したといわれてきた。だが、両国は町人男性に集中して、「解放」を提供していたと考えなくてはなるまい。すくなくとも描き手は、武士や女性、子供たちを盛り場の利用者として認識していない。最初から排除されている以上、身分・男女・長幼の差別は意識にのぼりようもないのである。盛り場のサービスは主として男性向けであり、反対にサービスする側には女性が多いという構造も生じていただろう。

気になるのは武士の存在感の薄さである。とくに水上空間ではほとんど見られない。元禄期までの屋形船《やかたぶね》は、大名の「館」舟であったが、その後、町人の富裕者が利用するものとなったと伝えられている。『江戸名所記』の遊楽地を独占していた「遊ぶ武士たち」は消え去りつつあった。『江戸名所図会』に繰り返し描かれる大名行列は、地方から江戸に財を運んでくる存在として認識されていたのだろうが、武士を基軸にして江戸を描くことは、実際的ではなくなっていたのかもしれない。

## 表に出ない女性と子供

江戸では浅草寺《せんそうじ》などの境内《けいだい》にも盛り場が多かった。市ヶ谷八幡《いちがやはちまん》はそのひとつで、のぼりの並ぶ芝居小屋の規模はかなり大きい（図62）。境内にいる人物は計一三九名、うち一三一名はある程度識別が可能である（表6）。そのうち、女性の姿は三二名見られ、率にして二四％になる。両国広小路に比較して二倍前後の割合である。

境内という空間に注目してみると、白金高野寺《しろかねこうやじ》図では正覚院境内で識別可能な人数二五名中七名、約三割に女性の姿が見られる（図63）。ここは東国《とうごく》の「札所八十八ヶ所」のひとつだが、市ヶ谷八幡のようには盛り場化していない。つまり、同じ盛り場でも市ヶ谷八幡に女性の姿が多いのは、寺社境内一般に女性参詣者《さんけい》が多いという傾向を反映したと考えられる。子供の姿も女性に付随して増え、市ヶ谷八幡では九％、正覚院では八％に達している。

一般の空間ではどうなっているのだろうか。駿河町三井呉服店図にいる人数は九九名で、女性は二五人と全体の四分の一を占める（図64）。子供は五人＝五％見られた。女性が全体の約四分の一、子供が五％前後という割合は、市ヶ谷八幡図の門前町や白金高野寺図の芝白金台一丁目における割合によく似ている。ふつうの町屋空間では、女性は四分の一前

| 識別不能 | 計 |
|---|---|
| 395 | 2003 |
| 83 | 940 |
| 312 | 1063 |
| 18 | 236 |
| 8 | 139 |
| 10 | 97 |
| 0 | 99 |
| 7 | 78 |
| 1 | 26 |
| 6 | 52 |

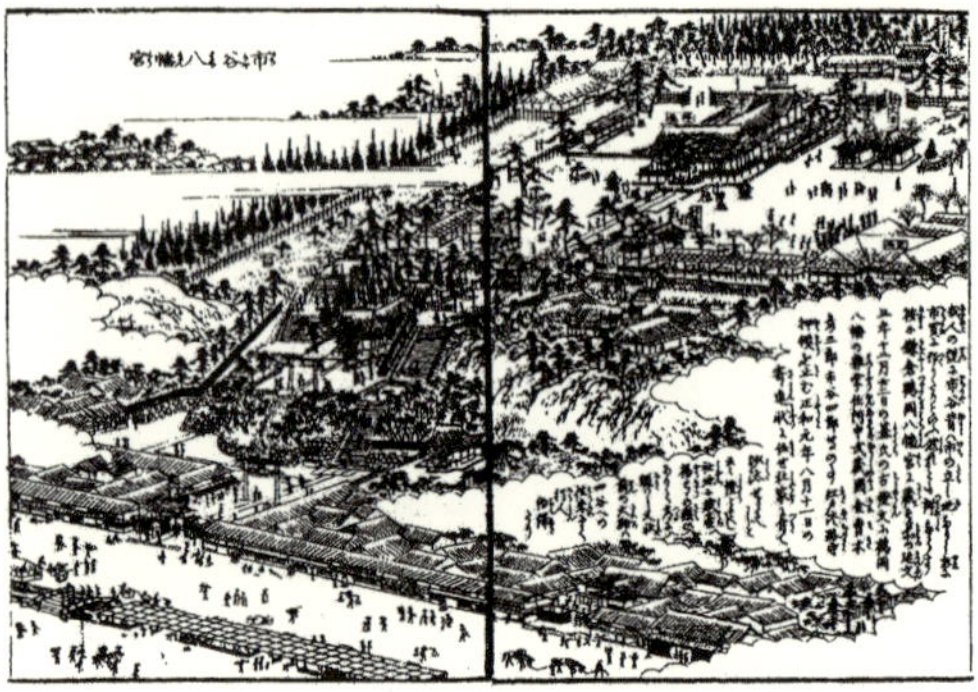

図62　『江戸名所図会』「市ヶ谷八幡」
（東北大学付属図書館狩野文庫所蔵）

金高野寺図で
りの各図は中
姓や僧侶など

表6　『江戸名所図会』の空間と人物

| | | 成人男性 | | | | | 成人女性 | 子供 | 識別可能人数 |
|---|---|---|---|---|---|---|---|---|---|
| | | 武士 | 武家奉公 | 町人 | 他不明 | （小計） | | | |
| 両国橋図 | 全　体 | 66<br>4 | 37<br>2 | 178<br>11 | 1065<br>66 | （1346）<br>（84） | 241<br>15 | 21<br>1 | 1608 |
| | 広小路空間 | 39<br>5 | 25<br>3 | 24<br>3 | 647<br>75 | （735）<br>（86） | 108<br>13 | 14<br>2 | 857 |
| | その他 | 27<br>4 | 12<br>2 | 154<br>21 | 418<br>56 | （611）<br>（81） | 133<br>18 | 7<br>1 | 751 |
| 市ヶ谷八幡図 | 全　体 | 29<br>13 | 12<br>6 | 12<br>6 | 93<br>43 | （146）<br>（67） | 54<br>25 | 18<br>8 | 218 |
| | 境　内 | 14<br>11 | 5<br>4 | 2<br>2 | 66<br>50 | （87）<br>（67） | 32<br>24 | 12<br>9 | 131 |
| | その他 | 15<br>17 | 7<br>8 | 10<br>12 | 27<br>31 | （59）<br>（68） | 22<br>26 | 6<br>7 | 87 |
| 駿河町図 | | 13<br>13 | 12<br>12 | 41<br>41 | 3<br>3 | （69）<br>（70） | 25<br>25 | 5<br>5 | 99 |
| 白金高野寺図 | 全　体 | 15<br>21 | 8<br>11 | 13<br>18 | 14<br>20 | （50）<br>（70） | 17<br>24 | 4<br>6 | 71 |
| | 境　内 | 2<br>8 | 1<br>4 | 2<br>8 | 11<br>44 | （16）<br>（64） | 7<br>28 | 2<br>8 | 25 |
| | その他 | 13<br>28 | 7<br>15 | 11<br>24 | 3<br>7 | （34）<br>（74） | 10<br>22 | 2<br>4 | 46 |

＊1　カウントした数値の下に識別可能な人数中のパーセンテージを記入.

＊2　町人の男性とした者は，遠景図である両国橋図・市ヶ谷八幡図・白は，動作や立ち位置から町人と判断しうる者を抽出した．一方，残景を主体としているため服装から身分を識別しうる場合が多く，百の町人身分以外の者をその他の項目に入れ，残りを町人としてある.

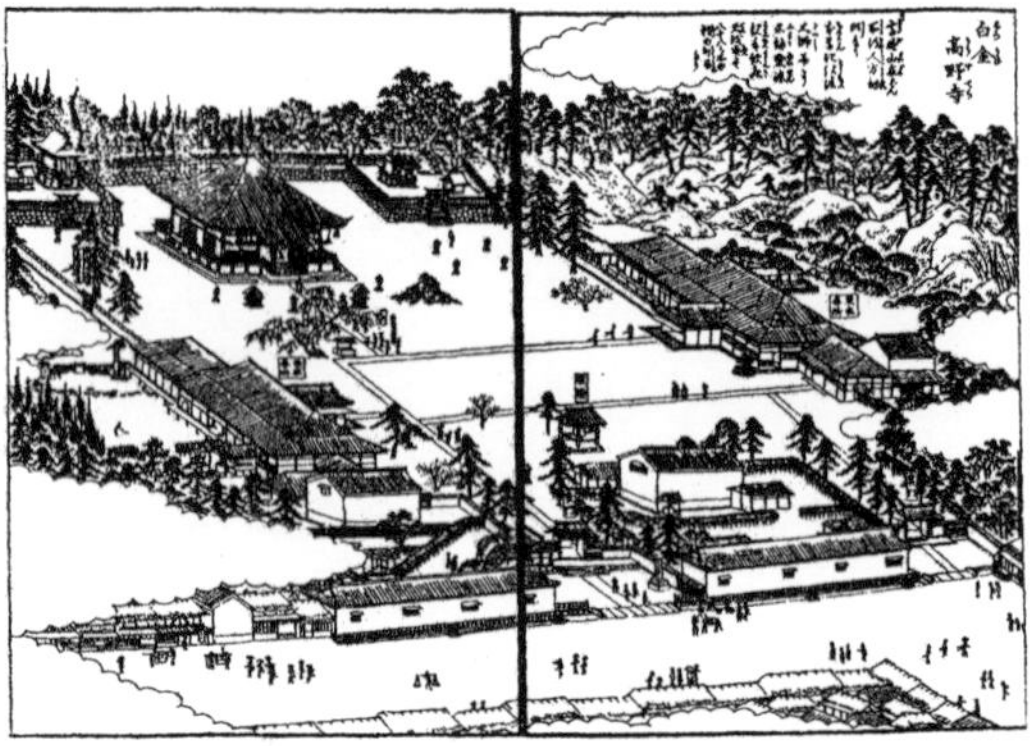

図63　『江戸名所図会』「白金高野寺」
（東北大学付属図書館狩野文庫所蔵）

図64　『江戸名所図会』「駿河町三井呉服店」
（東北大学付属図書館狩野文庫所蔵）

後、子供は五％前後現れるものとして認識されていたことになる。

『江戸名所図会』が描かれた一九世紀初頭には、男性人口が女性の倍近いという初期江戸の極端なアンバランスは解消し、人口ピラミッドは、いわゆる釣り鐘型になっていたと考えられている（北原糸子『都市と貧困の社会史─江戸から東京へ─』吉川弘文館、一九九五年）。つまり、『江戸名所図会』で身体を小さく描かれるような一〇歳以下の人口や、あるいは成人女性の人口の割合は、現在よりもそう低いものではなかった。

そうすると『江戸名所図会』では、女性と子供を都市の表層には現れづらい層として把握していたことになる。四割近くには達していた成人女性が、『江戸名所図会』では、最大となる白金正覚院境内でも三割弱に留まり、一般の町場では二〇％から二五％程度、盛り場などの空間では一割にまで落ち込んでいた。同様に二割程度は現れてもいい子供の姿も、境内や町場で数％見られるにすぎず、盛り場一般では一～二％に落ち込んでいる。

図65　歌川国貞「雪のあした」

一方、女性と子供は都市空間の深部であるイエや路地・横町などの日常の暮らしの空間では、多数を占めていたという可能性もある。歌川国貞《うたがわくにさだ》「雪のあした」などの浮世絵《うきよえ》は、女性と子供だけがいる生活空間を描いている（図65）。女性の就業は一般的であったが、女中や子守り・飯炊き・お針子《はりこ》など、その大多数は家事労働の延長に展開するものであった。イエの中→町の表通り→盛り場、という順番で女性の姿が少なくなるのは、日常生きている都市深部からの距離をあらわすのではないだろうか。女性に庇護される幼い子供たちもまた、女性が現れる頻度に比例して数を変化させたと考えることができる。

## 仮想としてのリアリティ

このように『江戸名所図会《えどめいしょずえ》』の挿絵からは多様な情報を読み出すことができ、ほかの史料との整合性も高い。

### 画面の違和感

『江戸名所図会』の最終編者、斎藤月岑《さいとうげっしん》は「附言」に「凡《およ》そ神社仏閣の幅員方域を図するには、専ら当今の形勢を模写す。かつ地図の間に、四時遊観の形勢を絵《えが》くに、その態度・風俗・服飾・容儀、これ亦《また》当今の形容を図す」と、リアリティの重視を明確にしている。厳しい批評で知られる滝沢馬琴《たきざわばきん》も「かかる細画はいまだ観ざりき、縦《たとい》、北斎《ほくさい》に画かするとも、この右に出ることかたし」と高く評価した。「幕末期の江戸風俗を知るうえに不可欠」「その写実的挿絵は、文章では表現できない当時の景観や風俗を具体的に伝えてくれている」「『江戸名所図会』なしに江戸時代の考証はできない」。現代における手放しの評価も無理からぬところであろう。

だが、『江戸名所図会』の挿絵を手掛かりに研究を進めていくと、頻繁ではないものの、何らかの違和感を覚える場合が少なくない。だが、研究者の多くはそれを製作者の単なる誤りや見落としとし、大きい問題とはしてこなかった。

意図的な操作が『江戸名所図会』の挿絵に行われている可能性を最初に指摘したのが市古夏生氏である。市古氏は江戸城が背景としてすら出てこないことに着目し、それは斎藤月岑が文章・挿絵ともに城の描写を遠慮したからであると指摘する。当時、江戸城や幕府に関する記述を制限する触れがあり、名主である月岑は取締の対象となることは立場上できなかったのであろうという。この指摘は『江戸名所図会』のリアリティに疑問を投げかけた点で画期的であった。だが、実は駿河町三井呉服店図だけに、はるか彼方の江戸城が姿を見せている。この事実を意識しつつ、『江戸名所図会』の画像を分析してみよう。

私が最初に感じた違和感は両国橋の挿絵を他の史料と突き合わせていたときであった。

## 両国橋図の逸脱

(1)両国橋〜吉川町間距離の圧縮（図66）。橋の手前にある仮設施設の軒高は原書で約四

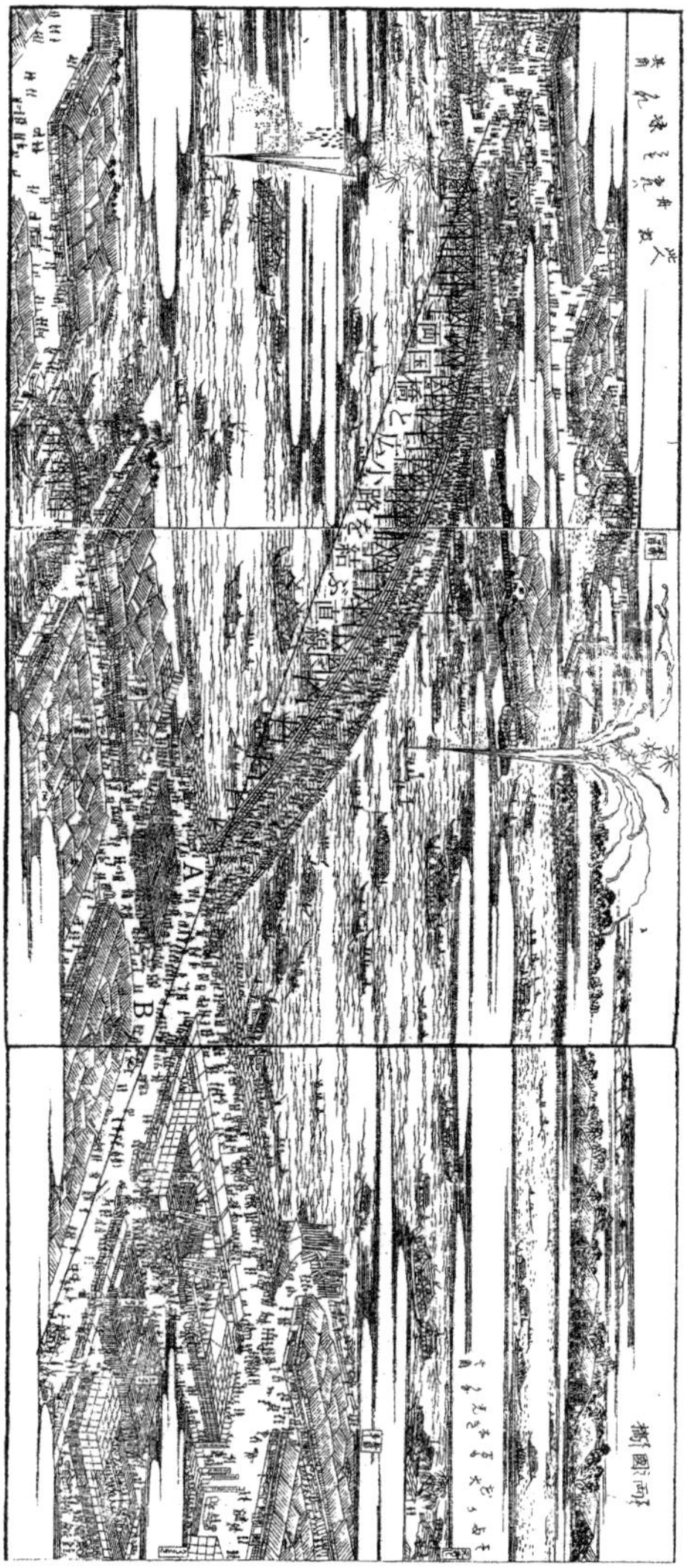


図66　『江戸名所図会』両国橋図の問題点
記号と説明を加える（東北大学付属図書館狩野文庫所蔵）

ミリある。一方、橋のたもとA点から吉川町の角B点までの距離は六〇ミリ、つまり軒高の一五倍である。仮設店舗の軒高は史料上七尺＝二一〇センチであり、そうするとA～B間距離は約三二メートルとなる。一方、『市中取締類集』は橋から吉川町までの距離は三六間半＝約六六メートルあったと記述している。この記述は広小路の利用権に関わる公的な記録であって、確度が高い。つまり、『江戸名所図会』は両国橋と吉川町の距離を半分以下に圧縮して表現している。

(2)両国橋と西広小路の直線化。吉川町表通りの線を点Bから点A方向に延長していくと、両国橋の対岸部、東側のたもとにつきあたる。つまり橋と西広小路は一本の直線として表現されている。しかし、橋の線に対する吉川町の線は、『御府内沿革図書』では二四度、「明治東京全図」では一四度の「への字」をなして交差していた。

(3)両国橋の分断。『江戸名所図会』原本の両国橋図は一つの画面ではない。読者が最初に見るのは右側三分の二の見開きであり、それをめくって左側三分の一が現れる。そのため中央から左にまたがっている両国橋はまっぷたつにされ、本を分解しない限りは橋を一続きにみることはできない。一方、他の絵画史料では両国橋を分割して表している例はほとんど見られない。

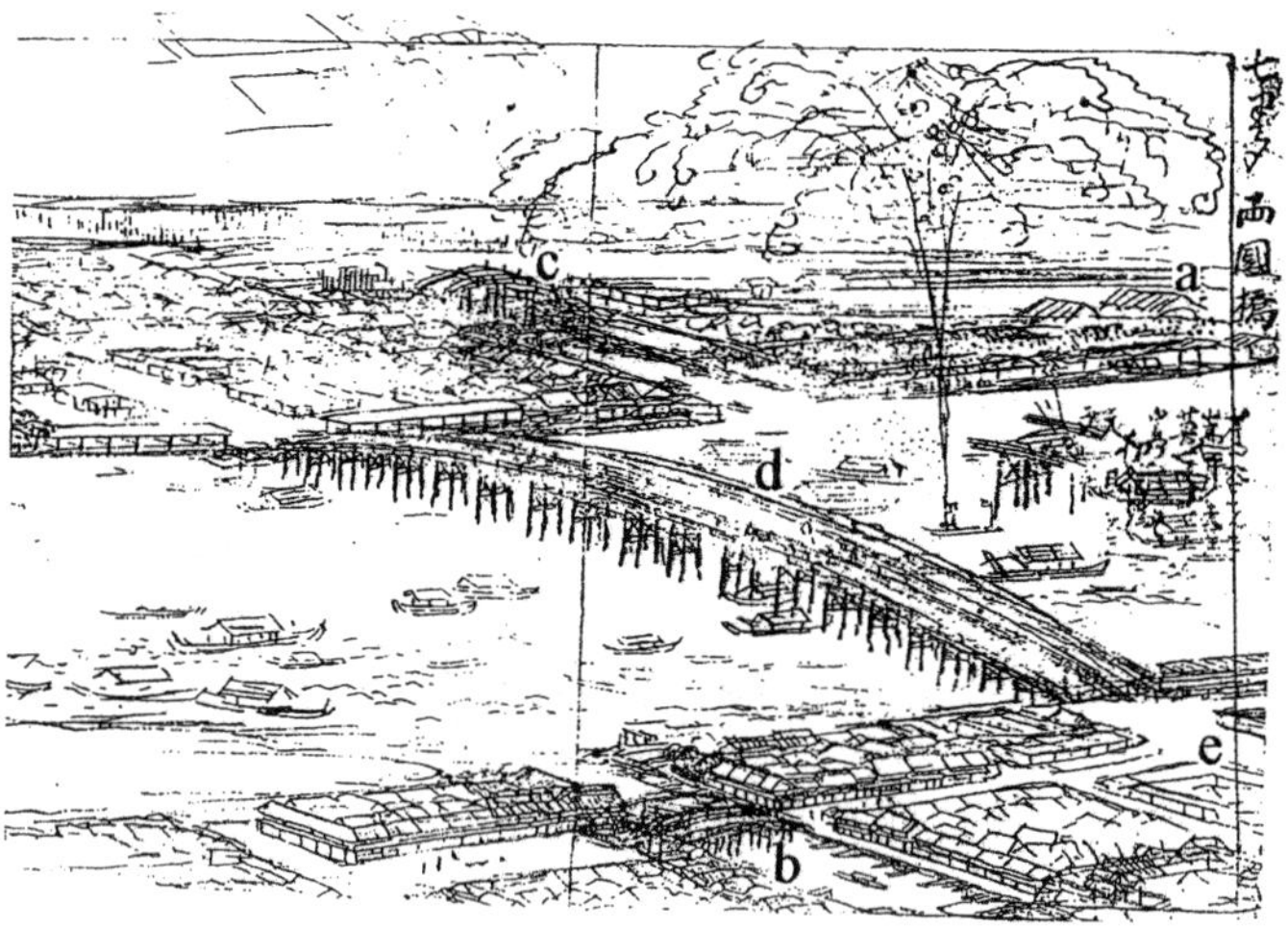


図67　『江戸名所図会』両国橋図の画稿

斎藤月岑は写実性を重視していたし、商品価値を考えた場合でも、リアリティの実現は版元須原屋にとって不可欠であったはずである。それなのに、なぜこのような現実とのずれが固定されたのだろうか。

**名所を取り込むための無理**

『江戸名所図会』の下絵となった画稿が数点伝わっている。両国橋の画稿（図67）にある画面を大きく四角に区切る墨線は印刷する範囲を示したものと考えられる。最終的には右・中・左の三面図で刊行したが、画稿段階では左右二面の見開きを想定していたことがわかる。画稿の右画面は版行図の中央画面と、左画面は版行図の左画面と相応するが、一つひとつ見ていくと微妙な違いがある。たとえば、版行図で右画面に描かれている船蔵《ふなぐら》の大屋根（a）は、画稿の右上方にある。このエリアは版行図では中央画面に相当する。版行図の左画面にある柳橋（b）は、画稿では右画面、つまり版行図で中央画面となる場所に位置している。全体としてみると、画稿にほとんど描かれていない西広小路が、版行図では両国橋と同じ重みを持つ題材に昇格している。

また、画稿では本所一つ目橋（c）、両国橋（d）、柳橋（b）の形作る逆Z字の構図が全体を決定している。このZ字状の構図は複数の橋を一つの画面に収める橋尽くし図によく見られ、画稿には橋を何回も描きなおした跡が残されている。画稿段階の橋を重視する姿勢に留意してみると、第一の問題である橋〜吉川町間の距離を圧縮した理由を次のように読み解くことができる。

まず画稿でも、両国橋〜吉川町間の距離を版行図と同程度に圧縮している。画稿のなかで、仮に両国橋の位置と規模を変えずに、両国橋〜吉川町の距離を現実に沿って訂正したとするなら、柳橋は画面の下に出てしまう。一方、柳橋をまず描き、それに合わせて両国橋を描くと、こんどは一ッ目橋が画面の上からはみ出す。また、距離関係を変えずに三つの橋を一つの画面に収めようとするならば、どの橋も主題とはいえない大きさに縮んでしまう。つまり、第一主題である両国橋の大きさと位置を変えずに、かつ三橋の橋尽くし図とするためには、両国橋〜吉川町の距離を圧縮せざるをえないのである。これは画稿段階の工夫であったと考えられる。

その後、版行を前に西広小路を大きく取り上げることになったのだろう。だが、その段階でも三つの橋を一つの視野に収めるプランは継承されたと考えられる。そのため版行図の左画面から中央画面にあたる部分に画稿の構図を継承し、その右側に西広小路の領域を付け加えたと思われる。現実に即して描かれた西広小路は、架空の距離関係で構成された橋の画面に無理に接合させられたのである。こうして両国橋へ続く橋通りを挟んだ左側、隅田川西岸の北部だけが、東西の距離を圧縮されてしまった。この地区にある髪結床《かみゆいどこ》や店舗は数を減らして対応したらしい。

このような犠牲を払っても、橋尽くし図として描かれた。そこに、名所図として両国橋を描く場合、柳橋と一ッ目橋をはずすことができないという意識を窺える。版行図で付け加えられたのは西広小路だけではなく、かろうじて右端に描写された「元柳はし」＝難波《なにわ》橋《ばし》もある。そのたもとにある柳は両国橋周辺の代表的名所として知られていた。名所図としての地誌情報を満足させるという条件、すなわち両国橋・柳橋・一つ目橋・西広小路・

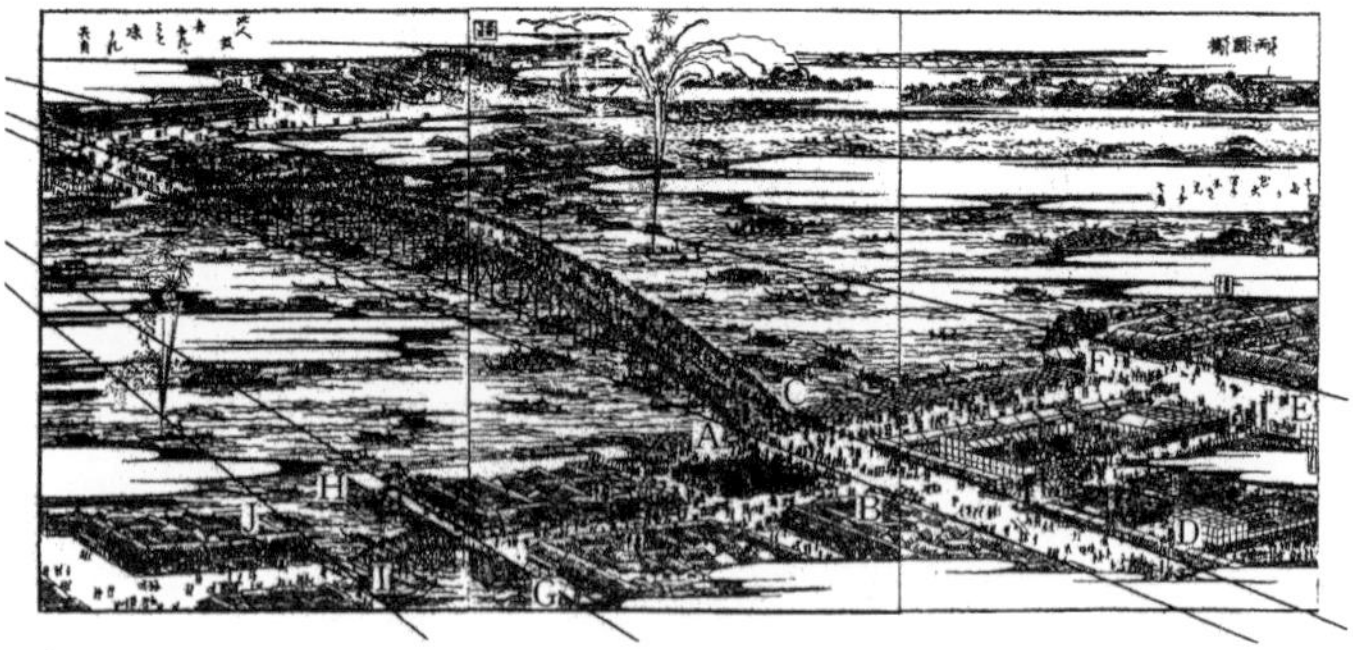

図68　『江戸名所図会』両国橋図の構図
（東北大学付属図書館狩野文庫所蔵）

難波橋をそろって描写することを優先し、一方、西広小路の距離関係、仮設を含む建築の数などを、一段劣位の情報として扱ったのである。

## 擬似的な幾何学的遠近法

相違点の(2)、両国橋と広小路の直線化という問題では、遠近表現が注目される（図68）。吉川町から橋を結ぶ線ＡＢの向側に、床店《とこみせ》の店先Ｄから橋の南西端Ｃを経て、東岸で見世物小屋の軒先となる線がある。このＡＢ、ＣＤ二本の線は画面の外、左上方で交叉する。さらにＥからＦを結ぶ米沢町の線、ＧＨの神田川南岸線、ＩＪの神田川北岸線も、左上方を目指している。西から東にこれらの線が近づくにつれて、人物は縮小する。この描写は平行する線が遠方で一点に収斂し、その接近に比例して、事物が縮小するという幾何学的遠近法（透視図法）の適用と考えられる。西広小路〜

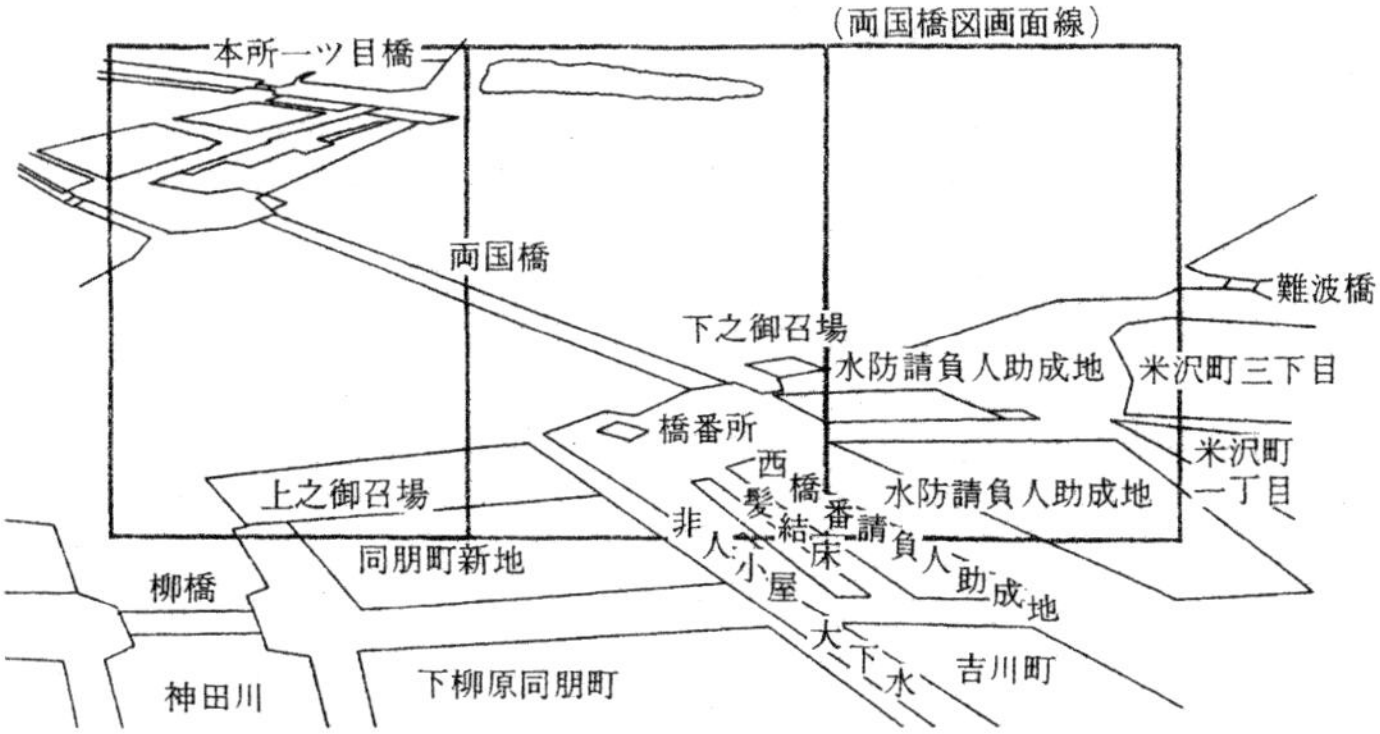


図69　幾何学的遠近法による両国橋周辺

両国橋～東広小路という、主題をまっすぐに結ぶ線が遠近法の基線になるという演出は、西から東を望むダイナミックな奥行き感を生じさせている。

しかし、そうであるならばこれらの集中線は、現実の空間において平行線をなしていなくてはならない。ところが先ほど見たように、両国橋と吉川町南側のラインは二〇度程度で交叉していた。米沢町のラインはさらに傾斜し、「明治東京全図」では橋に対して六〇度にもなる。

図69は当時のこの地域を、『江戸名所図会』の両国橋北側の側面をそのまま残し、幾何学的遠近法を理論通りに用いて描いてみたものである。その上に、両国橋に基準をおいて『江戸名所図会』の画面線を区切ってみると、線内の西岸部・両国橋・東岸部の面積関係と形状は『江戸名所図会』とほぼ似てくる。

一方、橋に対してへの字で交わる吉川町のラインは、図69では直線に近いもののように感じる。幾何学的遠近法の効果により、ラインの傾きが見かけ上、〈補正〉されたのである。全体に『江戸名所図会』における西広小路南部から両国橋、東広小路周辺は幾何学的遠近法がほぼ精確に適用されていて、橋と吉川町のラインが一直線となって見えるのは、その効果であったことがわかる。

ところが図69の場合、左下にある下柳原同朋町・吉川町・神田川・柳橋は、画面線の外に出てしまう。これらは橋尽くし図とするために空間を圧縮した部分に相当するが、東西方向だけではなく、南北方向にもかなり圧縮しないと画面線に収まらない。さらに図手前側の西岸部は画面の六〇％近くを占め、とくに神田川は視点に最も近いため、川幅が異様に強調されて、両国橋よりも目立っている。理論通りに幾何学的遠近法を用いると、『江戸名所図会』のような、すっきりした奥行き感は得られず、主題であるはずの両国橋の存在感は薄れてしまうのである。

ほかにも幾何学的遠近法から逸脱する点は少なくない。①米沢町のラインと神田川のラインは、橋～広小路ラインとは厳密には消失点を共有していない。したがってあくまでも恣意的に、あるいは適当に引かれた〈集中線〉である。②幾何学的遠近法の原則を適用すると複雑・稠密な画像となる（すなわち木版では表現困難な）上部は靄《もや》で隠している（伝統的手法ではあるが）。③両国橋の橋脚と水面の接触点を結んでいけば、同じ消失点を目指す直線とならなくてはならない。しかし図の橋脚は、あたかも水面が盛り上がっているかのように弧を描いている。④東たもと付近の橋板は欄干《らんかん》で隠れて見えない。これは数十メートルの上空に設定された絵師の視点から考えると不自然である。

つまり、両国橋の挿絵は幾何学的遠近法の画面として一見整った印象を与えるが、しかしその適用は恣意的に行われ、画面は一種の虚構として成立していたのであった。橋と広小路の直線化という問題は、幾何学的遠近法の効果ではあるのだが、そのような効果を過剰に重視したために、画面の中軸以外の空間、神田川・米沢町・同朋町では、現実の空間の方を幾何学的遠近法の空間に合わせてしまったといえよう。画面が幾何学的遠近法の空間であると受け取られることだけを、製作者は重視していたと考えられる。

絵師長谷川雪旦《はせがわせったん》の幾何学的遠近法は擬似的であり、技術的限界の中で行われたのであった。だがそれは、橋は弧を描くもの、というような一般の認識に寄り添い、画面ではほとんど不自然さを感じさせないレベルに到達していた。遠近感を過度に強調するような操作はなく、あくまでも人間の目から見た自然な描写に収まっている。いわば標準レンズの世界であり、それは写真に慣れた私たちの目からしても違和感がないのである。

## 近世図像の限界

私たちの世代に至るまでに、特定地域を一対一の写像として定着させるふたつの技術革新があった。写真＝光学的・化学的・電子的処置により人間の頭脳を媒介としない写像を定着する技術と、航空技術＝気球・飛行機などにより必要な位置から俯瞰する技術である。理論的に写真と等しい視覚効果を発揮する幾何学的遠近法と、航空技術により得られる視点を仮に設定した俯瞰構図とを駆使した両国橋の挿絵に、私たちは航空写真と極めて近似した感覚を覚えてしまう。

　しかし雪旦の目は光学機械ではないし、浅草橋上空数十メートルにあがることもなかった。明治中期には両国橋周辺を航空写真に収めることが可能になったが、一八七二（明治五）年には芝居小屋は官命で撤去され、床店をはじめとする仮設施設もそのほとんどが失われた。両国広小路の航空写真は一度も撮られていないのである。

　一方、馬琴たち同時代人もまた、画面全体のリアリティ感を評価したのであって、実際の光景と見比べたわけではない。編纂者月岑、版元須原屋、絵師雪旦は、実際に空中から見比べられるという可能性をまったく考えなくとも、何ら問題はなかった。同時代人が評価できる写実性とは、画面を構成する人物・建築物・そこで行われている活動など、要素個々のレベルである。つまり、『江戸名所図会』におけるリアリティの実現は、リアリティ感を強調するための〈幾何学的遠近法の俯瞰図〉の世界の中で、そこにあるべき要素を画面上に集めていく、地誌を十分に説明する、という方向に集約されていたといえよう。『江戸名所図会』の挿絵は要素レベルで他の史料とほぼ一致し、さらに他では見られない要素をも確認できる。製作者たちは繰り返し現地に足を運んでいたと伝えられている。たとえば莫蓙《ござ》に座って物を商う姿、橋詰の乞食、僧侶、荷船、按摩《あんま》などは両国橋を取り上げた浮世絵《うきよえ》には描かれていない。要素の重視はほとんど執着に近かったのではないだろうか。両国橋〜吉川町間の圧縮は、柳橋という名所の一要素を画面に組み込むことを重視するあまりに行われたともいえる。

一方に要素への執着があるということは、画面から排除された人や事物は、製作者の特別な意識を物語ることになる。左上部の靄がかかっているあたりには回向院《えこういん》があったが、両国橋図には描かれなかった。また、その近辺にあった深川の岡場所、松井町・弁天・御旅《お たび》も靄によって隠されている。西広小路の大下水と非人小屋も除外された。さらに問題の(3)、両国橋を二つに分断して表現しているのはなぜだったのだろうか。これらの理由は、一画面の演出だけでは説明できない。『江戸名所図会』の全体から、製作者の意図を考察してみる必要がある。

# 国土の中心

**始まりの場＝日本橋**

『江戸名所図会《えどめいしょずえ》』はアニメーション的な効果をねらって、面白い導入を行っている（図70）。数字で文章、アルファベットで挿絵の順番を示しながら分析してみよう。

まず①四人による序文がある。前二者は漢文で振り仮名はなく、後二者は擬古文の草書体である。次いで②最終編者斎藤月岑による凡例と附言がある。これは漢字仮名混じりで振り仮名がつく。以下、本文はほとんど振り仮名のついたスタイルとなる。

本文の最初は③武蔵の項目である。武蔵国の成立を日本武尊《やまとたけるのみこと》の東夷征伐《とういせいばつ》から説明し、東照宮様が江戸城を開いたのは「天意のしからしむ所」と位置づける。挿絵a「日本武尊

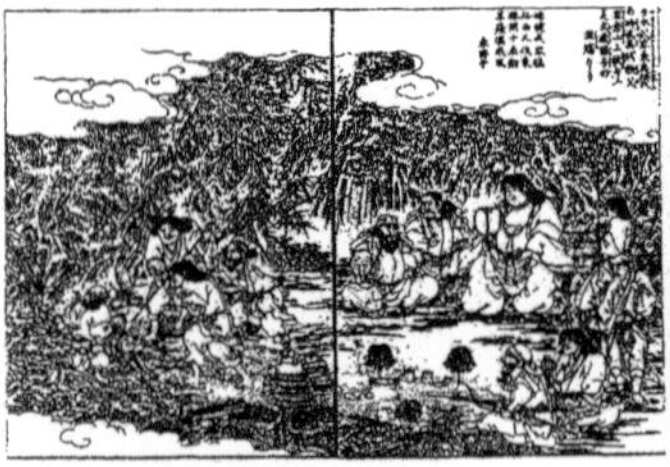

a 日本武尊東夷征伐図

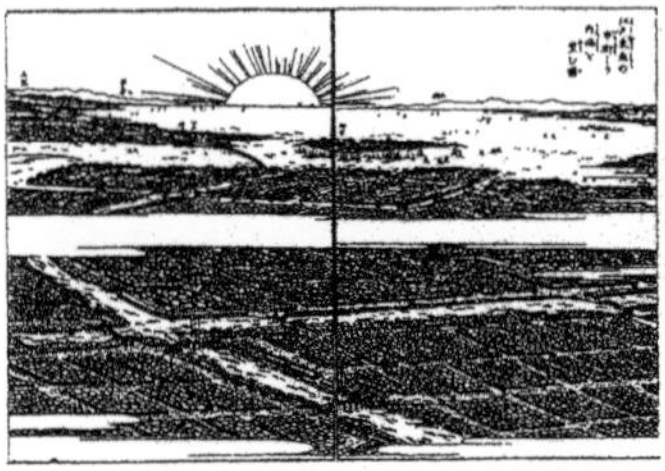

b「江戸東南の市街より内海を望む図」

c「元旦諸侯登城之図」

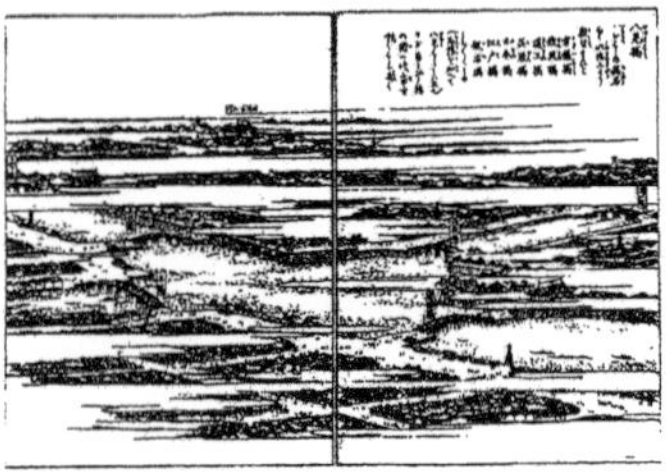

d「八見橋」

e「日本橋」

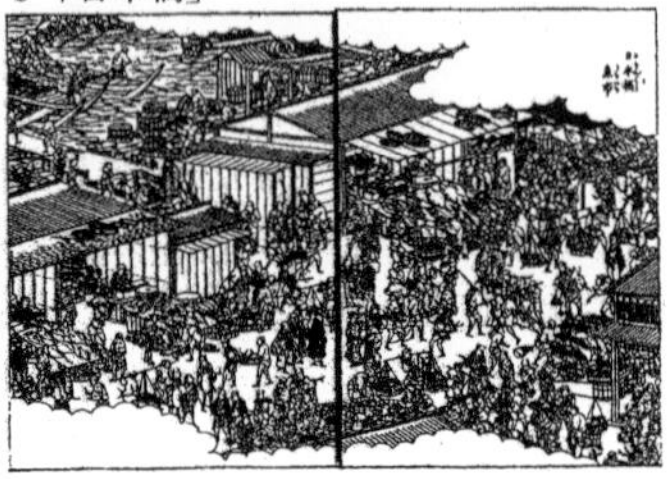

f「日本橋魚市」

g「駿河町三井呉服店」

図70 『江戸名所図会』導入部の画像展開

（東北大学付属図書館狩野文庫所蔵）

東夷征伐」は神代のイメージである。④江戸は地名の由来を古代に遡り、現在は「扶桑《ふそう》第一の名境」と結ぶ。⑤「江戸大城の基立《もとだち》」は中世後期の太田道灌《おおたどうかん》から、徳川家康の江戸城造営までを語る。その解説の中にb「江戸東南の市街より内海を望む図」が入る。江戸城の上空に視点を置いて、隅田川越しに東南の江戸湾を望み、水平線から朝日が昇る。そのあと中世江戸の漢詩的記述があり、それに挟まれてc「元旦諸侯登城之図」が来る。この絵の場所は特定できない。その後、⑥から⑩までは江戸城内外の地名を江戸開府期に限定して考察する。

d「八見橋」の挿絵からは町方の記述となる。八見橋とは一石橋のことで、ここからは日本橋や江戸橋など八つの橋が目に入った。本銀町の上空から南を望み、武家屋敷は靄で隠されている。視点はb内海を望む図より低く、人体の輪郭が見えはじめるが、その属性は判別できない。つまり先ほどの区分で超遠景から遠景に移行する段階である。⑪から⑭では橋の由来を述べ、e「日本橋」に至る。北から対岸方向を見おろし、人物一人ひとりを見分けられる高さと距離になる。連続するf「日本橋魚市」ではさらに低い高度で東に寄り、魚市場の様子を描き出す。人物の表情を読みとれる近さである。再び解説に戻り、⑮で日本橋の由来を叙述し、その後にg「駿河町三井呉服店」が来る。西に江戸城と富士を望み、山崎宗鑑《そうかん》の句「元日のみるものにせん不二の山」を添える。

絵師＝読者から江戸を見る視点に注意してみよう。日本武尊図は武蔵国のどこかだが、場所は特定しがたい。「元旦諸侯登城之図」も同様である。両図を除くと、内海を望む図で江戸城の上空数百メートルに置かれた視点は、八見橋図、日本橋図と順に降下し、魚市図、三井呉服店図では屋根の上程度の高さとなる。視野は内海を望む図の広い視野から日本橋魚市図・三井呉服店図の狭い視野に収斂し、並行して超遠景から中近景の視点距離に移行していく。平面上の視点位置は内海を望む図で江戸城にはじまり、魚市図までは東に遷移する。視線方向は内海を望む図で東を見て、時計回りに南に向き、三井呉服店図で西に振り返る。

つまり、視点の高さは上空から地上へ、視野は広い範囲から狭い範囲へ、視線距離は遠くから近くへ、視点の位置は西から東へ、視線方向は東向きから西向きへという流れで構成されているのである。その結果、私たち読者は浮遊感を味わいながら、ページをめくるにつれて次第に現実感を強めていき、日本橋魚市のあたりで地上にたどり着く感覚を得る。

時代描写にも同様の傾向が認められる。日本武尊図の時代は神代である。次いで古代の情況を記述し、江戸城を築いた中世へ、さらに家康の江戸開府へと話が進んでいく。月岑が附言でいう「当今」、すなわち当時における現代の記述は日本橋周辺に始まる。

季節感の表現は興味深い。「元旦諸侯登城之図」は明らかに正月の情景である。三井呉服店図は宗鑑の句によって正月の光景であることを示している。内海を望む図の朝日も正月らしい。『江戸名所図会』のオープニングは正月の世界に読者を誘うのである。

つまり冒頭の描写は複合的に一つの方向への流れをつくりあげ、その全体は正月という季節の中におかれた。それは「当今」・正月・地上という起点としてのイメージを日本橋に集積させようという意図にもとづいていたと考えられる。日本橋図には「日本橋」と題する漢詩が添えられている。この詩は山崎闇斎《やまざきあんさい》が初めて江戸を訪れたときに、人生における出発の感慨を詠ったものである。すなわち日本橋は旅立ちの場、出発点、始まりの空間として演出されたといえよう。

当時の一般読者のリテラシー（読み解き能力）を考えると、この演出の意味はいっそう際立ってくる。流行していた読本では漢字仮名混じりに読み仮名を振るのが普通であった。『江戸名所図会』の冒頭は生の漢文であり、町人の大部分は最初はページをめくるだけではなかっただろうか。また、諸侯登城之図は武家の世界を描き出しているがその場所は特定できず、八見橋図のように武家屋敷が視野に入っている場合でも靄がかけられる。市古氏が指摘しているように『江戸名所図会』は武家世界を描くことを遠慮していたうえ、漢文と靄というスクリーンを用いて武家世界の存在をぼやかし、対照的に日本橋近辺に始まる町人世界の存在感を強調しているのである。町人の多くは『江戸名所図会』を繰りながら新しい世界が始まる正月の気分を感じとり、非現実性を帯びた空間に江戸城をぼんやりと認識する。そして、日本橋こそが江戸の出発点、起点であるという強い印象を得たと考えられる。

## 北斗七星に守られる江戸古町

『江戸名所図会』第一巻は江戸全体の叙述に始まり、江戸城東側から南下し、高輪《たかなわ》にいたる（図71）。第二巻はさらに東海道に沿って南郊の品川から六浦《むつうら》までを範囲としている。以下、第三巻では内藤新宿を含む西南～西の一帯を、第四巻は江戸の北西部から北の一帯を、第五巻は外神田から北の川口方面にいたる範囲を掲載する。第六巻は隅田川の西岸地域、第七巻は東岸地域である。この構成は江戸城を中心として時計回りに地域を分割し、南東から順に、各巻を街道に沿って展開させたと解釈されてきた。

しかし、それでは問題が残される。軸となる街道は七本ではない。三・四・六・七の各巻は複数の街道を含むので、郊外へ向かって読み進めていたはずなのに急に江戸中心部に

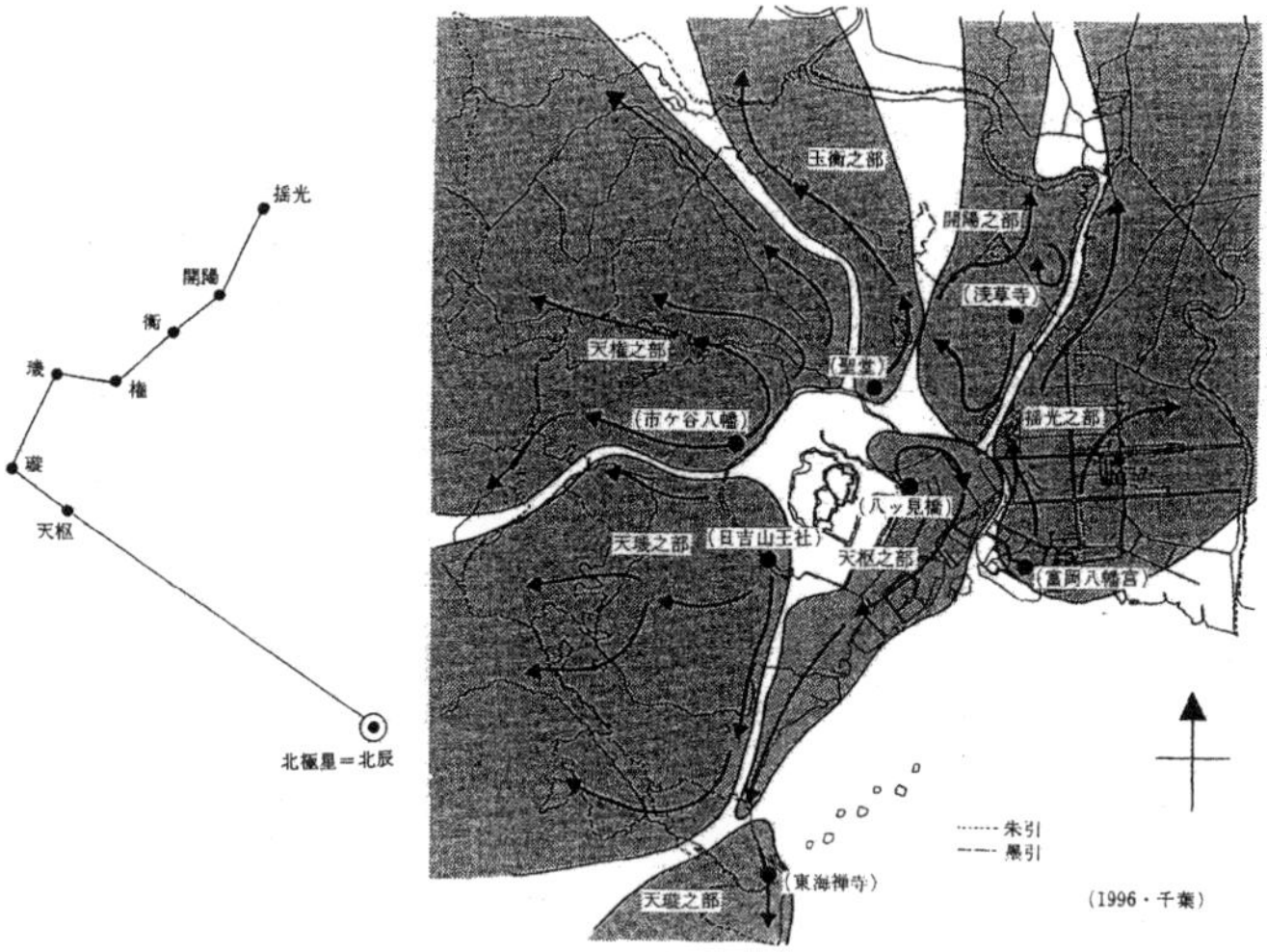


図71　『江戸名所図会』の画像対象地点分布と北斗七星

戻ってしまう。各巻の名称に街道名が使用されていないこと、凡例に街道との関係を触れていないことを考え併せると、街道説はどうしても弱い。

見方を変えてみよう。二巻以降の起点は順に、東海禅寺《とうかいぜんじ》・日吉山王《ひえさんのう》社・市ケ谷《いちがや》八幡《はちまん》・聖堂・浅草寺・富岡八幡宮である。このうち聖堂が最も新しく元禄《げんろく》三（一六九〇）年に上野から現在地に移動しているが、聖堂とセットで記述されている神田明神は慶長《けいちょう》八（一六〇三）年に大手町から移されている。聖堂を神田明神に置き換えて考えた場合、寛永《かんえい》四（一六二七）年の富岡八幡宮鎮座の時点で二〜七巻冒頭の寺社が形成するラインはできあがっていた。寛永期までにラインの内側で成立した町屋が江戸古町である。つまり六つの寺社を二巻以降の冒頭に持ってきた結果、第一巻は江戸古町の領域として浮かび上がる。また、各巻は「七星の位に配当して」北斗七星の漢名が用いられている。第一巻天枢《てんすう》之部が北斗七星の第一星（北極星に最も近い星）に対応し、第二巻以降、残り六星を順に当てはめている。中国では古来、北斗七星を、その柄の指す方角によって時刻をはかり、季節を定めるところから、人間の運命を決定する星としてきた。第一星の「枢」の字には軸・からくり・中央の意がある。この影響から日本でも、平安時代以来、宮中の四方拝《しほうはい》で天皇自ら七星の星神を祭ってきた。密教では妙見《みょうけん》菩薩《ぼさつ》となる。民間でも四方拝に倣う星供養の習慣が残る。北辰一刀流《ほくしんいっとうりゅう》や葛飾北斎《かつしかほくさい》の例のように、近世後半に北斗信仰は隆盛した。

　このような七星の宗教的機能から地域を見立てたと考えていくと、『江戸名所図会』の構成意図が見えてくる。第一巻は漢籍の教養が深かった斎藤家三代の視点から、残り六星とは異なった領域として把握されたのであろう。すなわち軸・からくり・中央である領域である。第一巻の範囲＝江戸古町の分布域を、残り六巻の場末・郊外領域に守られている中心域として、「七星の位に配当して」演出することを企てたと考えられる。古町は近世を通じて他の町より高い格式を保持しつづけた町々であり、斎藤家は古町名主であった。
一方、動かない星、北極星＝北辰は中国では天帝太一神《てんていたいいつしん》の居所であり、この星を中心とする星座は天上の宮廷とされる。日本では古来、「心星」すなわち宇宙の回転軸としてきた。北斗信仰による見立てによれば、北辰の位置を占めるのは江戸城となる。『江戸名所図会』は江戸の中心軸を江戸城であると表明していたといえよう。

以上の読解から指摘できる点は次の通りである。①『江戸名所図会』全体は江戸古町域＝町方中心部の中心性を強く訴える構造になっている。②導入部では正月という季節感のなかで、起点としての日本橋が浮かび上がる。また、第一巻から第二巻への展開は、日本橋を出発して、東海道を上っていくという流れである。③江戸城＝北辰と暗示しているように、幕府に対して対抗的ではなく、幕府＝社会の基軸と認識している。しかし、武家の社会空間は時間的、空間的にぼやかされ、いわば敬して遠ざけた状態におかれた。

## 境界としての隅田川

両国橋を分断した問題は、分けられた画面を比較することにより手掛かりを得られる。

まずこの挿絵には全部で一一九艘の舟が認められる（表7）。全体に上り舟、つまり右から左に移動中の舟が多く、約半数の六〇艘になる。とくに最初の見開きで

表7　『江戸名所図会』両国橋図の舟

| | 上り | 下り | 停泊 | 横断 | 計 |
|---|---|---|---|---|---|
| ①右画面 | 14(61) | 5(22) | 4(17) | 0 | 23 |
| ②中央画面 | 31(63) | 9(18) | 4( 8) | 5(10) | 49 |
| ①+②　最初の見開き | 45(63) | 14(19) | 8(11) | 5( 7) | 72 |
| ③左画面 | 15(32) | 11(23) | 12(26) | 9(19) | 47 |
| ①+②+③　計 | 60(50) | 25(21) | 20(17) | 14(12) | 119 |

＊カッコ内は対象範囲内の総数(最右項)に対するパーセンテージ.

七二艘のうち、上り舟が四五艘と六三％を占め、なかでも目立つ屋形船《やかたぶね》三艘が上りである。また舟から花火を打ち上げた瞬間が描かれている。このように両国橋の西岸部を描写している最初の見開きは全体に動的で、舟の動きに従う右から左の視線移動が促される。この視線の動きは、さらに手前側道路と両国橋を一直線に結ぶ遠近法基線によって強化されている。読者の視点は画面の右から左へ、西広小路から橋を渡って東へと自然に誘われていく。

一方、ページをめくると、こちらでも上り舟は多いものの比率では三二％と半減し、一艘ある屋形船は下りである。どちらかというと停泊している舟が目立つ。したがって右から左に移動してきた船舶群が、ページをめくると止まるという印象が強い。花火の火の粉もこちらでは落ちている。

花火は右で上がって左で落ち、舟は右から左に移動し、そこで止まる。すなわち両国橋図では右から左への時間経過が現れていて、これは四季図屛風などに見られる日本固有の空間的時間表現である。その流れの中で最初の見開き二面＝両国橋西岸部は動きの始まりであり、動的な空間として描写され、次の画面＝両国橋東岸部は動きの結末であり、静的な空間として現れてくる。右から左に読み進める読者にとって、最初の見開き＝こちら側、次の画面＝向こう側、という基本的な感覚がある。幾何学的遠近法の効果はそのこちら側と向こう側という関係を決定づける。つまり、両国橋図では、隅田川を挟んで東西の空間を分割し、西側を内側の空間、東側に外側の空間という印象を与える方向に表現をシステム化しているのである。

一方、画稿では両国橋は一つの画面に描かれ、東西の空間は一体的である。花火は下流側の一ヵ所のみであり、舟は上り四隻、下り七隻、停泊一〇隻、横切り四隻、動態不明四隻という構成のため、全体の動感は生じない。また、第一巻で出版されたのにもかかわらず、画稿には「七巻」と記されている。つまり最初の段階では回向院《えこういん》と両国橋を第七巻で連続させるように構想していた可能性が高い。版行図に移行する段階で大きい転換を行ったと考えて間違いないだろう。

この転換こそ最終編者月岑を中心とする製作者の演出、すなわち第一巻の領域を生粋の江戸人が住む江戸古町域＝町方中心部に合致させ、そこを江戸の新しい中心として認識させるという方針の適用であったのではないだろうか。その結果、第一巻＝西岸＝こちら側＝古町域という関係が完成し、一方、東岸＝向こう側という認識は、第七巻が表す隅田川東岸領域と結びついていった。言い換えると、両国橋図における東西空間の分断という演出は、隅田川東岸を江戸古町域から見た外側の空間として表現することに主眼があったと見ることができる。これは隅田川の対岸に対する製作者の関心が薄いということは意味してはいない。『江戸名所図会』は農村部や漁村部を含む郊外にまで詳細な記述が及び、編纂者自身が序言で語っているように「武蔵国名所図会」という趣を持っている。だが、その空間に江戸古町を最上位とする序列意識を持ち込んでいるのである。

# 地誌に忍ばせたメッセージ

序文に明記しているように、京都の秋里籬島《あきさとりとう》によって編まれた『都《みやこ》名所図会《めいしょずえ》』に呼応して、『江戸名所図会』は生まれた。そのためだろう、『江戸名所図会』は籬島の方法を継承している点が少なくない。

## 地域を編集する

たとえば『都名所図会』の第一巻「平安城首」から第二巻「平安城尾」の範囲は豊臣秀吉の建設した都市境界「御土囲《おどい》」に囲まれる中心市街地、洛中にほぼ一致する（図72）。同じ籬島の『摂津《せっつ》名所図会』は大坂中心市街地＝大坂三郷《さんごう》を「大坂郷」として切り出し、一巻分を充てて記述している。『江戸名所図会』が第一巻を外堀と隅田川で囲まれた古町《こちょう》分布域、郭内とし、第二巻以降をその外側に配分しているのは、この籬島のやり方に倣っ

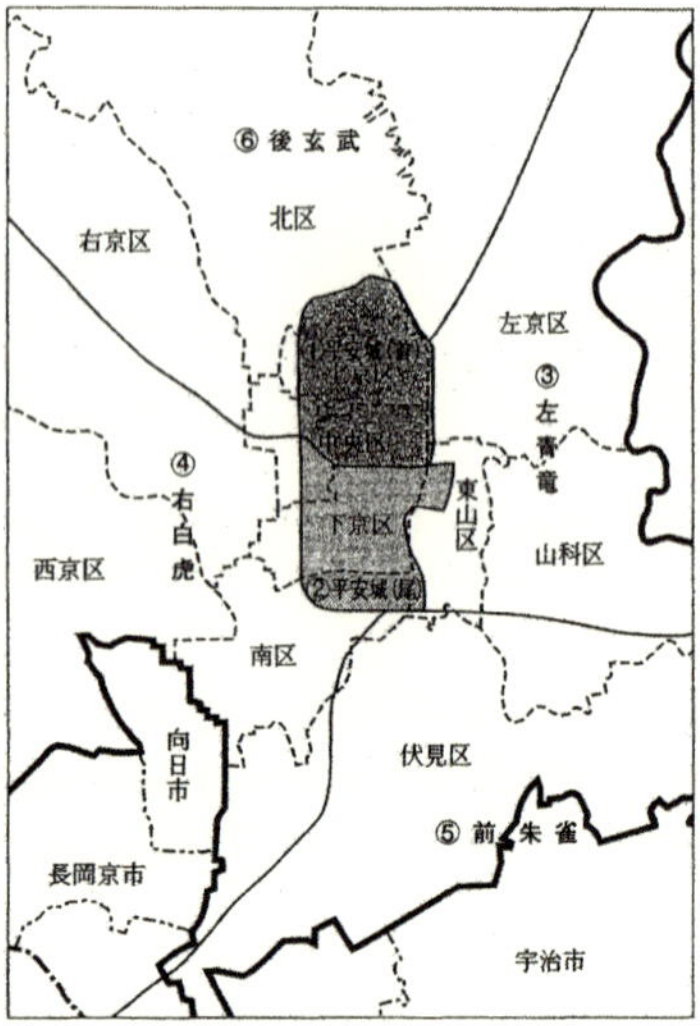


図72　『都名所図会』の空間
市古夏生・鈴木健一校訂『都名所図会』（ちくま学芸文庫，1999年）所収図による．

たと考えられる。

『都名所図会』の「平安城」、『摂津名所図会』の「大坂郷」、『江戸名所図会』の郭内は、近世初頭に城下町として建設されたという共通性がある。古代平安京から展開した京都に城下町という印象は薄いが、秀吉の聚楽第《じゅらくだい》や徳川氏による二条城の建設を通じて、城下町として改造されたと指摘されている。近世後期になってもなお、初期の都市計画が都市を認識する枠組みを形作っていたといえよう。

また、『都名所図会』は、第三巻以降の各巻を「左青龍《せいりゅう》」「右白虎《びゃっこ》」「前朱雀《すざく》」「後玄《げん》武《ぶ》」と名付け、四《し》神相応《しんそうおう》の原理から周囲の東西南北をあてはめている。『江戸名所図会』の北斗七星による構成は、『都名所図会』の、宗教的意味づけを与えた周辺部によって中心部を守るという演出コンセプトを踏襲したといえよう。

このように籬島の創始した名所図会というメディアは、「地域を編集する」「都市を編集する」という方法を確立した点で、まったく新しい特性をもっていた。『江戸名所記』やその先駆けとなった『京童《きょうわらべ》』のように、地誌は最初、ひとりの人物のたどる経路を模して、編集された。その後、実用性を要求されるようになってから、テーマ別や地区別の編集が行われたが、『都名所図会』以前に、中心と周縁という切り分けを明白に行った事例はなかったのである。

どの名所図会も都市の成り立ちを天皇と関係づけている点は興味深い。『都名所図会』は最初が「内裏《だいり》之図」である（図73）。『摂津名所図会』は始めに「高津宮図」を掲げ（図74）、解説では『日本書紀』から浪速《なにわ》と摂津の起源を引用し、以下、一四ページにわたって仁徳《にんとく》天皇の事跡を記していく。『江戸名所図会』では武蔵国《むさしのくに》の成立を日本武尊《やまとたける》の「東夷《とうい》征伐《せいばつ》」から説明し、「東照宮様」の江戸入りを必然化した。つまり天皇との関わりを地域形成の軸としている。尊皇《そんのう》思想は各藩の武士や豪農層の認識として取り上げられてきたが、天皇を中心とする秩序観は、三都の都市民の間でも受け入れられていたのだろう。その感覚もまた、「地域を編集する」方法に取り込まれていたのである。

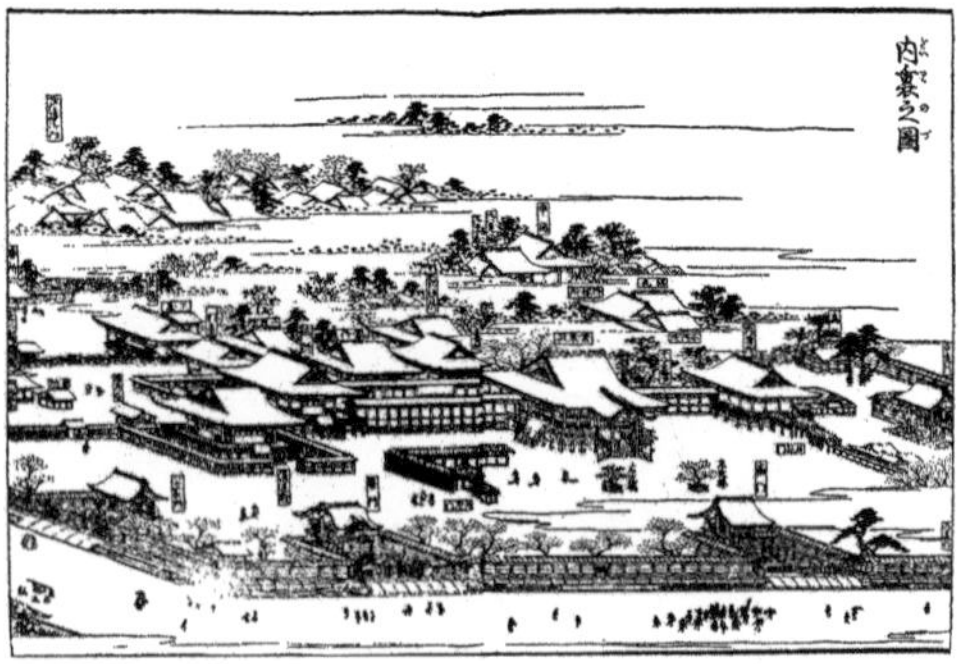


図73　『都名所図会』「内裏之図」
（東北大学付属図書館狩野文庫所蔵）

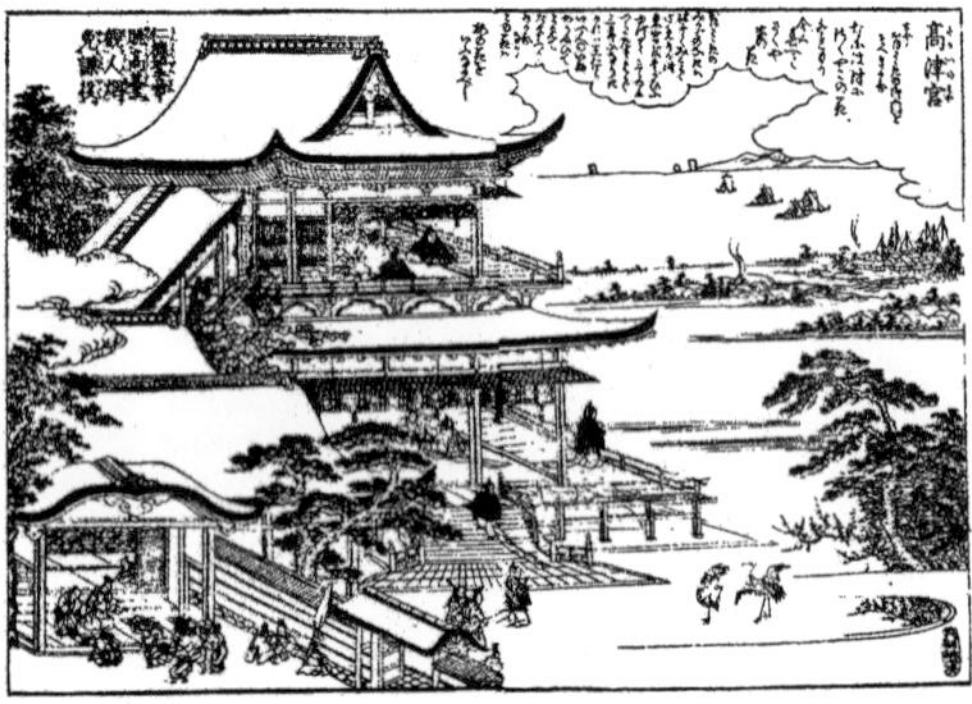


図74　『摂津名所図会』「高津宮」
（東北大学付属図書館狩野文庫所蔵）

## 上方中心国土観への対抗

注目しておきたいのは『東海道名所図会』である。編著者は『都名所図会』の秋里籬島で、寛政《かんせい》九（一七九七）年に京都で発行された。目次は「平安城」に始まり、東海道を下って、最終図版が日本橋図である。絵師には鍬形蕙斎《くわがたけいさい》が参加していて、江戸付近の挿図一四点を担当した。蕙斎は浮世絵師北尾《きたお》重政《しげまさ》の弟子であり、重政は最初『江戸名所図会』を担当することになっていた人物である。『東海道名所図会』第一巻「平安城」の冒頭では、草薙《くさなぎ》の剣《つるぎ》に関する伝承から日本武尊の「東夷征伐」を説き、それを東海道の始源と位置づけている。次いで京都の沿革が内裏を中心に語り、京都の終わりが三条橋図である（図75）。さらに内裏図は宮中における正月行事が描かれ、三条大橋図に次いで旅立ちの光景を配置する。つまり『東海道名所図会』は、正月という季節のなかで三条大橋が歴史的・空間的に東海道の起点であることを強調し、その対極に終点としての日本橋を浮かび上がらせているのである。

図75　『東海道名所図会』「三条橋」

　一方、『江戸名所図会』一～二巻は江戸、日本橋を出発点とする新しい「東海道名所図会」でもあった。日本橋を終点とする『東海道名所図会』の最後の部分を、日本橋を出発点とする『江戸名所図会』第一巻、第二巻が逆にたどっているのである。『東海道名所図会』第六巻の六浦《むつうら》以北では、挿絵一八点中一三点は『江戸名所図会』に対応する図版があり、解説項目では五四項目中四六項目が対応している。

　こうしてみると『江戸名所図会』が『東海道名所図会』とまったく同様の手法によって日本橋の起点性を演出していたのは明白であろう。ただし、アニメーション的な演出を加え、「始まり」というイメージを大きく強化した。その上で第一巻から第二巻へ、日本橋を出発して、東海道を上っていくという流れで構成し、東海道の出発点として印象づけたのである。『江戸名所図会』製作者は、『東海道名所図会』を江戸を起点として読み換え、上方中心の国土認識に対する鋭い対立意識を表現していたのであった。

　『都名所図会』ではこのような国土的中心性は主張していない。安永《あんえい》九（一七八〇）年という時点では、京都が国土的中心であることに、読者の側も何ら疑念を感じなかったのだろう。『都名所図会』は国土中心である都のさらに中心として、御土囲で囲まれた範囲を区切ったのにすぎない。それに対して、『江戸名所図会』は最初から都に対する「東都」という概念を持ちだし、「東都盛大の繁栄」を伝えるという宣言のもと、上方から江戸へ、という中心性の奪還を企図したのであった。『都名所図会』から『江戸名所図会』に到る半世紀は、江戸の町人が文化的・経済的な自立と成長を背景に、国土における自らの中心性を自覚していく時期に一致していた。

江戸町方が江戸の中心であること、日本橋が出発点であり、東海道は上るものであること、幕府は社会の基軸であるが武士は都市文化の主役ではなくなっていること。これは現代の私たちの江戸イメージそのものといえよう。だがそれは、当時の出版メディアの潮流に対する挑戦であった。

## 江戸認識の逆転

「上方の視線」の項目でみた寛文《かんぶん》二（一六六二）年の浅井了意《あさいりょうい》『江戸名所記《えどめいしょき》』では「武蔵国」を最初の項目に置いて、芝口付近にあった江戸の境界地域から中心部を北進、江戸城から日本橋と進み、その後、周辺を叙述している。似通った導入をとるものに、享保《きょうほう》一七（一七三二）年『江戸砂子温故名跡誌《えどすなごおんこめいせきし》』『新編江戸志』があった。『江戸名所記』の影響によって、江戸全体の紹介を冒頭に置いて、まず中心部を記述し、ついで周辺を見ていくという構成が普遍化し、『江戸名所図会』もそれを継承したというイメージがある。

しかし、江戸全体→江戸城→日本橋→町方という展開は『江戸名所図会』以前の地誌に定着していたとは言い難い。とくに町方の記述は少なかった。延宝《えんぽう》七（一六七九）年の『江戸雀《えどすずめ》』は江戸の由来と江戸城を第一巻に持ってきているが、日本橋は第四巻中頃で取り扱われる。延享《えんきょう》三（一七四六）年の『江府名勝志《こうふめいしょうし》』上巻は江戸全体→江戸城と記述を進めてはいるものの、神田・柳原を挟んでその次に日本橋が登場する。当時、地誌の主流は寺社・橋・年中行事などのテーマ別構成であった。『江府名勝志』も中下巻はテーマ別になっている。

また、『江戸名所図会』に先立って、同じ「江戸名所図会」の名称を持つ二つの本が刊行されている。天明《てんめい》五（一七八五）年の鍬形蕙斎『江都名所図会』は、江戸名所五〇景に俳句を添えた巻物形態の刊行物であり、案内記としての使用は考えていなかったと想像される。この図会は上野に始まり、日本橋図は全体のほぼ中間に置かれ、最後は江戸城を表す「蓬莱宮図《ほうらいきゅうず》」で終わる。町方にはあまり触れず、道路や地域による組織的な構成は行われていない。十返舎一九《じっぺんしゃいっく》の『江戸名所図会』は文化《ぶんか》一〇（一八一三）年に発行された一冊二五丁の短いもので、二七景の画面に狂歌を添えている。これも上野で始まり、九景めに日本橋、第一〇景が「蓬萊」すなわち江戸城の描写である。町方の記述は多く、ある程度の地域的構成は見られるものの明快ではない。

このような以前の地誌類と比べて見ると、『江戸名所図会』における演出の意味が浮かび上がってくる。

すなわち『江戸名所図会』は江戸の空間認識における二重の逆転を企てていたのではなかっただろうか。第一の逆転は上方中心意識に対するもので、東海道の下りの終点としての江戸を、上りの出発点に読み替え、江戸からの視点で国土を認識しようというもの、第二の逆転は江戸の中心を江戸城から町方中心部に移し替えるものであった。

『江戸名所図会』以降の江戸・東京を扱った地誌は、日本橋に起点をおいた構成が主流になった。安藤広重《あんどうひろしげ》の安政《あんせい》六（一八五九）年刊行の『名所江戸百景』は日本橋図で始まるだけではなく、最初の三葉が正月風景であり、選択された景観のほとんどが『江戸名所図会』に含まれている。『江戸名所図会』の地域表現戦略は、発刊直後から決定的な影響を与え、早くに一般化したといえよう。『江戸名所図会』の登場は江戸の都市メディアに画期を形成したのである。

## 名所図会メディアの完成

『江戸名所図会』は『都名所図会』以来の名所図会というメディアの方法を洗練させ、強化し、完成させた作品として位置づけることができる。地域を編集する名所図会の手法を使いこなして、本来それを産み出した上方中心の名所図会群を相対化してしまったといえよう。

たとえば、地域を切り分けるという手法によって浮かび上がった中心部は、かなり印象の異なるものとなった。『都名所図会』の第一巻は京都全体の解説に次いで「内裏之図」から始まり、その後、挿絵では上御《かみご》霊《りよう》社など寺社の紹介が続く。第一巻中の挿絵は二五点あるが、そのうち町方は五点であり、解説文の量もほぼそれに比例して二割程度にすぎない。『摂津名所図会』の記述は、住吉《すみよし》郡・東生《ひがしなり》郡・西成《にしなり》郡の順で、中心市街地の大坂郷は第四巻である。江戸で言えば、外堀の外側にある小石川や赤坂などから記していくようなもので、大坂市街地の中心性はぼやけてしまった。つまり『江戸名所図会』で強調されたような中心＝町方というイメージは浮かび上がらないのである。日本橋を江戸と国土の中心に位置づけるために行われた、アニメーション的な技法もまったく新しいものであった。まだ検討を終えていないが、『江戸名所図会』ではじめて工夫され、世の中に送り出された演出技術はかなりあると考えられる。

### 幾何学的遠近法の都市

とくに擬似的ではあったが、『江戸名所図会』の幾何学的遠近法の採用は大きい意味を持っている。

都市は平行線で構成された空間であり、その画像にリアリティを求める場合、幾何学的遠近法は最良の武器となる。江戸の画像における幾何学的遠近法の適用は早くに始まっていた。浮世絵の一ジャンルをなした「浮絵《うきえ》」である。岸文和氏によると元文《げんぶん》四（一七三九）年頃には奥村政信《おくむらまさのぶ》らが始めたという。

ところが『都名所図会』は、浮絵が登場してから約三〇年後に誕生したのにもかかわら

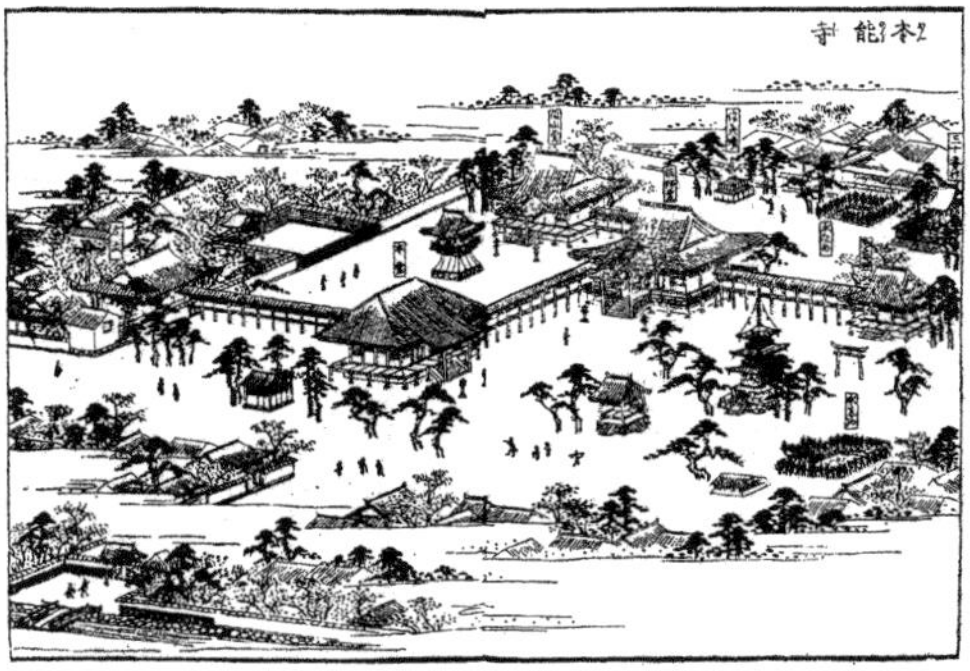

図76　『都名所図会』の遠近表現
『都名所図会』「本能寺」．近くにあるものは画面手前に，遠くにあるものは画面の奥に配置するという平行遠近法によっている．近景の人物に対して，遠方の人物は縮小していない（東北大学付属図書館狩野文庫所蔵）

ず、幾何学的遠近法をまったく用いていない。大半は遠距離から俯瞰《ふかん》し、平行遠近法で遠近感を表現した（図76）。それには遠い距離にある事物が縮小する幾何学的遠近法を使用すると、地誌としての説明を十分に行えなくなるという問題もあったと考えられる。名所図会というメディアは視覚的に写実である以前に、情報的に〈写実〉である必要があり、平行遠近法で構成された世界の中に、必要な情報をできるだけ配置していたといえる。

『摂津名所図会』では画面の一部に幾何学的遠近法的な描写が見られるものの、全体は平行遠近法の原則で描かれているため、まったくなじんでいない（図77）。長谷川雪旦《はせがわせったん》がライバル視したとも考えられる絵師鍬形蕙斎は、北尾政美《きたおまさよし》の名前で俯瞰的な浮絵作品を残したが、『東海道名所図会』では複数の集中点を持つかたちで幾何学的遠近法を展開したため、画面に混乱を生んでいる（図78）。つまり寛政《かんせい》八（一七九六）年の『摂津名所図会』、寛政九（一七九七）年の『東海道名所図会』、天保《てんぽう》五（一八三四）年の『江戸名所図会』と、年代が下がるにつれて、幾何学的遠近法の利用はより進化していったのである。

幾何学的遠近法の採用は、当時の都市民の意識を考える上で重要な意味を持っている。彼らには平行遠近法で描かれた都市には満足しきれない心情が育っていたのではないだろうか。それは名所の選択に関わっている。最初の『都名所図会』はほとんどが寺社であったが、『摂津名所図会』ではかなりの部分を名店や市・盛り場・船着き場などが占めた。凡例では「大坂市街に神廟仏刹多からず」、だから「朝市・夕市の繁華」や「出帆・帰帆河口の風景」を描くと語っている。『江戸名所図会』ではとくに第一巻に町方の描写が多く見られ、二巻以降でも場末の町々や郊外の宿をていねいに描く。近世後期、三都の都市民に自分たちの住まう町そのものが名所であるという感覚が育ちつつあった。彼らが名所であると感じるのは整然と軒を連ねる街並であり、そここそ、幾何学的遠近法が効果を発揮する空間であった。後発の『江戸名所図会』はその要求を満たす方向で、擬似的かつ過剰ではあるが、幾何学的遠近法の効果を最大限に生かしたと考えられる。

漢画の系譜に所属する雪旦の初期作品は、漢画の平行遠近法である高遠の図法によるも

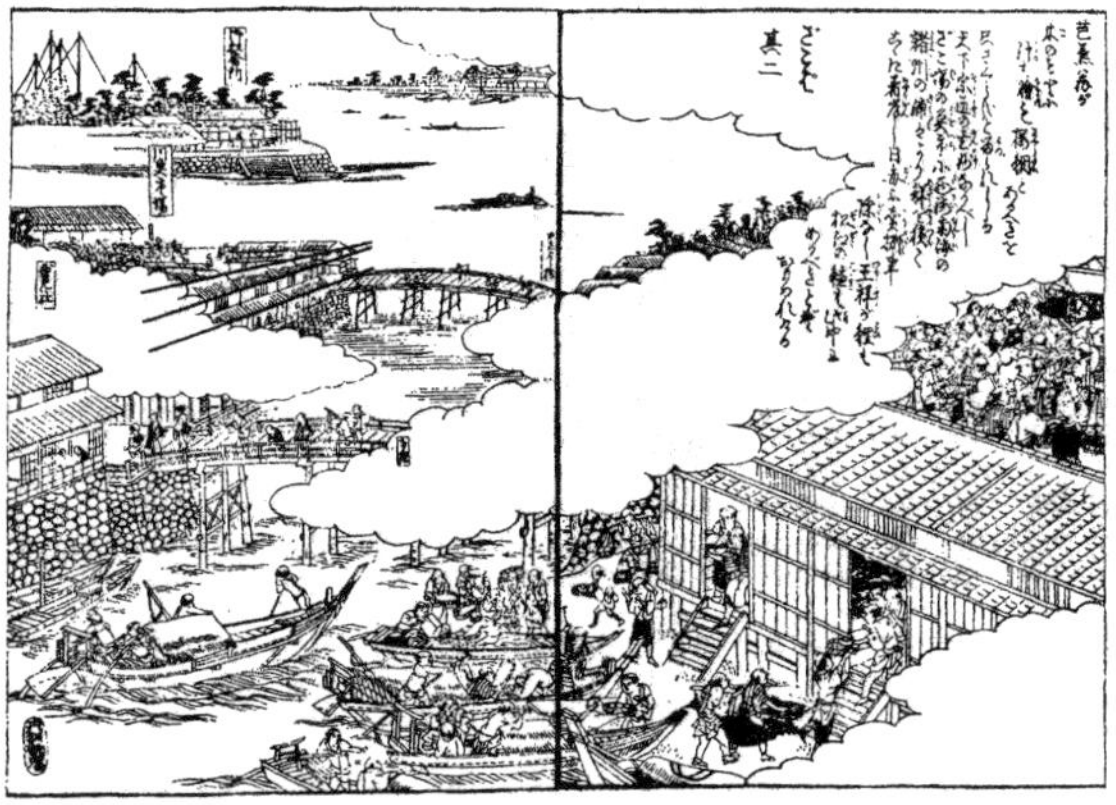


図77　『摂津名所図会』の遠近表現

『摂津名所図会』「ざこば・其の二」．全体は平行遠近法によるが，補助線で示したように画面の左側中程に幾何学的遠近法を意識した集中線があらわれている（東北大学付属図書館狩野文庫所蔵）

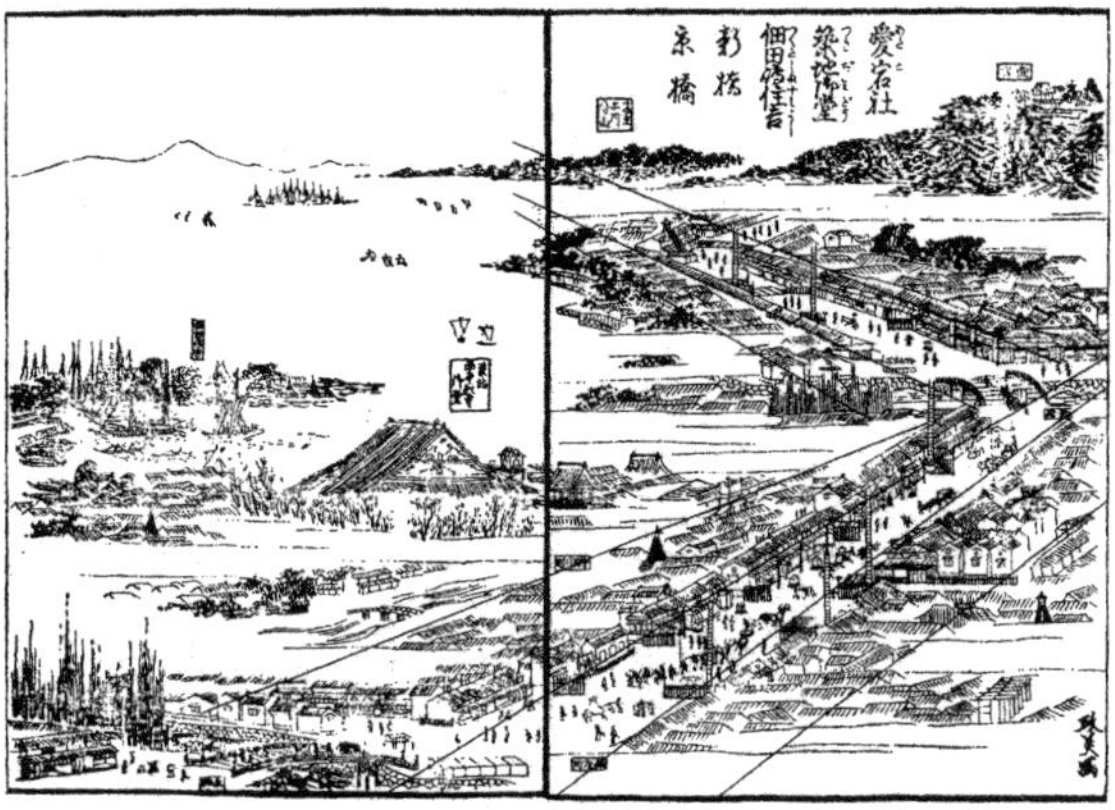


図78　『東海道名所図会』の遠近表現

『東海道名所図会』愛宕社周辺図．ふたつの異なる焦点をめざす集中線が見られる．右下の集中線を基準に幾何学的遠近法を適用した場合，左上の集中線はほぼ平行した線になると考えられる（東北大学付属図書館狩野文庫所蔵）

図79　長谷川雪旦「阿蘭陀屋敷」

のであった。その後、長崎に旅をした雪旦は、出島の風物を描いた作品で幾何学的遠近法に開眼する（図79）。雪旦が『江戸名所図会』の製作を任せられたのはその直後であった。雪旦は、幾何学的遠近法による俯瞰図でありつつ、しかも十分に地誌を説明できるかどうか、という点を、決定的な課題としていたのではなかっただろうか。幾何学的遠近法の集中点を画面のはるか外にとって、対象物の縮小をできるだけ避け、その中に写生にもとづく事物をはめ込んでいくという方法が、その回答であったと考えられる。雪旦の幾何学的遠近法は効果だけを重視した観念の産物であり、本来の〈写実〉とは趣の異なるものであった。

# 江戸の自画像

企てられ、慎重に演出された「絵」。『江戸名所図会《えどめいしょずえ》』の挿絵にそのような性格が強いとすると、最初に分析したような人物像も、角度を変えて考え直す必要が出てくる。

## 表現されなかったものたち

たとえば、目明《めあか》し・芸者・火災・武士の抜刀《ばっとう》・走っている人・町火消・岡場所《おかばしょ》・事故・喧嘩・浪人・町奉行所役人・街娼・相撲取りなどは、『江戸名所図会』にはまったく見られないか、きわめて登場例が少ない。私たちが慣れ親しんでいる捕物帳や時代劇の世界は、目明しがいて、町火消らがいて、しばしば喧嘩やら抜刀事件があって、成り立っている。しかしそれら、時代劇の主人公たちも出来事も、『江戸名所図会』の中には存在していないのである。

時代小説との関係を考えると、『江戸名所図会』の特性が見えてくる。池波正太郎の『剣客商売《けんきゃくしょうばい》』「いのちの畳針」に次の描写がある。「大塚町の通りを巣鴨の方に向かって行き、護国寺《ごこくじ》門前へ出る富士見坂を左に見た、その右側に波切不動《なみきりふどう》がある」。この場所は江戸絵図で検討した富士見坂上の交差点付近である。主人公、秋山小兵衛の門人、植村友之助は病の身をここに養っていた。その状況は次のように描写される。

通りに面して、鳥居前の空地があり、横斜めに建っている鳥居をくぐると十段ほどの石段があり、門を入れば、ただちに小さな堂宇の前へ出る。

植村友之助が、いま、住んでいる場所は、この鳥居の傍に在る茶店であった。

藁屋根の茶店には、屋根裏のような二階が一間あり、そこに友之助が暮らしている。

この景色は『江戸名所図会』の大塚「波切不動堂」図に描写されている（図80）。波切不動は名所として知られつつあったとはいえ、浮世絵《うきよえ》に描かれるようなレベルではない。その傍らに藁屋根（茅葺屋根）の茶店があったということは、『江戸名所図会』の挿絵だけが伝えていると考えられる。池波はまさに「名所図会中の一枚の絵から、一篇の小説の発想」を得たのであろう。この絵の右上方へ道を辿ったところに本伝寺があり、その向かい

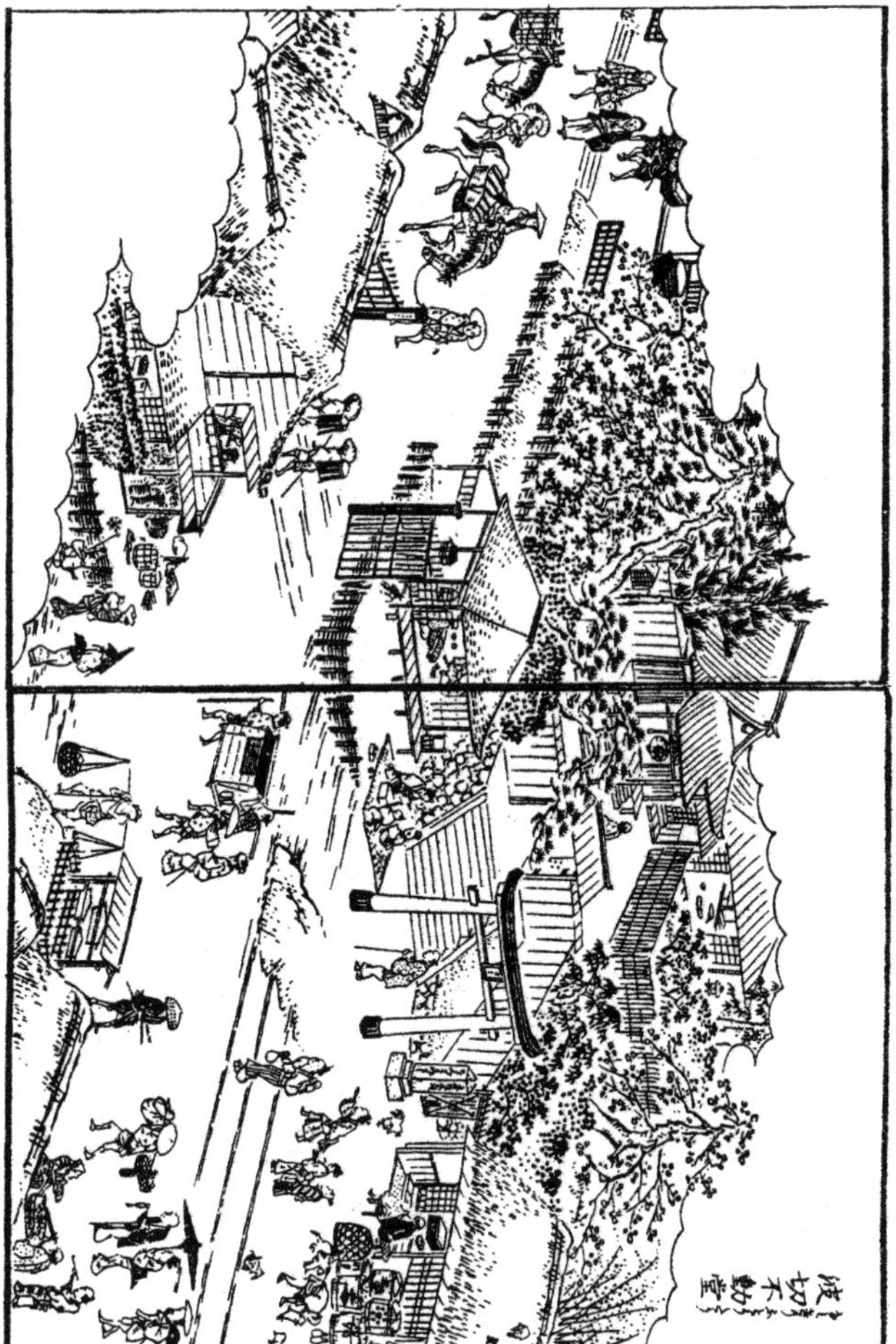


図80『江戸名所図会』「波切不動堂」（東北大学付属図書館狩野文庫所蔵）

側の林で炭屋の息子、為七が旗本の子息一行に命を脅かされる。通りかかった友之助が、たまたまひろった畳針を手裏剣《しゅりけん》代わりに用いて為七を救い出したところから、旗本《はたもと》のグループに付け狙われるようになり、ストーリーが展開していく。茶店の向かい側にある俵を積みあげた店が為七の居た炭屋であろう。

つまり、『江戸名所図会』に、何らかの要素、何らかの事件を付け加えなければ、時代劇や時代小説は成立しない。池波正太郎は『江戸名所図会』の波切不動周辺を舞台背景として選択し、そこに病身の剣客と炭屋の息子、旗本の子息を配し、事件を描くことで時代小説とした。剣客や炭屋、旗本の子息、畳針は要素であり、命を脅かされる・危急から救い出すのは事件である。

先ほどあげた例のうち、火災・武士の抜刀・走っている人・事故・喧嘩は事件である。これが『江戸名所図会』に描かれていないのは理解できる。『江戸名所図会』が描こうとしたのは江戸の日常の姿であって、ある特殊な時空間ではない。

だが、描かれなかった要素、浪人・目明し・町奉行所役人・街娼・相撲取り・芸者・町火消・岡場所をどのように考えたらよいのだろうか。これらの要素が江戸の町に存在していたことは、他の史料から明らかである。この問題は、とりあえず三つの方向で解釈を進めることが可能であろう。

① ある特別な時間帯にのみ識別できるか、あるいは出現する場合。たとえば、町火消が町火消の装束《しょうぞく》となるのは火災発生時だけであって、『江戸名所図会』の中に町火消が描かれていたとしても、一般町人男性とまったく変わらない姿となっていた可能性がある。相撲取りも場所開催中にのみ姿を現していたと考えるべきかもしれない。

② 現在伝わる各要素のイメージが実態と乖離《かいり》している場合。継ぎだらけの着物を身に纏い、月代《さかやき》を伸び放題にして、尾羽打ち枯らした浪人の姿などは、歌舞伎《かぶき》の舞台衣装・髪型・化粧として定着した可能性が高い。浪人が外見上、主持ちの武士と区別できたかどうかは疑問である。

問題は③、『江戸名所図会』製作者が何らかの理由に基づいて、あえて描かなかった場合である。

## 江戸の自画像

『江戸名所図会』の挿絵のリアリティには滝沢馬琴《たきざわばきん》をはじめとする同時代人の高い評価があり、私たちもまたリアリティを感じざるをえない。問題はリアリティの程度を見極めることにある。結論をいえば、『江戸名所図会』のリアリティは当時の人びとの共通認識が土台になっていて、その圧倒的大部分は、やはり写実として捉えうるものであろう。すなわち『江戸名所図会』の図像は完全な事実ではないが、「ほぼ事実である」と読者が受け止める程度には〈事実〉であった。そうでなくては、江戸を代表するベストセラーとも成り得なかったであろう。

『江戸名所図会』は何よりも名所を描くために構想された。名所から江戸を紹介するという基本的な枠組みからは、盛大・繁栄の良き江戸を強調せざるをえまい。いわば『江戸名所図会』は誇り高き江戸都市民の描くところの、都市江戸の自画像である。自画像であるが故に可能となる精密な描写とともに、自分をいかに見せるかという意図や欲求を内在させていたと考えなくてはならない。

さきほどみたように、『江戸名所図会』の挿絵に登場する女性と子供の姿は、当時の人口構成からいって明らかに少ない。これについて、女性や子供は都市の表層には現れづらいという理念、あるいは一般認識から、画像を組み立てた可能性を考慮せざるをえない。近世社会において、女性は神仏によってのみ救われるという観念が存在していたという柳谷慶子氏の指摘がある。同じ盛り場でも、両国広小路に比較して市ヶ谷八幡境内の女性比率が高いのは、『江戸名所図会』製作者にとって、その方が自然であったのであろう。女性や子供が一人で出歩いている例があまり見られないのも、「女子供」＝社会的弱者という観念が影響していたのではなかったかと考えられる。

もちろん現実の都市空間においても、女性や子供の現れ方が『江戸名所図会』の描写に近似していた可能性もある。ほかの絵画史料を見てきた限りでは、やはり盛り場にいる女性や子供の姿は限られ、一方、寺社に参詣《さんけい》する女性や、その手に引かれた子供たちの姿は多いのである。現実を基盤としつつ、『江戸名所図会』はその傾向を固定する方向に構成し、江戸の都市民はそれに満足していた。こういう認識構造を理解しておく必要がある。

『江戸名所図会』の表現戦略では、市古夏生氏が江戸城の欠落という現象を注目している。それでは以前はどうなっていたのだろうか。

## 江戸城の脱落

鍬形蕙斎《くわがたけいさい》の『江都名所図会』日本橋図は魚市の左上方に江戸城と富士とを配している。蓬莱宮《ほうらいきゅう》図には江戸城への大名行列を描き、全体を元旦の光景として、松・朝日・鶴・富士を配置している。だが、江戸城に対して東から昇る朝日、西にそびえる富士が同じ画面に現れることは現実には有り得ない。十返舎一九《じっぺんしゃいっく》『江戸名所図会』の日本橋図の背景には江戸城がある。蓬莱図は大名の江戸城登城姿があり、その左に武士の年賀訪問を描く。『東海道名所図会』日本橋図では魚市後方に日本橋を挟んで、江戸城と富士が描かれる（図81）。つまり、近世後半には、日本橋・江戸城・富士山・正月をひとセットにする定型

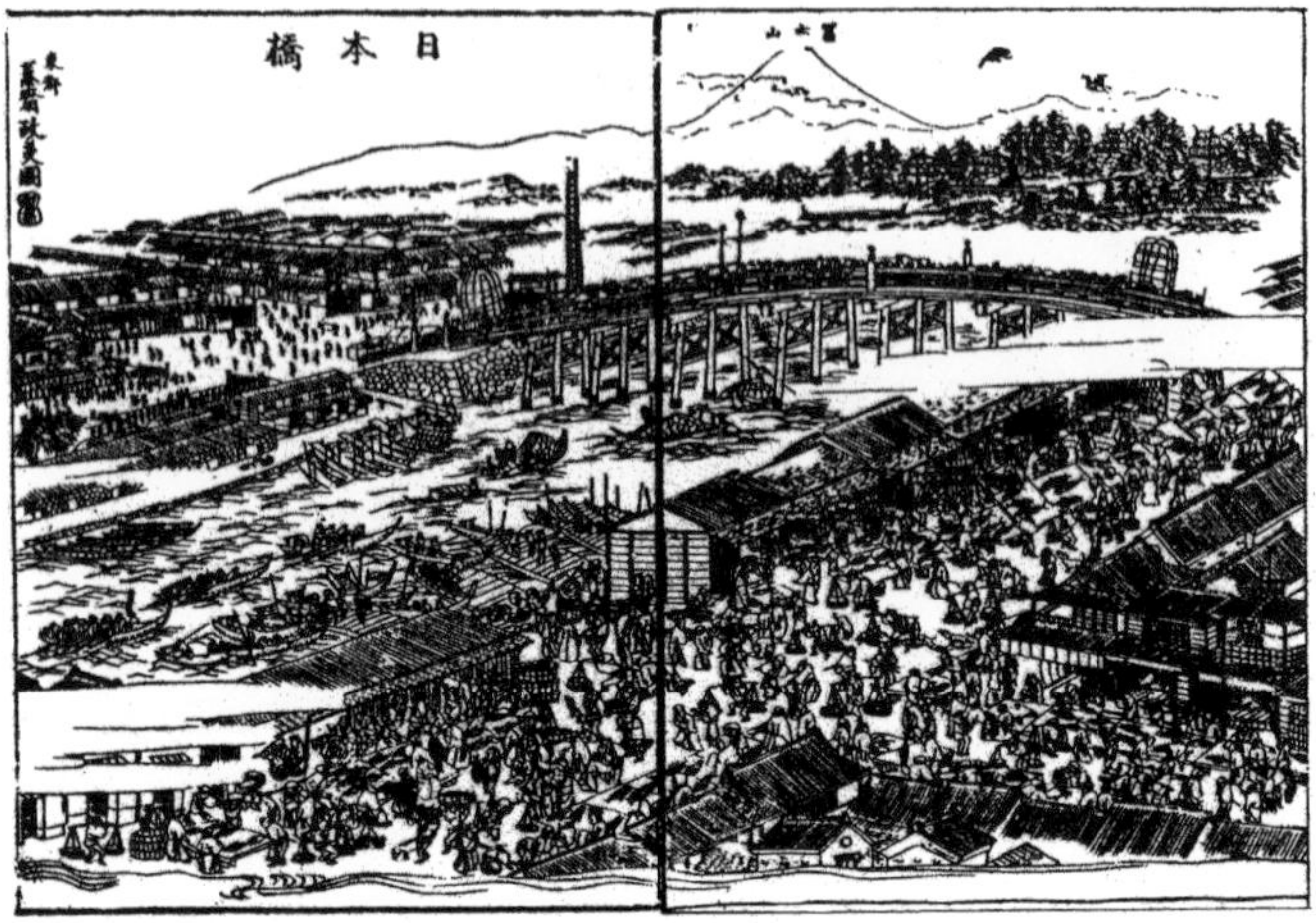


図81　『東海道名所図会』「日本橋」（東北大学付属図書館狩野文庫所蔵）

表現が成立していた。これは武威の都とその繁栄を、富士山と正月とにより言祝《ことほ》ぐ、という絵文字的な演出であったと考えられる。

一方、『江戸名所図会』日本橋図は正月という時間の中にはあるが、江戸城と富士山の姿はない。それも靄《もや》で隠すという意図的な方法で行われた。ただ一点、駿河町図に描かれた江戸城は遥か彼方にある。江戸城は町方の背景に後退し、新しい中心として演出された日本橋からは切り離されたのである。

市古氏の指摘するように、享保《きょうほう》七（一七二二）年、幕府は江戸城を印刷物に取り上げることをきびしく制限する触れを出し、その影響は大きかった。とはいえ、享保一七（一七三二）年に刊行された『江戸砂子《えどすなご》』は、かなりの質量で江戸城を描写している。斎藤月岑《げっしん》は初版出版にあたって、寛政《かんせい》一〇（一七九八）年に祖父幸雄が得ていた出版許可をそのまま利用し、後に手続きの不備として咎められている。祖父幸雄と父幸孝は書物改《しょもつあらため》の役職にあった。月岑は書物改の内実を知り、利用できる立場を利用し、以前の許可を前提に自由に編集しようとしたのではなかっただろうか。すくなくとも『江戸砂子』で取り上げている程度であれば江戸城を取り扱っても問題にはならないと知っていたはずである。やはり江戸城の姿を積極的に切り捨てたとしか考えようがない。

安藤広重《あんどうひろしげ》が挿絵を描いた弘化《こうか》四（一八四七）年の『江都近郊名所一覧』が、最初に見開きの日本橋図で始まっていて、一方、江戸城の記述がまったく見られないように、江戸城の記述は後の時代になるほど小さくなっていった。江戸城を描かない江戸名所案内という点でも、『江戸名所図会』は画期的であった。

## 茅葺の都市

江戸城と引き替えるようにして記述量を増やしたのが、いわゆる場末《ばすえ》である。大塚の「波切不動堂」図（図80）もその一つであり、そこには中心部とは異質な、もう一つの江戸が現れている。

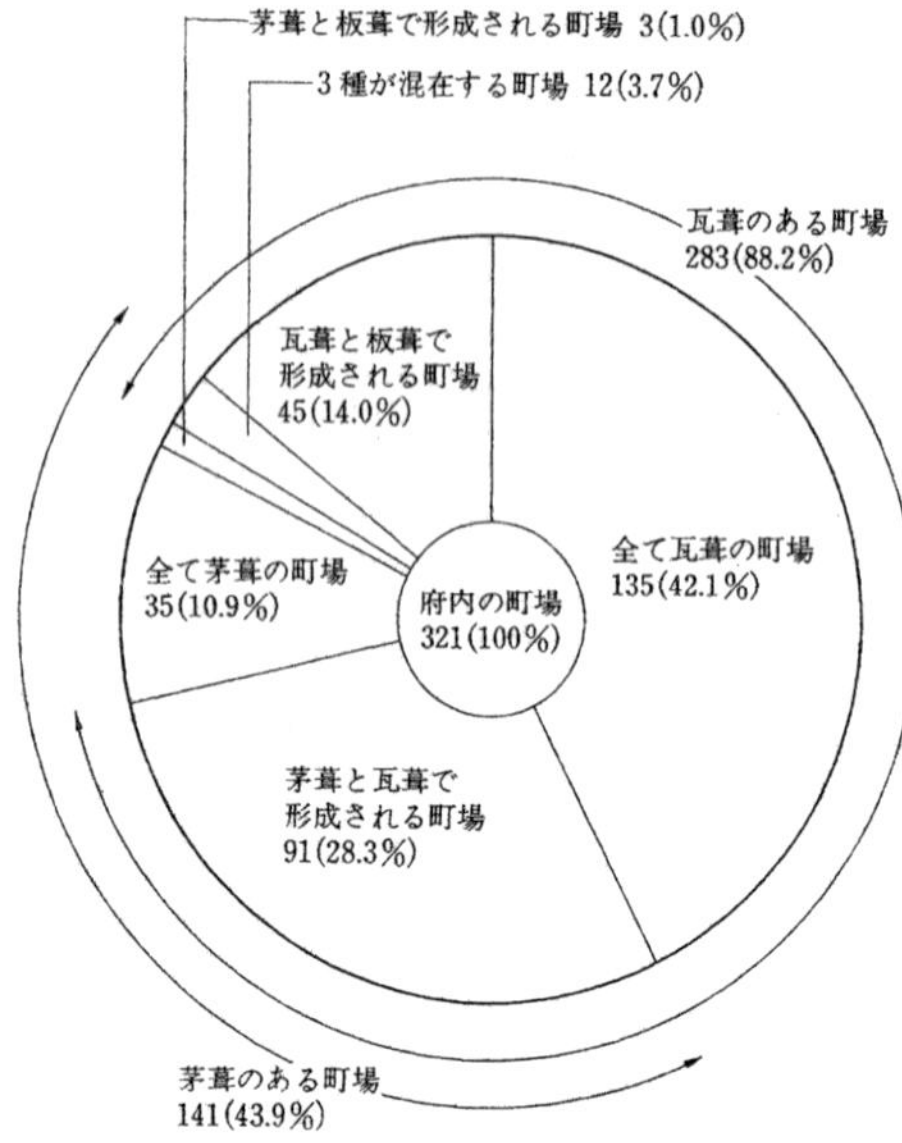


図82　『江戸名所図会』の屋根表現

たとえば、動物たちがたいへん多い。左手からは馬子《まご》に曳かれた馬が二頭やってくる。一頭の荷物の上には旅姿の女性が腰を掛け、後ろの馬子は唄でも歌っているような雰囲気である。後ろの馬についている桶は下肥用のものらしい。不動堂の鳥居の足元には、にわとりらしい姿がある。茶店の前の籠はにわとり用だろう。茶店の主人らしい男があたりを駆け回っている子犬の一頭を抱き上げ、それを子犬に乳を含ませている母犬が見守っているのが見える。茶店の屋根には二匹の猫が向かい合う。はす向かいにある炭屋らしい店の前にも犬が寝そべっている。

また、建物が中心部とはだいぶ違う。基本的に茅葺《かやぶき》であり、景色としてはたとえば街道の宿場と変わらない。『江戸名所図会』で府内の町場を描く一六六図中九三図には茅葺が見られ、五六％とかなり高い値になっている（図82）。府内＝朱引《しゅびき》の内側であっても、墨引の外側、つまり町奉行支配場の外は景観上、府外と等質の茅葺屋根で構成される空間であった。寺社や武家屋敷の状況もほぼこれと似ていて、外に行くにつれて茅葺の家屋が増えてくる。府外の町場はほとんどが茅葺である。印象として『江戸名所図会』の景観は、中心部の〈瓦葺の都市〉と、周辺部の〈茅葺の都市〉に二分している（図83）。

動物たちが駆け回り、下肥馬の行き交う茅葺の都市。それは農村と連続したもう一つの江戸であった。江戸の成長とは、江戸周辺部に江戸府外と同じ景観を持つ茅葺の都市が生成しつづけていたことを意味していた。『江戸名所図会』の視線は新しく生まれつつある江戸を見逃してはいない。

『江戸名所図会』のなかで江戸府内と府外の境界は、古町《こちょう》＝第一巻、非古町＝その他の巻というようには明瞭には示されていない。外堀の外側は、外に行くにつれて次第に茅葺家屋が増えていき、下肥馬が行き交い、やがて純農村地域に遷移していく空間である。編纂者自身、『江戸名所図会』は武蔵《むさし》国名所図会という趣を持っていると語ったように、武蔵・下総《しもうさ》・相模《さがみ》を含む広い領域を「大江戸」として描き、江戸府内は大江戸と一体的に表

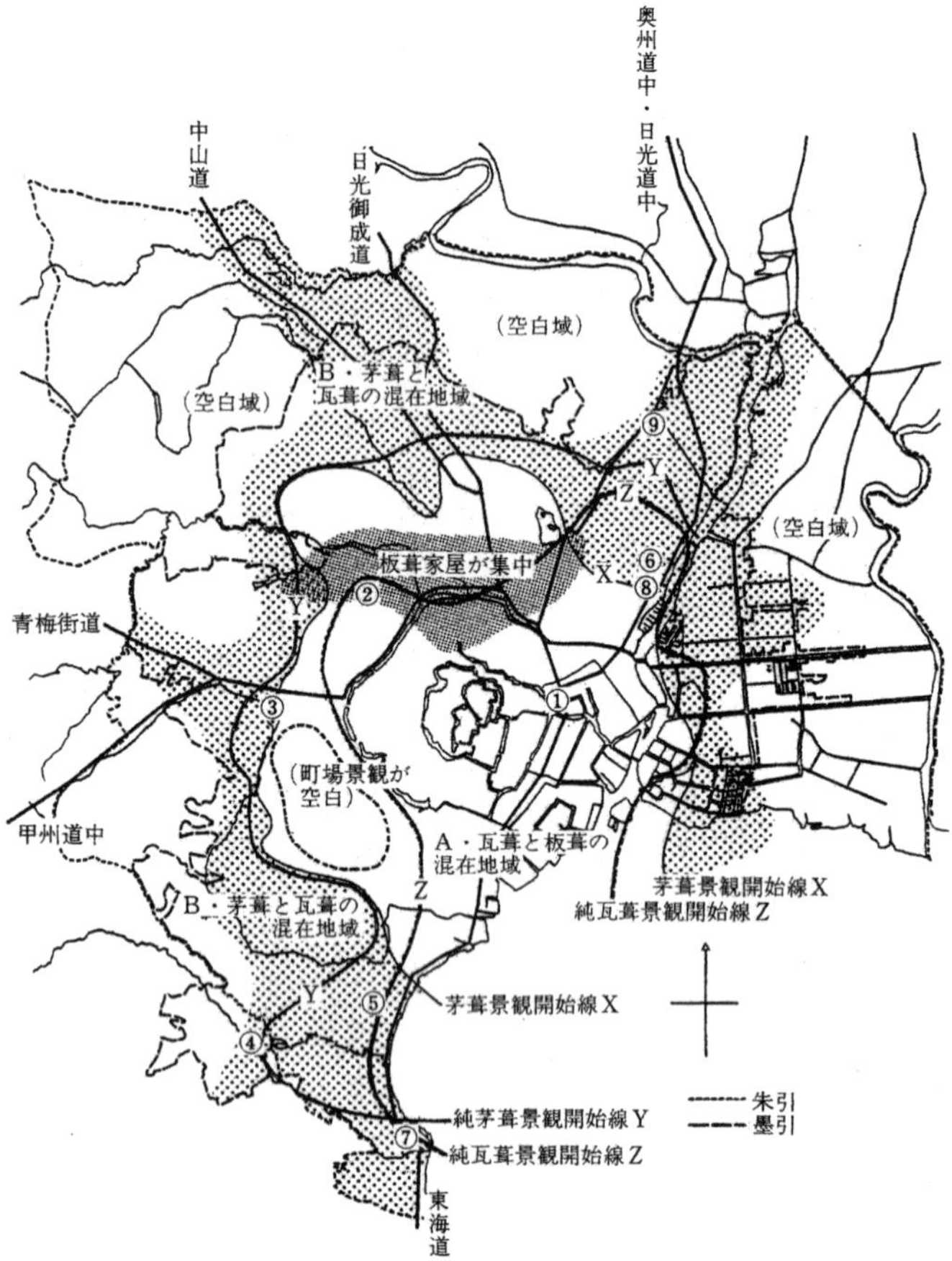


図83　『江戸名所図会』の屋根表現分布

現した。これは国土の中心を江戸に奪還するという方針と無関係ではないだろう。上方に対抗しうる「東都盛大の繁栄」をかたちにするために、『都名所図会』を情報量で圧倒するという戦略を採用し、その結果、『都名所図会』ではそれほどの位置を占めていない町方や村方の「繁栄」を、可能な限り取り込んだものと考えられる。

その背景に、都市というものは広範な基盤の上に成り立つものであるという製作者の都市認識があったと考えられる。挿絵になっている名所には、大森・品川の浅草海苔、大森の麦藁細工と和中散（薬）、蒲田の梅、川崎の塩、杉田村の梅と干し海鼠《なまこ》、深大寺《じんだいじ》の蕎麦《そば》、目黒の飴、清水立場《しみずたてば》の素麵《そうめん》、国分寺村の炭、玉川の鮎、高円寺村の桃、雑司ヶ谷《ぞうしがや》の麦藁細工、浦和坂の焼き米、川口の鍋、今戸焼《いまどやき》、中之郷の瓦、葛西《かさい》の草花、中川の鱚《きす》、新宿《にいじゅく》の鯉、行徳《ぎょうとく》の塩、真間《まま》の梨がある。多様な生産品に支えられ、繁栄する「大江戸」があり、それが中心にある江戸古町の存在感を引き立てるという関係が成立しているのである。

## 秩序に寄り添い、ずらす

江戸町方が江戸の中心であるというイメージを確立させるとともに、江戸城に代表される〈武士的なるもの〉は敬して遠ざけた。だがそれは武士中心の秩序を否定したり、凌駕しようというような対抗心の表れではなかった。北辰＝江戸城という暗示に示されているように、武士身分のもつ社会的基軸性

図84　『江戸名所図会』の喧嘩
『江戸名所図会』「杉森稲荷社」(部分)
(東北大学付属図書館狩野文庫所蔵)

は揺らいでいない。だがその存在はぼやかされ、微妙に後退させられた。製作者にとって、身体に障害がある人びとや盛り場の仮設施設、願人坊主《がんにんぼうず》などの物を乞う人びと、下肥馬や茅葺の町並み、あるいは瓦葺の大店《おおだな》や有名寺社も、「武家の都」に集う武士たちや行き交う大名行列と並ぶ大事な要素であった。『江戸名所図会』は、現実に存在した江戸にあくまでも寄り添いつつ、読者の期待を裏切らない程度にささやかな演出を施した作品である。

したがって最後まで問題となるのは、選択的排除の可能性である。火災・目明かし・武士の抜刀・事故のない『江戸名所図会』を見れば、「一つの橋、一つの木立の画面から、われわれは現在の喧噪を忘れて、永遠の静寂にも似た安らかさを味わう」(朝倉治彦「解説」『新版江戸名所図会』角川書店、一九七五年)という感想が生まれてくるのは当然のことであろう。しかしそれは、調和を強調した一種のユートピアとして江戸町方を描き出すという演出の結果ではなかっただろうか。

その姿勢は喧嘩の描写が象徴している。その例はわずかに三件であり、必ず制止する人間が配置された（図84）。「火事と喧嘩は江戸の花」と詠われるようになるのは『江戸名所図会』が製作された時期にあたる。江戸の繁栄を主張したい『江戸名所図会』製作者にとって、江戸の存在を脅かす火災を画面から排除するのは当然であったが、一方、喧嘩は江戸のにぎわいの要素として、ぎりぎりのところで容認した。だが、その数はきわめて限定され、かつすぐに収拾するものでなくてはならなかったのである。

また、岡場所を明記することはしなかったが、深川富岡八幡宮や根津《ねづ》・音羽《おとわ》・谷中《やなか》などの有名な岡場所に対しては、街路に小さく「茶屋まち」「弦歌きこゆ」「料理や多し」などの文字を描き込むことで、それとなくその存在を認知して見せた。つまり幕府の考える公的な秩序を大きく逸脱しないという条件のもとに、現実の江戸を可能な限り取り込み、一方、製作者が江戸にふさわしくないと感じるわずかな現実、たとえば非人小屋や街娼、可能性としては江戸の調和を冒す存在として浪人・目明かし・町火消なども選択的に排除して、『江戸名所図会』は成立していたといえる。

## 斎藤月岑の〈思想〉

その都市認識は、編纂と執筆にあたった斎藤家三代の経験や状況を反映していたと考えられる。斎藤家は代表的な古町名主《なぬし》であり、文配する町々は神田明神《かんだみょうじん》の氏子町であった。斎藤家の人びとは、江戸の調和、江戸の秩序に対する責任を日々感じざるをえない立場にあり、また、ごく自然に江戸古町を優位空間として意識していたであろう。日本橋魚市と並ぶ「江戸っ子」の空間、神田青物市《あおもの》＝「やっちゃば」の肝煎《きもいり》であったことも、町方に目を向けた演出の背景にあったかもしれない。

その中でも、江戸町方を国土の中心とする演出を展開したのは最終編者、月岑と考えられる。このイメージは全体構成によってはじめて浮かび上がるもので、最後を担った月岑でなければ成しえない演出であった。挿絵は父、幸孝の段階でほとんど完成していて、月岑が関わったのは「日本武尊東夷征伐図」「元旦諸侯登城之図」「日本橋図」「両国橋図」ほか数点であった。数は少ないものの、これらの図は演出上、決定的な作用を及ぼしたのである。

月岑が関わった仕事として、日本橋図に山崎闇斎《やまざきあんさい》の漢詩を添えた点は注目される。闇斎は朱子学《しゅしがく》の中で大義名分を重んじる一派、崎門《きもん》派を打ち立て、その流れは神道思想に接近して、儒学と連続する垂加神道《すいかしんとう》を生み出した。その思想は幕末勤皇《きんのう》思想の基盤をなしている。月岑は自ら新しい国土中心として演出した場に闇斎を結びつけたのであった。

また、折衷《せっちゅう》学派の儒学者、亀田鵬斎《かめだほうさい》が『江戸名所図会』にアイディアを提供していたことが知られている。鵬斎は寛政異学《かんせいいがく》の禁で異学の最右翼と目された人物である。当時、江戸市中の儒学者の大半は折衷学派に所属し、朱子学一辺倒の官学と対照的であった。月岑は鵬斎の教え子である。

とはいえ『江戸名所図会』に強い思想性があったとまではいえまい。一九世紀、文化の主要な担い手となっていた人びとにとって、天皇を中心とする国家観は常識化していたといわれる。天皇に関わる事跡を併記することによる、幕府を中心とする武士身分の相対化。これは書物の世界で権力構造のバランスを調整する一つの方法といえよう。上方《かみがた》を国土的中心とする意識を抱いていた秋里籬島《あきさとりとう》によってその方法はすでに試され、『都名所図会』や『摂津名所図会』で効果をあげていた。この演出技法を江戸に持ち込めば、武家世界の印象を弱め、相対的に江戸町方の存在感が際立ってくる。この認識構造を月岑はその教養を背景に演出者として直感し、利用したと考えられる。幕府中心の秩序に寄り添いながらも、微妙にずらされた『江戸名所図会』の都市像は、決して正統とはいえない月岑の思想がもたらした、「かすかな影」ではなかっただろうか。

# みんなの江戸とそれぞれの江戸――エピローグ

## 都市を切り開くメディア

はじめての町を訪ねるとき、地図・ガイドブック・イベント情報誌をそろえれば、たいがいの要求をかなえられる。地図は都市空間のなかで相手先と自分との位置関係を教えてくれるメディアである。ガイドブックは飲食や景観、ショッピングなどの要求に合わせて、都市空間を切り分け、価値付ける、いわば文化情報のメディアといえよう。イベント情報誌は祭りや年中行事、舞台などの都市の時間を公開し、限られた時間をプログラム可能にする、時間情報メディアである。近世終わりの江戸には、位置情報は絵図、文化情報は名所案内記、時間情報は歳時記という現代と変わらない機能を持つ都市メディアが準備され、多様な利用者に即応して、変化しつづけていた。

絵図の分野では、幕末になって江戸を分割した切絵図が登場した（図85）。これは区切られた空間と空間との関係を知っている者にとってはたいへんに都合がいい。とはいえ切《きり》絵《え》図《ず》一枚にまとめられた小石川が江戸のどこにあるのか分からないというような場合も大いにあり得る。それには、『懐宝御江戸絵図《かいほうおえどえず》』のような江戸全体をコンパクトにまとめた懐中絵図が準備されていた（図86）。周辺地域の町名や中小の旗本《はたもと》屋敷など、切絵図に取り上げられている情報はいくぶん落とされたが、名所と大名屋敷はくまなく紹介されている。江戸にはじめて出てきた者には、これで十分であったろう。

名所案内記では『江戸名所図会《えどめいしょずえ》』が決定版的な位置を占めていた。だが『江戸名所図会』は七巻二〇冊一一一二丁、項目数一〇四四という膨大な書物である。二六・一×一八・六センチと紙型も大きい。行きたい地域を定めてその一冊を持ち歩くという方法もあるが、出府者向きではない。これに対しては、弘化《こうか》四（一八四七）年の『絵本江戸めぐり』のような小型の名所案内が登場した（図87）。一五・五×一一・〇センチ、七四丁に五五九の名所を納めた手頃な一冊である。一立斎広重《いちりゅうさいひろしげ》の挿絵は一六点と少ないが、読んで楽しむというよりは、実用に配慮した編集が特徴となっている。選者松亭金水《しょうていきんすい》が『江戸名所図会』を底

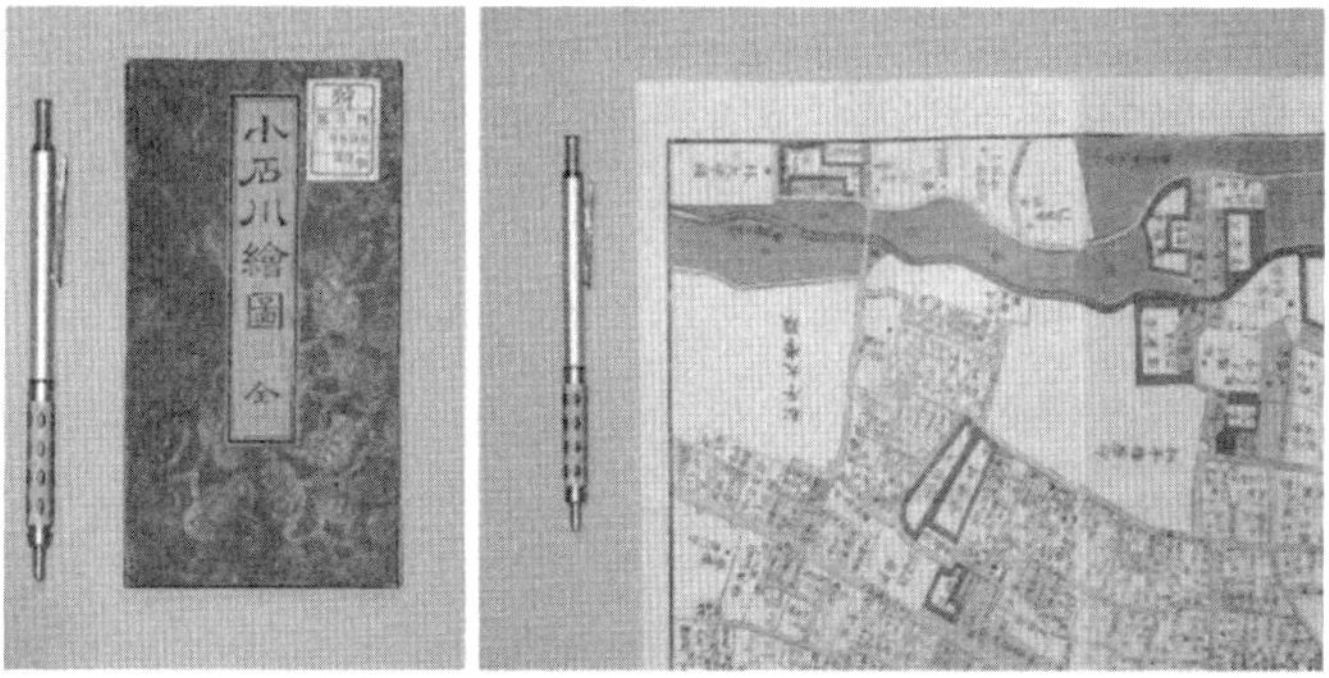


図85　尾張屋板切絵図（小石川絵図）

左・表紙，右・部分（東北大学付属図書館狩野文庫所蔵）

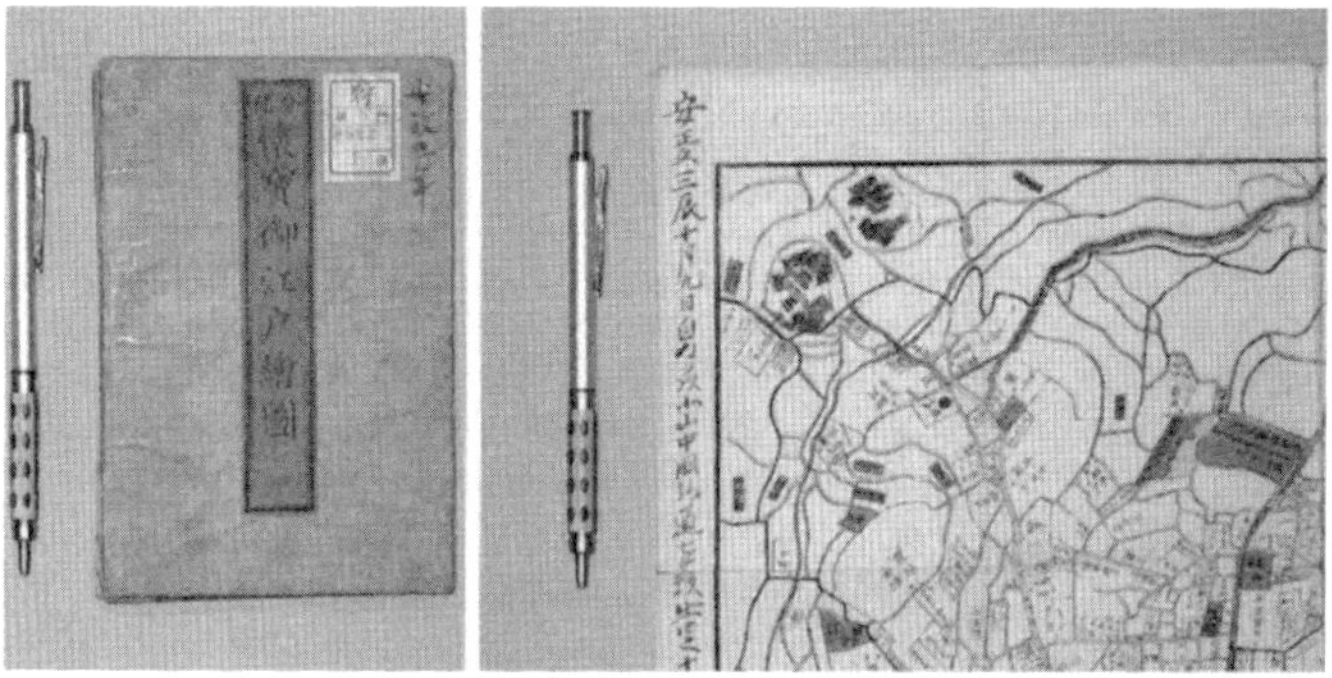

図86　『懐宝御江戸絵図』

左・表紙　右・部分（東北大学付属図書館狩野文庫所蔵）

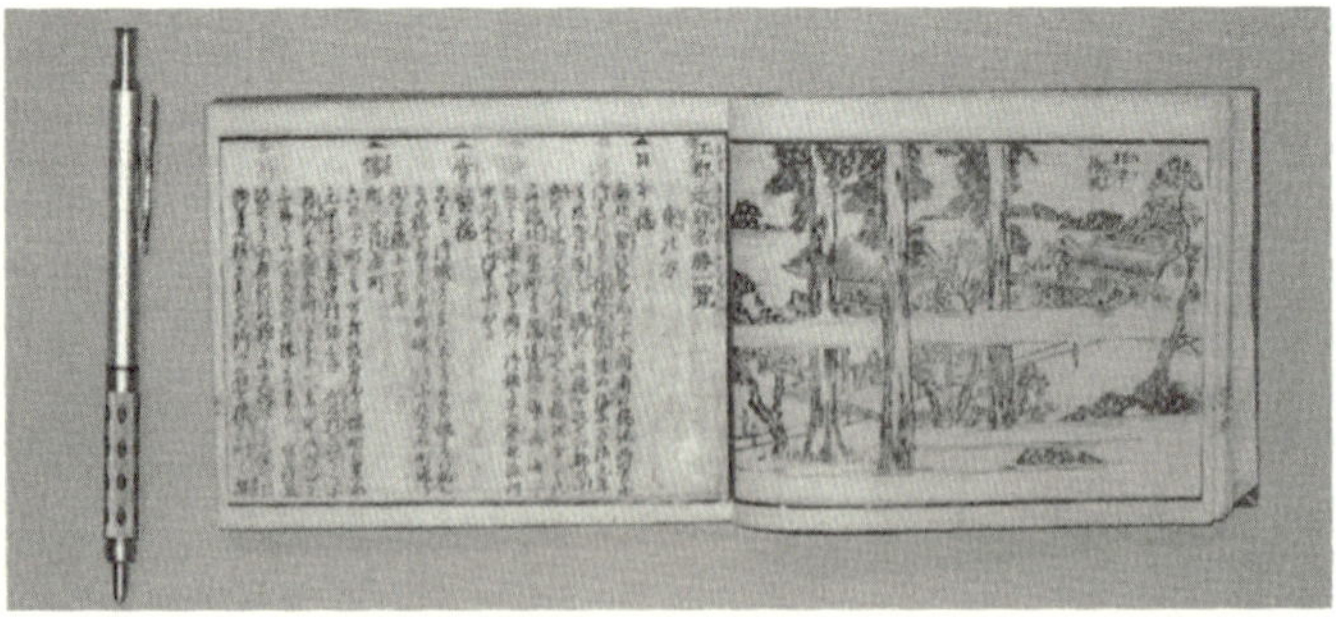

図87 『絵本江戸めぐり』
（東北大学付属図書館狩野文庫所蔵）

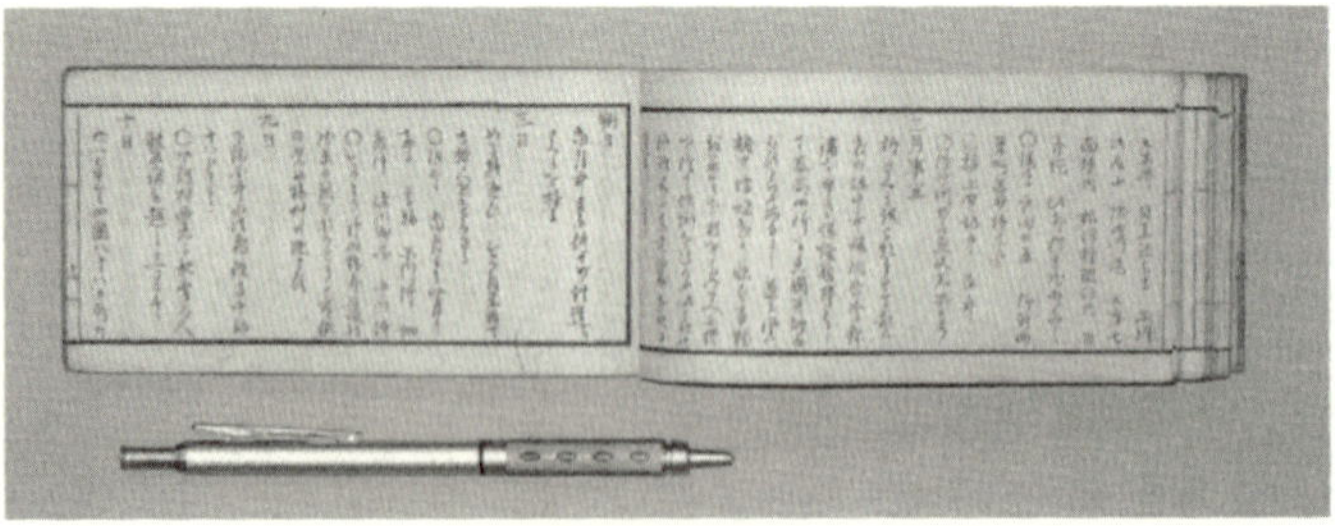

図88 『武江遊観志略』
（東北大学付属図書館狩野文庫所蔵）

本として作業を進めたことは間違いない。『江戸名所図会』に記載のない項目としては、『江戸名所図会』刊行時点で存在しなかった猿若《さるわか》町など三項目に限定される。一方、近郊十里四方に限定したこと、小社・小堂を省いたこと、日本橋を中心として街道に沿って並べ替えたことによって、馬琴が批判したような『江戸名所図会』の欠点を克服している。解説文も『江戸名所図会』を短くしているのにすぎないが、過去に遡る煩瑣な情報は削られているので、むしろわかりやすい。

全五冊からなる『東都歳時記』に対応する書物としては、安政《あんせい》六（一八五九）年の『武江遊観志略』などがある（図88）。一五・五×七・三センチ、四二丁という懐中版であり、凡例に「毎月寺社の祭礼・法要等は斎藤《さいとう》月岑《げつしん》子《し》の江戸歳時記に備れり、今其要を抜《ぬき》て以《もつて》編し録す」とあるように、『東都歳時記』の行事項目はすべて取り上げつつ、解説を省いたものになった。

### メディアが選択した情報

このように近世末期、地方からきた人間であっても、絵図・名所案内・歳時記という都市メディアに自由にアクセスし、駆使できる状況が成立していた。絵図を広げ、名所案内と見比べる姿はそこかしこに見られたであろう。空間・文化・時間に関する情報を誰にでも提供する、都市メディア三点セットの成立である。

都市を切り開き、要求に応える情報を提供する過程で、都市メディアに生じた事態が、プロローグで述べた変化の交錯であった。江戸地誌の挿絵は、「絵」的な表現からリアリティある「図」的な表現へと一貫して変化した。他方、江戸絵図は、主観の強い絵的な表現に始まり、測量を基にした図的な客観表現に進んだものの、再び絵的な歪みを蓄積する。前半では同じ「図」的な方向に進んでいた地誌挿絵と江戸絵図は、後半では「図」と「絵」という逆の方向へ歩んだのであった。

この一見交錯する動きは、実は提供すべき都市情報の質量を確保するという、同一の目的を反映していたと考えられる。近世の都市メディアは、技術としてはたった一つ、手彫りの木版印刷という枠組みを維持した。手彫りの木版では、どれだけ細くしても〇・二〜〇・三ミリという線に規定され、その情報量は、版面の大きさ、つまり絵や図、文字の刷り込まれる和紙の面積と比例する。持ち歩けるように紙面を縮小したいという場合は、情報を選び、削り落とすしかない。

その技術限界のなかで江戸地誌は、名所案内という性格を強めるとともに、「図」として完成させる、あるいはリアリティある「図」として認知させるという戦略を採用する。

最初は机上で粉本《ふんぽん》＝モデル化された画像要素を組み合わせていたが、その後、現場で写生し、案内図として機能しうる質を確保する方向へ転換が図られた。そのため、対象空間の状況をできるだけ取り込む＝情報量を増大させるという手段として、地区を俯瞰《ふかん》する表現法を採用した。視点を遠く取ることによって、描きたい要素が木版では表現しきれないほど小さくなってしまう場合は、その要素を知覚させるためのぎりぎりの象徴化――武士は二本差しとして表現するような――で対応していく。『江戸名所図会』段階では幾何学的遠近法の効果を利用し、かりそめのリアリティ感を強調するまでになる。

江戸絵図は遠近道印《おちこちどういん》によって、まず近代の地図と同様の、客観的な測量図へ展開する。だがその傍らでは、都市の名所を訪ねたいという要求が高まり、また明暦《めいれき》大火後の都市拡張によって、中小の武家屋敷や町々、数多くの寺社が、場末《ばすえ》に複雑に展開していた。版面に限界がある以上、情報密度を低くできる空間、すなわち大身《たいしん》の武家屋敷、なかでも江戸城の面積を小さく表現するという選択が必然化する。都市で生活する人びとにとって、ほとんど用事のない大名屋敷や江戸城が実際よりも小さく表現されていても、とくに問題はない。相手先に到達する道筋が確実に表現されているならば、それが絵図利用者にとってのリアリティである。利用者の求める情報を優先していった結果、測量図としての客観性は失われ、客観的ではないけれどもリアルだ、実感的だという逆説が、江戸絵図の世界では成立したのである。

## 開かれる場末

場末とは、計画を超えた都市化現象が積み重なり、変貌に変貌を重ねた空間である。「大江戸八百八町」どころか、現実の江戸は正徳《しょうとく》三（一七一三）年に九三二町となり、一九世紀初めには一七〇〇町を超えていた。

その過程で、たとえば「田町」という同一の地名が市ヶ谷・浅草・本郷菊坂・本郷丸山という四つの場所に存在するような事態が現れる。その理由として、①同じ職種や出身地を持つ人びとの集住する場合、②町の移転・分割にともなう場合、③地形・景観の類似による場合、④ひとつの職能的社会集団に複数の拝領町屋《はいりようまちや》を与えた場合（たとえば茶坊主《ちゃぼうず》＝同朋衆《どうぼうしゅう》に与えた町はすべて同朋町を名乗る）、の四つをあげられる。この四つの要因が絡み合うことによって、時代が経つにつれてさらに同一地名は増えていった。

これら同一地名の分布は、①の同じ出自を持つ町人集団に由来する場合を除けば、場末と呼ばれる江戸の周縁部に多い。それには同一地名の誕生要因に関わる理由がある。②の町の移転にともなう場合、外堀の外側に代地を与えるケースが多かった。年々稠密《ちょうみつ》の度を加える江戸中心部に自由になる土地は少なくなっていたから、当然の措置といえよう。

また④の拝領地においても、次第に中心部から場末へと、与える土地の位置は変化している。こうして中心部の地名をもとにして、周縁部に同一の地名が生じていった。

注目されるのは③の景観的な類似に伴う場合で、このケースはほとんど周縁部に限られる。たとえば八ヵ所に上る「七軒町」がある。そのうち、市ヶ谷・小石川・駒込の各七軒町はそれぞれの村の一部に家数七軒という小さい町場が成立し、延享《えんきょう》二（一七四五）年ころに町奉行支配に移されたとされる。一六世紀末から一七世紀初頭にかけて七人の町人が買い求めたという池之端《いけのはた》七軒町と、慶長《けいちょう》三（一五九八）年に増上寺《ぞうじょうじ》が移転してきたとき七人の地主による門前町として成立した芝七軒町は、やはり七軒の屋敷という景観的な類似があった。浅草七軒町は正保《しょうほう》二（一六四五）年に開かれた華蔵院《けぞういん》門前町の通称であり、七軒の家が並ぶ程度の小さい町場であったとされる。牛込の場合は七寺院の並ぶ七軒寺町のことだが、残りはどれも七軒の家からなる町場という共通点がある（下谷は不明）。ほかに坂のある場合の坂町、窪地の場合の窪あるいは久保のつく町、道の片側だけに町場のある片町などは同様のケースである。

場末と呼ばれる地域には、いつの間にか百姓地に町場が営まれるようになり、後になって町奉行の支配に移したという事例が目立って多い。地名はある一つの生活圏に住む人びとの間で、ある地区をほかの地区と区別する必要から生まれてくる。生活圏が隔てられていれば同じ地名があってもとくに問題はない。かつて小石川村に七軒の家屋からなるささやかな町場が営まれるようになり、近辺の人びとはそこを七軒町と呼ぶようになったのだろう。同じようにして市ヶ谷村でも駒込《こまごめ》村でも七軒町が生まれた。地名はいわば下から生えてくる。江戸の場末はいくつもの村からなっていて、それぞれ似通った景観に同じ地名を生じさせるのはごく自然なことであった。江戸が巨大化するにつれて、複数の村にまたがっていた同一の地名は一つの都市の内部に取り込まれる。その時はじめて紛らわしい地名として認識されるようになったと考えられる。

紛らわしい地名が折り重なり、地形に合わせて曲がりくねった道が続く場末にも、中小の武家屋敷や組屋敷が展開し、都市化した生業に転じた百姓や、あるいは町人身分のものたちの日々の暮らしが営まれる。村の寺院や神社が町場に囲まれるようになり、また、郭内から移転してきた。そこにも花が咲き、虫が鳴き、祭りや開帳が行われる。江戸の生活空間や名所は、空間的にも時間的にも、場末の領域に大きく拡張し、絵図や名所案内の需要につながっていったのである。

場末と引き替えに、都市メディアの画面から排除され、縮小していったのが江戸城である。この現象はメディア製作者の志向だけを物語っているのではない。幕府自らが江戸城と都市生活者との関係を変えていった結果でもある。

**秘められゆく江戸城**

享保《きょうほう》七（一七二二）年、幕府は江戸城を印刷物に取り上げることをきびしく制限する。市古夏生氏が指摘するように、この触れは江戸都市メディアから江戸城の姿を大幅に削る効果をもたらした。名所案内を主とする地誌の分野では、江戸城を名所とする扱いはある程度継承されたが、『江戸名所図会』で意図的に江戸城を消し去ってからは、その姿をほとんど見なくなる。地図型メディアである江戸絵図の対応は明快であった。享保の触れを機会に江戸城の櫓《やぐら》や門、石垣、御殿《ごてん》の外観をほとんど描写しなくなり、堀で囲まれた空間に大きく三つ葉葵の紋をひとつ置くのみとなる。

享保七年以前から幕府は、江戸城を頂点に意識した都市空間の再編を行っている。たとえば寛文《かんぶん》二（一六六二）年には、小者《こもの》・中間《ちゆうげん》・百姓・馬方《うまかた》らに下馬させる地点として、浅草橋門や四ッ谷門など江戸城外堀諸門を示した。延宝《えんぽう》八（一六八〇）年には、江戸城出仕者の下馬門として、馬場先・外桜田・和田倉《わだくら》の各門を指定する。貞享《じようきよう》四（一六八七）年

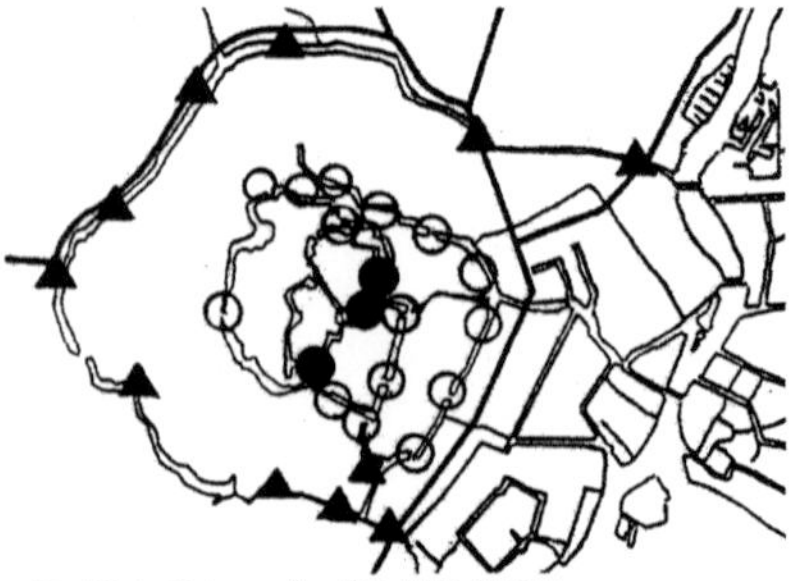

● 第１グループ：「内曲輪御門」
○ 第２グループ：「和田倉御門番中」
▲ 第３グループ：「外曲輪」

図89　享保６（1721）年門番心得の空間

には、大手・桜田両下馬における「煮売《にうり》」、おそらくは屋台のおでん屋のような商いを禁じた。元《げん》禄《ろく》五（一六九二）年には、江戸城近接の大名屋敷地区を囲む諸門から先には酔っぱらいを入れないよう決めている。宝永《ほうえい》六（一七〇九）年にはこの線内で、武士以外の者に対して、晴天時の笠着用を禁じた。

　これらの取り決めを秩序立てた政策が、享保六（一七二一）年の門番心得である（図89）。江戸城中心部から順番に、「内曲輪《くるわ》御門」「和田倉御門番中」「外曲輪」と三重のラインを設定し、職務上の基準を区分した。たとえば開門時間が大きく違うようになる。「内曲輪御門」では開門時間を卯《う》の刻↓酉《とり》の刻（春分の午前六時〜午後六時）、「和田倉御門番中」諸門では本門は卯の刻↓酉の刻だが、くぐりは子《ね》の刻（午後一二時）まで延長、「外曲輪」は時間規制なしとした。つまり内側で厳しく、外側で緩やかという原則である。その翌年に江戸城をメディアに取り上げることを制限したのである。

享保期以降、儀礼や身分、不浄排除、江戸城の防備、防災に関連して、このような江戸城を中心とする同心円状の空間把握を明確にし、規制と責任が確立していった。元文《げんぶん》四（一七三九）年の「浮死人」を内側の堀から隅田川方向に順に押し流せ、という指示は、幕府側の都市空間に対する意識を象徴している。すなわち、江戸城＝将軍の住まう中心部に近ければ近いほど、高儀礼性・高清浄性・高安全性を追求するという空間観念である。この内＝高、外＝低という観念から、江戸城は内堀から外堀にいたるあいだに、幾重にも空間的な、あるいは制度的な障壁を設け、遠ざけられたのである。

最初のころの江戸城はそうではない。焼失して再建されなかった天守閣を『江戸名所記』や石川流宣《いしかわとものぶ》の絵図があえて描いたように、天守閣に象徴される将軍の視線は江戸の中心に明快に意識されていた。「惣無事《そうぶじ》」の完成による近世社会の「平和」は、将軍の諸大名に対する圧倒的な力に支えられているという認識があり、都市メディアでそれは、天守閣を中心とする江戸城によって表現されていたといえよう。将軍と大名とのあいだで、視線を上下で見交わす関係が必要とされ、都市社会にも受け入れられ、形となっていた。近世初期の政権は江戸の人びと、とくに諸大名を圧倒するという意識からであったにせよ、それなりに人びとに向かい合っていたといえる。

一八世紀中葉から、同心円状に幾重にも囲い込まれ、江戸城は遠ざけられていく。都市メディアの空間にもこの関係は適用されて、江戸城の存在感は希薄になっていった。かつて将軍と都市生活者のあいだに垂直的に想定されていた視線は遮断され、江戸城は水平面上の茫漠とした彼方に去っていく。都市政策と都市メディアの対応によって、江戸城の姿は消え去ったのである。

## 「みんなの江戸」

空間・時間・文化的価値を公開する都市メディア三点セットの成立。それは、大都市住民の優位性が絶対化されない状況が成立したことをも意味しよう。長い間同じ土地に住み暮らし、しぜんと蓄積されていく人間関係や経験、知識に依存しなくても、だれでも名所案内をひもとき、絵図と見比べながら、都市の楽しみを享受できるのである。個々の人間がその要求に応じて、都市空間をどのようにも選択できる時代が動き始めていた。いわば江戸は、日本列島に暮らす人びとにとっての「みんなの江戸」になりつつあった。

江戸の都市メディアは二世紀を超える歩みのなかで、公共性を獲得していった。絵図や名所案内は大量に印刷され、販売された商品である。より多くの利用者を獲得することで、はじめてメディアとして成り立つのである。多様な利用者の多様な目的は、都市メディアを審査する広角度からの視点を形成した。江戸に暮らし、訪れる人びとの膨大な視線にさらされ、購買するか否かというメディアの存続に直接関わる評価が行われ、それに耐えられる情報を提供しなくてはならない。その緊迫した構造のなかで、江戸の都市メディアは公共性を高め、メディア自体、意味的には、開かれた公共の空間になっていったといえよう。

より多くの、より多様に生きる人びとに、できる限り対応しようとした都市メディアによって、縦横に切り開かれた巨大都市。そこには、無数の「個人」が準備されつつあったといえるのかもしれない。

## 「それぞれの江戸」

それは無数の「個人」による「それぞれの江戸」が準備されたことをも意味する。メディア製作者は、自分にとっての都市像＝「それぞれの江戸」をメディア技術を駆使して演出し、その方向へ人びとの認識を誘導しはじめていた。『江戸名所図会』の斎藤月岑《さいとうげつしん》の行った演出は、一見リアリティ溢れる描写のなかに巧みに潜ませた、きわめて高度かつ根深い作用を持つものであった。古町を中心とする江戸町方が江戸の中心であること、日本橋が出発点であり、東海道は上るものであること、幕府が社会の基軸であるが武士は都市文化の主役ではなくなっていること。月岑の演出はその後の江戸イメージを決定づけたのである。

『江戸名所図会』より少し後になって作られたと考えられる見立て番付『大江戸繁昌町《おおえどはんじょうまち》尽《づくし》』のようなケースもあった（図90）。一見するとこの番付は、いかに繁盛しているのかという観点から、江戸の町々を序列化したようにみえる。だが実際はそうではない。

東方の大関（横綱はない）は通町、西方は本町である。通町は日本橋のすぐ南、江戸のメインストリートである東海道沿いに位置する。常磐橋から東に延びる本町通りは、家康の江戸開府以前からあり、江戸を整備する基準とした道であった（玉井哲雄『江戸・失われた都市空間を読む』）。つまりだれでもすぐに場所のわかる町を大関に格づけている。

この番付で取り上げている町名の頭には、必ずその位置を指し示す注記がある。東方を順に見ていくと、関脇の大伝馬町《おおてんまちょう》は本町の続きとして、また前頭筆頭の本石町《ほんごく》は本町の並びと記されているから、どちらも本町を基準としている。前頭五番目の小伝馬町は大伝馬町の並びなので、本町→大伝馬町→小伝馬町と辿ることができる。このように番付上位では町から町へという関係で位置を把握できるのだが、下位に行くにつれて、注記自体が理解しがたくなる。たとえば第四段西方に箔屋《はくや》町を「くれ正丁つゞき」と説明している場合はどうだろうか。「くれ正丁」とは榑正《くれまさ》町であり、寛永《かんえい》期の絵図にも出てくる古い町だ

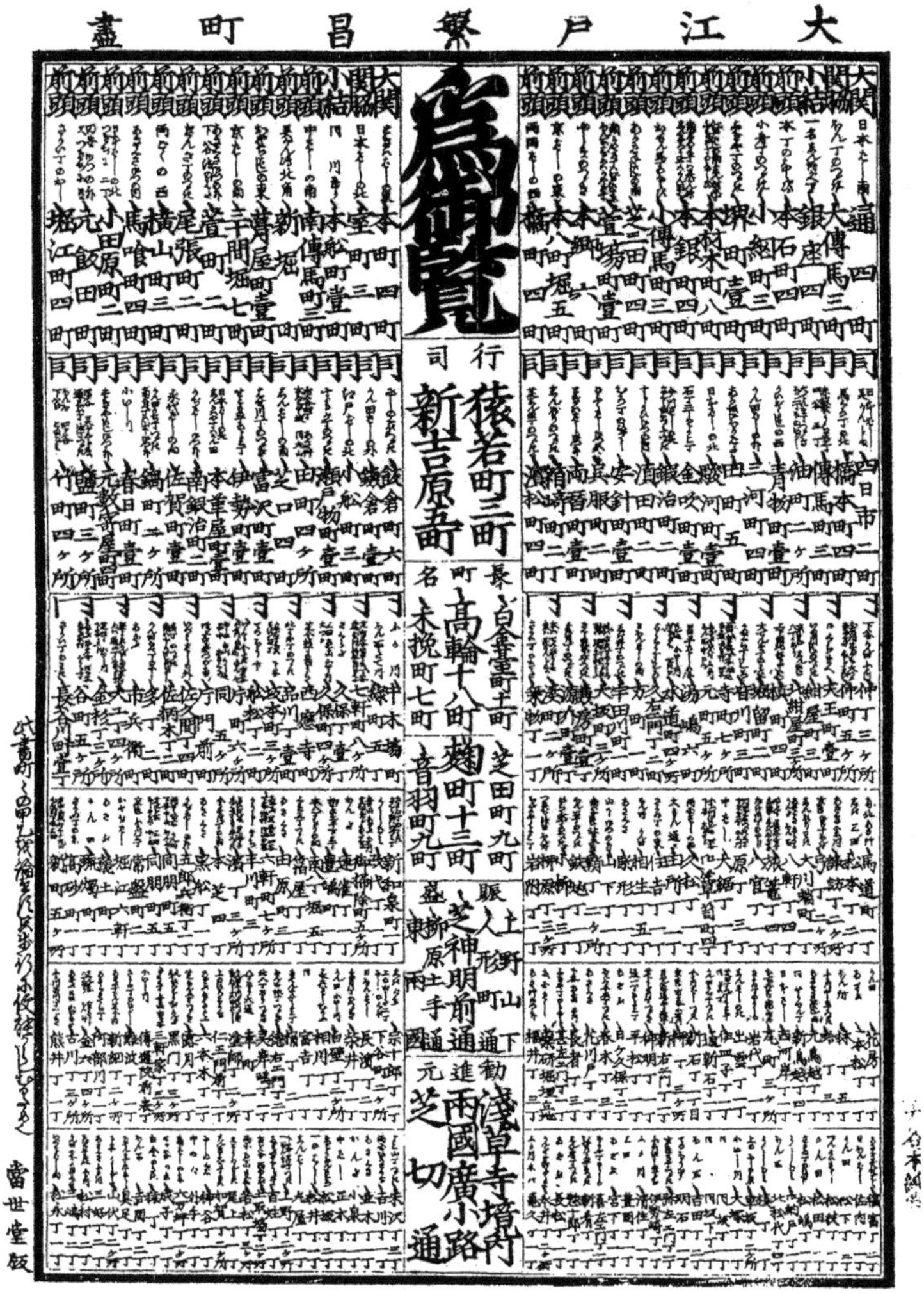

大江戸繁昌町盡

為御覧

行司　猿若町三町　新吉原町

高輪十八町　麹町十三町

木挽町七町　音羽町九町

浅草寺境内　両國廣小路

芝切通

當世堂版

図90　『大江戸繁昌町尽』

が、日本橋の表通りからすると一本裏側に面していて、はじめて江戸に来たような人にはなじみが薄かっただろう。

どうもこの番付は、「場所のわかりやすさ」という尺度で順番を決めたらしい。誰にでもわかる地名を大関とし、関脇から小結へ、前頭の筆頭から後へと行くにつれて段々と難しくなっていく。地理的な知識によって、『大江戸繁昌町尽』を理解しうる度合いに落差が生じるように企まれているのである。

つまり『大江戸繁昌町尽』の作者（不詳）は、読み手がいかに江戸を知っているのか、「江戸人」化しているのかという順位をあぶり出すように仕掛けていたと考えられる。番付の下のほうにある小さい文字の地名を把握できる読者は江戸人としての上位にあり、大関を理解できる程度の者はまったくの初心者になるという屈折した上下関係が潜んでいる。すべてを理解しうる者は作者自身だから、したがって作者を頂点に江戸人を格付けるという裏の構造が存在している。

たしかに江戸は切り開かれ、「みんなの江戸」となった。それに対する危機感の現れなのだろうか。あるいはいわゆる「江戸っ子」の持っていた排他性、偏狭さが噴き出してしまったのだろうか。情報的に万人に向けて開かれていくという流れのなかで、メディア製作者は江戸町方に住まう人びとを優位に位置づける江戸像を形作ってもいた。「江戸っ子」限定の「それぞれの江戸」がメディアのなかに息づいていたのである。とはいえ、それが日本に住む人びととすべての共有する「首都」であるがゆえに溶解されがちな、江戸のなかの地域性を守り育んだという側面も評価しなくてはなるまい。

## 近代を考える

『江戸名所図会』の最終編纂者、斎藤月岑は江戸古町＝国土的中心というイメージを持たせることに腐心する。それは揺らぎつつあった古町の位置づけを再定置させようという、古町名主月岑の焦燥感の現れであったのかもしれない。天保《てんぽう》五（一八三四）年、月岑は三一歳にして、ようやく『江戸名所図会』の発刊を迎えた。だが全巻の刊行を終えてから五年後、月岑は天保改革の現場に立たされることになる。月岑は市中取締係として寄席の制限に関わり、両国の芝居小屋撤去に立ち会い、岡場所の取締に従事した。月岑は『江戸名所図会』に表現された江戸の喪失に、自ら手を下し、荷担せざるをえなかったのである。彼は明治維新を生き延び、初代神田戸長《こちょう》として、江戸から東京へという変化をも経験しつつ、一八七八（明治一一）年、七四歳で死去した。近世末期の江戸都市メディア製作者は、その人生をかけて表現してきた都市空間、都市文化の喪失を二重、三重に、徹底的に味わうことになったのであった。

明治期に入って普及した銅板による凹版印刷技術は、江戸絵図の蓄積してきた技術を急速に過去のものとしていった。銅版のコンマ一ミリ以下の線は、情報量を確保するために、平面形をゆがませるという屈折した対応を無用にした。銅の耐久性により、ひとつの版から万のオーダーで複製を作ることもできる。せいぜい数百部しか出版できなかった江戸絵図に比較すると、近代地図ははるかに安価に、正確な地理情報を提供していった。写真という技術もまた、リアリティある空間情報を描こうと研鑽《けんさん》してきた絵師たちの蓄積を無意味にしていく。

江戸都市メディアの存在意義はすべて失われたのか。

江戸の都市メディアは、基本技術としてはたった一つの木版印刷に局限して展開した。二世紀を超える歩みのなかで、絵師や彫り師、刷り師による応用技術の錬磨があり、彼らを束ねる版元や貸本屋などの経営の組織化が進展した。それに支えられて、メディアの製作者は多くの人びとに応えられるだけのメッセージの質量を築き上げ、磨き上げた演出でそれを提供したのであった。それは不完全ではあるが、都市江戸の公共性を確実に高めた。都市メディアを手にしたすべての人びとが自由に行き先を選択し、到達し、利用できる。メディアによって切り開かれた江戸は、都市空間そのものが公共財としての「みんなの江戸」となっていった。

一方、都市メディアは「それぞれの江戸」の交錯する空間でもあった。そこには生産と消費を通じて、製作者と利用者、関わる者すべての価値観や想いが注ぎ込まれた。争い、訴求し、理解し合う。プリミティブではあるが、メディアのなかの対話は始まっていた。

近現代の人類社会は、科学の発展による技術革新がすべてをリードしてきたといってもいい。技術をあえて局限し、そのなかで何が可能なのかを、極限まで究め、社会をも変えていく。江戸都市メディアの二百数十年にわたる歩みは、人類史上の得難い社会実験であった。欧米化を直接意味しない〈失われた近代〉の可能性、あるいは近代化の本質を考える手掛かりは、江戸の都市メディアに潜んでいるといえよう。

# あとがき

この本の企画を頂戴してから、六年を過ぎてしまった。結果、前著『江戸名所図会の世界』を一般向けに改めるという当初のもくろみから大きく逸脱し、この間の私の研究をたき込んだ内容になっている。江戸二六〇年に及ぶ、大風呂敷の誕生である。

『江戸名所記』に関する部分は二〇〇五年一月八日に、青柳周一さんのお誘いで参加した国立民族学博物館の研究会発表がもとになっている。絵図に関しては、小林信也さんとともに東京大学のCOEで行った、東北大学附属図書館狩野文庫所蔵江戸絵図の調査が反映した。骨格は「江戸絵図の論理」（吉田伸之ほか編『江戸の広場』東京大学出版会、二〇〇五年）にまとめている。前著を圧縮した『江戸名所図会』関連部分でも、「三都と長崎」（青木美智男ほか編『しらべる江戸時代』柏書房、二〇〇一年）における成果を盛り込んだ。エピローグには小論「ある土佐藩士の江戸絵図」（『江戸の広場』）と「江戸の繁昌」（青木美智男ほか編『番付で読む江戸時代』柏書房、二〇〇三年）を部分的に用いている。

こうして列挙してみると、いかに私が多くの先輩と仲間たちに支えられ、導かれているのかがあらためて理解できる。さぼりたがりの私は、こうして機会を与えられて、ようやく前に進んでいるのだと、本当に思う。風呂敷を広げすぎて、逃げ出しかけた時には、吉川弘文館編集部のみなさんによってたかって説諭していただいた。感謝しきれない。

さて、戦争と平和、市民、国家、メディア、公共。この本をリードしていった言葉たちは、すべてこの間の私の、もうひとつの軌跡でもある。

二〇〇一年九月一一日、発熱した私は、ポルトガルの小さい大学町エヴォラの安宿で寝ていた。ポルトガル語のテレビ画面に、ニューヨークの燃え上がる高層ビルが映し出され、やがて崩れていった。かろうじて聞き取れたWARという言葉から、私は戦争が始まったと信じた。リスボンの空港で短機関銃に囲まれたアラブ系の人びと、フランクフルトの空港に寝そべるアメリカ人の群れ。その後、イラク戦争開戦に反対した妻は愛車にNO WAR！のステッカーを貼ったが、はがすチャンスの訪れないままに廃車になった。

二〇〇二年五月一九日、仙台市は仙台城址に艮櫓を「復元」する計画を白紙に戻した。入間田宣夫・平川新両先生ら、仙台在住の歴史学研究者が、広範な仙台市民と手を携えて展開した、約二年にわたる反対運動のうれしい結末となった。全国の研究者から寄せられた、熱い応援も忘れられない。

二〇〇五年三月五日、フランス現代思想の研究者、梅木達郎さんが亡くなられた。理不尽としか思えない状況に追い込まれた結果の「憤死」であった。梅木さんは私と同学年だが、大学院では私の教師という立場にあった。畏友というべきか。二〇〇〇年秋からは、梅木さんの呼びかけに答えた若手研究者で、公共空間に関する研究会を続けていた。梅木さんの精緻な言語で組み上げられた公共空間に対して、私は江戸の広小路や境内など、実態としての広場を提示し、必死に食らいついていた。もうその議論はできない。

この春からは新しい職場で、新しい仲間たち、新しい学生たちに囲まれて、地域文化をキイワードとする仕事を開始した。いまだ新入社員状態でうろうろしているが、そろそろ本腰を入れなくてはならない。次の成果はどのような軌跡を描くことやら。とりあえず、どうぞお楽しみに、と申し上げておきたい。

二〇〇七年五月　新緑のキャンパスにて

千葉正樹

# 参考文献

飯田龍一・俵元昭『江戸図の歴史』築地書館、一九八八年
市古夏生「〈江戸城〉斎藤月岑他『江戸名所図会』」(『国文学解釈と教材の研究』35・9、一九九〇年)
岩田浩太郎『近世都市騒擾の研究―民衆運動史における構造と主体―』吉川弘文館、二〇〇四年
梅木達郎『脱構築と公共性』松籟社、二〇〇二年
加藤　貴「江戸名所案内の成立」(『論集中近世の史料と方法』東京堂出版、一九九一年)
「寛永江戸図の再検討」(『日本史攷究』第二四号、一九九八年)
岸　文和『江戸の遠近法―浮絵の視覚―』勁草書房、一九九四年
斎藤善之『内海船と幕藩制市場の解体』ポテンティア叢書三四、柏書房、一九九四年
鈴木章生『江戸の名所と都市文化』吉川弘文館、二〇〇一年
高橋康夫「都市と名所の形成」(『季刊自然と文化』二七、一九九〇年)
竹内　誠「庶民文化のなかの江戸」『日本の近世・14　文化の大衆化』中央公論社、一九九三年
俵　元昭『江戸の地図屋さん―販売競争の舞台裏―』歴史文化ライブラリー一六八、吉川弘文館、二〇〇三年
千葉正樹『江戸名所図会の世界―近世巨大都市の自画像―』吉川弘文館、二〇〇一年

塚田　孝「身分的周縁と歴史社会の構造」(『身分を問い直す』シリーズ近世の身分的周縁6、吉川弘文館、二〇〇〇年)
尾藤正英『江戸時代とはなにか』第九刷、岩波書店、一九九九年
深井甚三『図翁遠近道印』桂書房、一九九〇年
藤木久志『豊臣平和令と戦国社会』東京大学出版会、一九八五年
曲田浩和「近世後期における問屋の深川移転について」(『江東区文化財研究紀要』四号、一九九三年)
水江漣子「近世初期の江戸名所」(『江戸町人の研究』第三巻、吉川弘文館、一九七四年)
「江戸町方の展開と名所案内記」(『江戸市中形成史の研究』弘文堂、一九七七年)
宮本雅明「日本型伝統都市における首都性の空間表現」(『年報都市史研究』九、二〇〇一年)
吉田伸之『巨大城下町江戸の分節構造』山川出版社、二〇〇〇年
吉田伸之・長島弘明・伊藤毅編『江戸の広場』東京大学出版会、二〇〇五年

## 著者紹介

一九五六年、宮城県に生まれる
一九八一年、早稲田大学政治経済学部政治学科卒業
歴史民俗学系博物館・資料館等の展示設計業務に従事しつつ、東北大学大学院国際文化研究科修了 博士(国際文化)
現在、尚絅学院大学総合人間科学部表現文化学科准教授
主要著書
江戸名所図会の世界―近世巨大都市の自画像―

歴史文化ライブラリー
239

# 江戸城が消えていく
『江戸名所図会』の到達点

二〇〇七年(平成十九)九月一日 第一刷発行

著者 千《ち》葉《ば》正《まさ》樹《き》
発行者 前田求恭
発行所 株式会社 吉川弘文館
東京都文京区本郷七丁目二番八号
郵便番号一一三―〇〇三三
電話〇三―三八一三―九一五一〈代表〉
振替口座〇〇一〇〇―五―二四四
http://www.yoshikawa-k.co.jp/
印刷=株式会社 平文社
製本=ナショナル製本協同組合
装幀=マルプデザイン

歴史文化ライブラリー

1996.10

# 刊行のことば

現今の日本および国際社会は、さまざまな面で大変動の時代を迎えておりますが、近づきつつある二十一世紀は人類史の到達点として、物質的な繁栄のみならず文化や自然・社会環境を謳歌できる平和な社会でなければなりません。しかしながら高度成長・技術革新にともなう急激な変貌は「自己本位な刹那主義」の風潮を生みだし、先人が築いてきた歴史や文化に学ぶ余裕もなく、いまだ明るい人類の将来が展望できていないようにも見えます。このような状況を踏まえ、よりよい二十一世紀社会を築くために、人類誕生から現在に至る「人類の遺産・教訓」としてのあらゆる分野の歴史と文化を「歴史文化ライブラリー」として刊行することといたしました。

小社は、安政四年（一八五七）の創業以来、一貫して歴史学を中心とした専門出版社として書籍を刊行しつづけてまいりました。その経験を生かし、学問成果にもとづいた本叢書を刊行し社会的要請に応えて行きたいと考えております。

現代は、マスメディアが発達した高度情報化社会といわれますが、私どもはあくまでも活字を主体とした出版こそ、ものの本質を考える基礎と信じ、本叢書をとおして社会に訴えてまいりたいと思います。これから生まれでる一冊一冊が、それぞれの読者を知的冒険の旅へと誘い、希望に満ちた人類の未来を構築する糧となれば幸いです。

吉川弘文館

〈オンデマンド版〉
江戸城が消えていく
『江戸名所図会』の到達点

On Demand
歴史文化ライブラリー
239

2018年（平成30）10月1日　発行

著　者　千《ち》葉《ば》正《まさ》樹《き》
発行者　吉川道郎
発行所　株式会社　吉川弘文館
〒113-0033　東京都文京区本郷7丁目2番8号
TEL　03-3813-9151〈代表〉
URL　http://www.yoshikawa-k.co.jp/

印刷・製本　大日本印刷株式会社
装　幀　清水良洋・宮崎萌美

千葉正樹（1956～）

ISBN978-4-642-75639-6